本书由浙江省哲学社会科学重点研究基地
"浙江大学中华译学馆"资助

中華譯學館

莫言題

中華譯學佐言佐字与

以中華為根 譯与學并重
弘揚优秀文化 促進中外交流
拓展精神疆域 駆动思想创新

丁酉年冬月 许钧撰 罗卫东书

中華譯學館·中华翻译家代表性译文库

许 钧 郭国良 / 总主编

戴望舒 卷

陈婷婷 / 编

ZHEJIANG UNIVERSITY PRESS
浙江大学出版社

·杭州·

图书在版编目（CIP）数据

中华翻译家代表性译文库. 戴望舒卷 / 陈婷婷编.
-- 杭州：浙江大学出版社，2024. 10. -- ISBN 978-7-308
-25107-5

Ⅰ. C53；I11

中国国家版本馆 CIP 数据核字第 2024MY8309 号

中華譯學館　真言題

中华翻译家代表性译文库·戴望舒卷
陈婷婷 编

出 品 人	褚超孚	
丛书策划	陈　洁　包灵灵	
责任编辑	黄静芬	
责任校对	杨诗怡	
封面设计	闰江文化	
出版发行	浙江大学出版社	
	（杭州市天目山路 148 号　邮政编码 310007）	
	（网址：http://www.zjupress.com）	
排　　版	浙江大千时代文化传媒有限公司	
印　　刷	杭州高腾印务有限公司	
开　　本	710mm×1000mm　1/16	
印　　张	28.5	
字　　数	399 千	
版 印 次	2024 年 10 月第 1 版　2024 年 10 月第 1 次印刷	
书　　号	ISBN 978-7-308-25107-5	
定　　价	98.00 元	

总　序

考察中华文化发展与演变的历史，我们会清楚地看到翻译所起到的特殊作用。梁启超在谈及佛经翻译时曾有过一段很深刻的论述："凡一民族之文化，其容纳性愈富者，其增展力愈强，此定理也。我民族对于外来文化之容纳性，惟佛学输入时代最能发挥。故不惟思想界生莫大之变化，即文学界亦然。"[①]

今年是五四运动一百周年，以梁启超的这一观点去审视五四运动前后的翻译，我们会有更多的发现。五四运动前后，通过翻译这条开放之路，中国的有识之士得以了解域外的新思潮、新观念，使走出封闭的自我有了可能。在中国，无论是在五四运动这一思想运动中，还是自1978年改革开放以来，翻译活动都显示出了独特的活力。其最重要的意义之一，就在于通过敞开自身，以他者为明镜，进一步解放自己，认识自己，改造自己，丰富自己，恰如周桂笙所言，经由翻译，取人之长，补己之短，收"相互发明之效"[②]。如果打开视野，以历史发展的眼光，

---

① 梁启超.翻译文学与佛典//罗新璋.翻译论集.北京:商务印书馆,1984:63.
② 陈福康.中国译学理论史稿.上海:上海外语教育出版社,1992:162.

从精神深处去探寻五四运动前后的翻译,我们会看到,翻译不是盲目的,而是在自觉地、不断地拓展思想的疆界。根据目前所掌握的资料,我们发现,在 20 世纪初,中国对社会主义思潮有着持续不断的译介,而这种译介活动,对社会主义学说、马克思主义思想在中国的传播及其与中国实践的结合具有重要的意义。在我看来,从社会主义思想的翻译,到马克思主义的译介,再到结合中国的社会和革命实践之后中国共产党的诞生,这是一条思想疆域的拓展之路,更是一条马克思主义与中国革命相结合的创造之路。

开放的精神与创造的力量,构成了我们认识翻译、理解翻译的两个基点。在这个意义上,我们可以说,中国的翻译史,就是一部中外文化交流、互学互鉴的历史,也是一部中外思想不断拓展、不断创新、不断丰富的历史。而在这一历史进程中,一位位伟大的翻译家,不仅仅以他们精心阐释、用心传译的文本为国人打开异域的世界,引入新思想、新观念,更以他们的开放性与先锋性,在中外思想、文化、文学交流史上立下了一个个具有引领价值的精神坐标。

对于翻译之功,我们都知道季羡林先生有过精辟的论述。确实如他所言,中华文化之所以能永葆青春,"翻译之为用大矣哉"。中国历史上的每一次翻译高潮,都会生发社会、文化、思想之变。佛经翻译,深刻影响了国人的精神生活,丰富了中国的语言,也拓宽了中国的文学创作之路,在这方面,鸠摩罗什、玄奘功不可没。西学东渐,开辟了新的思想之路;五四运动前后的翻译,更是在思想、语言、文学、文化各个层面产生了革命性的影响。严复的翻译之于思想、林纾的翻译之于文学的作用无须赘言，而鲁迅作为新文化运动的旗手，其翻译动机、翻译立场、翻译选择和翻译方法，与其文学主张、文化革新思想别无二致，其翻译起着先锋性的作用，引导着广大民众掌握新语言、接受新思想、表达自己的精神诉求。这条道路，是通向民主的道路，也是人民大众借助掌握的新语言创造新文化、新思想的道路。

回望中国的翻译历史，陈望道的《共产党宣言》的翻译，傅雷的文学翻译，朱生豪的莎士比亚戏剧翻译……一位位伟大的翻译家创造了经典，更创造了永恒的精神价值。基于这样的认识，浙江大学中华译学馆为弘扬翻译精神，促进中外文明互学互鉴，郑重推出"中华译学馆·中华翻译家代表性译文库"。以我之见，向伟大的翻译家致敬的最好方式莫过于(重)读他们的经典译文，而弘扬翻译家精神的最好方式也莫过于对其进行研究，通过他们的代表性译文进入其精神世界。鉴于此，"中华译学馆·中华翻译家代表性译文库"有着明确的追求：展现中华翻译家的经典译文，塑造中华翻译家的精神形象，深化翻译之本质的认识。该文库为开放性文库，入选对象系为中外文化交流做出了杰出贡献的翻译家，每位翻译家独立成卷。每卷的内容主要分三大部分：一为学术性导言，梳理翻译家的翻译历程，聚焦其翻译思想、译事特点与翻译贡献，并扼要说明译文遴选的原则；二为代表性译文选编，篇幅较长的摘选其中的部分译文；三为翻译家的译事年表。

需要说明的是，为了更加真实地再现翻译家的翻译历程和语言的发展轨迹,我们选编代表性译文时会尽可能保持其历史风貌,原本译文中有些字词的书写、词语的搭配、语句的表达,也许与今日的要求不尽相同,但保留原貌更有助于读者了解彼时的文化,对于历史文献的存留也有特殊的意义。相信读者朋友能理解我们的用心,乐于读到兼具历史价值与新时代意义的翻译珍本。

许　钧

2019 年夏于浙江大学紫金港校区

目　录

第二编　小　说

第三编　散　文

第四编　文艺随笔与文艺理论

导　言

一、戴望舒生平

戴望舒(1905—1950)，浙江杭县人(今杭州市余杭区)，祖籍南京，名丞，字朝寀，小名海山，中国现代派诗人、翻译家。曾用笔名陈御月、信芳、陈艺圃、林泉居士、张白衡、戴梦鸥、梦鸥生、戴月、江近思、常娥、江思、戴苢生等，最后以戴望舒一名行世。"望舒"出自屈原的《离骚》："前望舒使先驱兮，后飞廉使奔属。"

戴望舒8岁入杭州鹾务小学读书，至1919年，学习6年。这所小学是当时杭州城教学质量最高的新式学校之一，校长推崇国学，学生需每日读古文、临帖、练太极拳。这些训练为日后戴望舒从事诗词创作和翻译打下了扎实的文学基础。

1919年，戴望舒考入省会名校宗文中学。校长思想保守，反对新式文学，但阻挡不了学生们私下里对鸳鸯蝴蝶派文学的追求。1922年，戴望舒开始进行文学创作和文学活动。同年9月，与好友杜衡、张天翼、叶秋原和施蛰存成立文学团体"兰社"。次年元旦，他们自办《兰友》杂志，戴望舒担任主编，地址自设家中。

1923年秋，18岁的戴望舒考入上海大学。上海大学的教师都是深受五四运动影响的一批先进学者或思想家，他们的学识与风采都给戴望舒留下了深刻的印象。特别值得一提的是，经田汉介绍过的法国象征主义诗人保罗·魏尔伦(Paul Verlaine)对戴望舒的诗歌创作影响至深。在上海大学期间,戴望舒一边接受革命理论教育,一边自由地进行挚爱的诗歌创作。1925 年 6 月 4 日,上海大学被查封,戴望舒失学了。是年秋,他进入震旦大学法文特别班学习,在樊国栋神父的指导下读了许多法国著名诗人的诗作。虽然神父并不允许学生阅读象征派的诗歌,但戴望舒对法国诗歌的兴趣还是很快从浪漫派转到了象征派上。1926 年,他与施蛰存、杜衡同创《璎珞》旬刊,在上面刊登自己的创作和译作,如创作的散文诗《凝泪出门》和翻译的魏尔伦的《瓦上长天》。是年夏季,法文特别班结业,无力筹措赴法学费的戴望舒转入了法科一年级,施蛰存、杜衡此时则进入了法文特别班,三人计划一年后共同赴法留学。第一次国内革命战争期间,几位青年参加了散发传单等宣传活动,与警方周旋的刺激让三人激动不已。然而,被捕后艰苦的牢狱生活让他们燃烧的革命热情冷却下来,他们意识到革命不是浪漫主义的行动,而是充满了危险的抗争,作为各自家里的独子,他们不敢以身犯险。经保释出狱后,几人不再谈革命的事,戴望舒也离沪返回家乡杭州。

为了共同的文学理想,三人很快重聚在松江的施蛰存家。这次他们全身心地投入文学事业中,在一起从事创作和翻译工作。戴望舒将他们所住的施家小楼亲切地称为“文学工场”。在此期间,戴望舒译成了弗朗索瓦·德·夏多布里昂(François-René de Chateaubriand)的《少女之誓》。1928 年夏初,刘呐鸥出资,戴望舒与施蛰存应邀去上海筹办杂志与书店。1929 年初,他们创办了水沫书店,书店发行了戴望舒的第一本诗集《我底记忆》。作为戴望舒前期象征主义的代表作,这部诗集是他的诗艺的新推进。“《我的记忆》出版之后,在爱好诗歌的青年读者群中,开始感觉到中国新诗出现了一种新的发展。望舒的诗,过去分散发表在不同的刊物上,读者未必能全都见到,现在结集在一本诗集中,它们的风格呈露了。在当时流行的新月诗派之外,青年诗人忽然发现了一种新风格的诗。从此,《我的记忆》获得新诗读者的认可,标志着中国新诗发展史的一个里程碑。"①同年9月,他们又创办了《新文艺》月刊,仅创办2卷共8期便遭禁止。

1931年10月,戴望舒与施蛰存的妹妹施绛年订婚。1932年初,淞沪抗战爆发,已改名东华书店的水沫书店自动关闭,戴望舒返回杭州,筹划出国。同年5月,施蛰存主编的《现代》杂志创刊,戴望舒负责设计和编辑。借此园地,诗人抒发出了心中郁结,写下诸多名篇,如《有赠》《游子谣》《秋蝇》《夜行者》《微辞》《妾薄命》《深闭的园子》《寻梦者》《乐园鸟》。同年10月,戴望舒从上海出发前往法国,开始为期3年的留学生活。戴望舒在给叶灵凤的信(1933年3月5日)中写道:"我在这里一点空也没有,要读书,同时为了生活的关系,又不得不译书。"②在这期间,他先后翻译了《高龙芭》《法兰西现代短篇小说集》《比利时短篇小说集》《意大利短篇小说集》《西班牙短篇小说集》和《苏联文学史话》。同时,他在法国巴黎住下后不久,就寄出了诗稿《望舒草》,1933年8月由现代书局出版。在留学期间,他还与法国左翼作家有过不少接触,并参加了国际作家反法西斯运动。次年8月,他前往西班牙游学,声援反法西斯运动。这也满足了他领略西班牙文化和风光的愿望,虽然时间不长,但给他留下了深刻的印象。他后来写了四篇西班牙游记——《鲍尔陀一日》《在一个边境的站上》《西班牙的铁路》《我的旅伴》,以及《巴黎的书摊》《都德的一个故居》《记马德里书市》等散文。在游学期间,他广交诗人、艺术家朋友,寻书访书,徜徉于图书馆和书店之间,广泛吸纳艺术新潮。

1935年3月,戴望舒被中法大学开除学籍后回国。4月返回上海,而迎接他的是自己朝思暮想的未婚妻早已成为他人之妇的噩耗,虽然悲痛万分,但是君子有成人之美,戴望舒最终还是与施绛年解除了婚约。情场失意后,年轻的诗人开始在事业上耕耘,几个月内就翻译了大量小说。他一直想要办一个关于诗的杂志,1935年10月自办杂志《现代诗风》问世,

①　施蛰存. 施蛰存全集(第四卷). 上海:华东师范大学出版社,2011:1496.
②　孔另境. 现代作家书简. 广州:花城出版社,1982:194.

但是只出了一期。1936 年 6 月,戴望舒与穆时英的妹妹穆丽娟结婚。戴望舒接着"有了新的构想,新的计划,他将要和'北方诗派'携手合作,出《新诗》月刊了"①。戴望舒邀请两位青年诗人徐迟和路易士协助,与卞之琳、孙大雨、梁宗岱、冯至组成五人编委会,1936 年 10 月,《新诗》创刊,共发行 10 期,其中戴望舒先后创作七首,大多是趁韵和半趁韵格律体诗,诗行和诗节较匀称。在办刊过程中,他坚持以美学和艺术为标准,强调诗歌的独创性,推崇社会性与纯粹性并行的具有民族特点的纯诗。他的理论与实践不仅推动了诗歌审美艺术的发展,而且为中国新诗多元并存的发展竖起了一座非凡的丰碑。

1937 年 1 月,《望舒诗稿》出版,这是他的第三本诗集,几乎是《我底记忆》和《望舒草》的合编。同年 7 月,抗日战争全面爆发,《新诗》被迫停刊。次年 5 月,戴望舒举家迁往香港。战火使文艺界同仇敌忾,戴望舒也积极投身到抗日救亡活动中。同年 8 月,戴望舒主编的《星岛日报》副刊《星座》出版,他亲自撰写创刊小言,愿以杂志"代替了天上的星星",为它的读者在阴霾气候之下"尽一点照明之责"。② 彼时英国为了维持英日关系,对抗日活动严加防备,禁止一些报纸上出现"敌""日寇"等字眼,后期禁词更是越来越多,甚至有时杂志版面的三分之二都是空着的。在这种特殊环境下,戴望舒坚持宣传抗日,痛斥日军暴行,报道抗日战士英勇斗争的事迹。他积极参与筹备文协香港分会,发表译作《西班牙抗战谣曲选》,严厉批评统一战线中的暗涌。这一系列事件都足以显示出一个文人对祖国命运的关切与忧思。同时,还能见其立场之坚定一事便是他与昔日好友的决裂,在听闻杜衡与大舅子穆时英做了汉奸文人之后,戴望舒毅然与他们划清了界限,断绝了往来。这足以彰显戴望舒本人对祖国的信仰之坚定,对通敌叛国行为之轻鄙。

---

① 转引自:金理. 从兰社到《现代》——以施蛰存、戴望舒、杜衡及刘呐鸥为核心的社团研究. 上海:东方出版中心,2006:118.
② 转引自:戴望舒. 雨巷. 成都:四川文艺出版社,2015:255.

　　1939 年 3 月,戴望舒被任命为"中华全国文艺界协会留港会员通讯处"干事。同年 7 月,他与艾青共同主编《顶点》诗刊,以诗歌激发民众抗日热情。第一期的《编后杂记》中写明了创刊的宗旨:"《顶点》是一个抗战时期的刊物。她不能离开抗战,而应该成为抗战的一种力量。为此之故,我们不拟发表和我们所生活着的向前迈进的时代违离的作品。但同时我们也得声明,我们所说不离开抗战的作品并不是狭义的战争诗。"杂志本身是为新诗开拓的阵地:"从现在新诗的现状中更踏进一步……使中国新诗有更深邃一点的内容,更完美一点的表现方式。"①1940 年 4 月,戴望舒与穆丽娟分居,妻子偕女儿回沪。

　　在此期间,戴望舒的创作热情十分高涨,从作品数量上看,这也是他一生最多产的时期,不仅创作诗歌、从事翻译,还进行俗文学研究,以多个笔名陆续发表作品。1941 年 12 月 25 日,日军占领香港。戴望舒出于各种原因一时走不了。1942 年 3 月,因从事抗日活动,戴望舒被日军逮捕入狱,受尽酷刑,虽经好友全力奔走被保释出狱,但出来时已奄奄一息,在严密监视下,长期无法离开香港。狱中的严刑拷打伤害了诗人的身体,但是他没有屈服。根据狱中的遭遇和心境,他写下了《狱中题壁》《我用残损的手掌》《等待》和《心愿》等充满爱国情怀的战斗篇章。1942 年 5 月,戴望舒与杨静结婚。1944 年 4 月至 1945 年 6 月,与叶灵凤主编《华侨日报》副刊《文艺周刊》,共发行 72 期。为了生存,戴望舒必须设法自保,"我的抵抗只能是消极的,沉默的"②,但他绝不是苟且偷生。

　　1945 年 8 月 15 日,日本无条件投降,戴望舒在《偶成》中所写的"生命的春天重到""那时我会看见灿烂的微笑""再听见明朗的呼唤"成为现实。时代召唤新的篇章,民族的重生不再遥远,诗人也凭着心中的光明走出了黑暗屈辱的岁月。此外,戴望舒受老舍委托,积极参加恢复香港文协的活动。

---

① 艾青,戴望舒. 编后杂记. 顶点,1939(1):60.
② 戴望舒. 戴望舒精选集. 北京:北京燕山出版社,2015(6):208.

　　1946 年 3 月,戴望舒偕妻女回沪。他向中华全国文艺协会陈述自己在香港沦陷时期的情况。8 月,经周旭良介绍,他前往暨南大学担任教授,教西班牙文。然而,1947 年 7 月,他因参加教授联谊会,支持进步学生爱国民主运动而被解聘,后任上海市立师范专科学校教授、中文系系主任,兼任上海音乐专科学校教授,教音韵学。在此期间,戴望舒创作不多,为了生活不得不承担多所高校的教职工作。由于哮喘严重,他也很少参加上海文坛活动,但是,他依然坚持自己的诗艺,以己之光鼓舞着新一代的年轻诗人们。

　　1948 年 2 月,戴望舒的最后一本诗集《灾难的岁月》出版,共收录 25 首诗,其中游学后期到 1937 年抗日战争全面爆发前的诗歌 9 首,全面抗战期间诗歌 16 首。卞之琳曾说:"《灾难的岁月》正是他诗艺发展上第二和第三阶段的交汇处。……陆续产生的诗篇是自由体和近于格律体并用,试图协调旧的个人哀乐和新的民族和社会意识,也试图使它的艺术适应开拓了的思想和感情的视野。"①施蛰存则认为,《灾难的岁月》是诗人"思想性的提高","使他的艺术手法更美好、更深刻地助成了思想性的提高"。随着对苦难和贫病的体验加深,戴望舒愈发意识到灾难的岁月还在延续。由于遭到国民党反动势力的通缉,他不得不再度流亡香港。

　　1949 年,戴望舒毅然离港,偕女儿乘船北上,冒着风险抵达北平,投身于浩浩荡荡的革命建设工作。7 月,他应邀参加全国第一届文代会。中华人民共和国成立后,戴望舒被调到新闻总署下设的国际新闻局,担任法文科科长,此后他便全身心投入这项工作。但正当他准备撸起袖子大干一场的时候,他哮喘病复发,于 1950 年 2 月 28 日溘然长逝,被安葬于万安公墓。人生常是这般遗憾,婚姻事业到头来或许都难以如愿。好在戴望舒生前留下了丰富的文学遗产,足以让世人长久地怀念他。诗人繁华并未落幕,诗歌永垂不朽!

---

① 卞之琳.《戴望舒诗集》序. 诗刊,1980(5):62.

二、戴望舒的文学之路

> 撑着油纸伞,独自
>
> 彷徨在悠长,悠长
>
> 又寂寥的雨巷,
>
> 我希望逢着
>
> 一个丁香一样地
>
> 结着愁怨的姑娘。

1928 年 8 月,戴望舒所作现代诗《雨巷》在《小说月报》第 19 卷第 8 号发表。叶圣陶在编发这首诗时,赞许他替新诗的音节"开了一个新的纪元"①。由于叶圣陶的极力推举,戴望舒声名鹊起,并被冠以"雨巷诗人"的头衔。朱自清也曾有过评定,他说,戴望舒"注重整齐的音节,但不是铿锵而是轻清的"②。《雨巷》是诗人音乐性追求的里程碑,是他早期创作的巅峰,被他收录进第一本诗集《我底记忆》中。

《我底记忆》收录了戴望舒从 1922 年到 1929 年创作的 26 首作品,是诗人前期象征主义诗歌的代表作。他在诗的扉页写下 *A Jeanne*(给绛年)几个法语词,以表达自己强烈的感情和深沉的爱意;在扉页上还有两行古罗马诗人 A. 提布卢斯的拉丁文诗句:

> *Te Supectem Suprema mihi Cum Venerit hora ,*
>
> *Te teneam moriens deficiente manu .*

诗人将其译为"愿我在最后的时间将来到的时候看见你,愿我在垂死的时候用我的虚弱的手把握着你"③。这是戴望舒深深的痛苦和无望的期盼,他公开了恋情,冲破世俗,热烈大胆,可见当时施绛年在诗人心中的地位。

---

① 转引自:杜衡. 望舒草序. 现代,1933(4):492.
② 朱自清. 中国新文学大系·诗集. 上海:良友图书印刷公司,1935:8.
③ 王文彬,金石. 戴望舒全集·散文卷. 北京:中国青年出版社,1999:78.

诗集分为三辑——"旧锦囊""雨巷"和"我底记忆",这体现了作者诗艺发展的三个阶段。首先是在承袭晚唐诗风的基础上与格律诗派相互呼应,"旧锦囊"中的些许诗作就是如此;其次是汲取了法国象征主义诗派的特点,将其融入对中国古典诗歌的继承和延伸中,以"雨巷"中的诸诗为例;最后,脱去了"雨巷"中音律的外衣,以内在情绪的旋律为替代,通过艺术创新形成一种崭新的诗体。这一阶段是对法国象征诗派弗朗西斯·耶麦(Francis Jammes)、保尔·福尔(Paul Fort)和玄迷·特·果尔蒙(Rémy de Gourmont)的无韵体诗的借鉴,同时又继承了中国诗歌传统,并且利用了现代口语的特点。正如他在《诗论零札》中提到的:"诗不能借重音乐,它应去了音乐成分。"①《我底记忆》是第一首,也是其中的代表。

《望舒草》是戴望舒的第二本诗集,标志着诗人创作的成熟和定型。如施蛰存所说,戴望舒的诗有"一种特殊的魅惑,这魅惑,不是文字的,也不是音节的,而是一种诗的情绪的魅惑"②。《望舒草》的确有一种情绪的魅惑,包含诗人情绪的内涵和表达。从1927年到1932的五年间,戴望舒对革命和革命文学的热情逐渐冷却,对施绛年的爱情却愈发热烈。隐秘的灵魂无处诉说,诗歌成为诗人的另一种人生,他在抒写中剖析自己的忧郁。"悒郁着,用我二十四岁的整个的心",这是诗集《望舒草》的情感基调。

夏尔·皮埃尔·波特莱尔(Charles Pierre Baudelaire)说:"我并不主张'欢悦'不能与'美'结合,但我的确认为'欢悦'是'美'的装饰品中最庸俗的一种,而'忧郁'却似乎是'美'的灿烂出色的伴侣。"③在象征派看来,忧郁是诗中摆不脱的情结。诗人在《望舒草》中的情绪带有东方人的气质,并没有生搬硬套法国式审美,而是不断磨合、融入自己的艺术个性,充分尊重中国读者的审美情趣和民族特点。在诗意表达上,他大部分的象

---

① 戴望舒.望舒草.天津:百花文艺出版社,2004(7):112.
② 施蛰存.望舒草——戴望舒定本第一诗集.现代,1933(4):495.
③ 波特莱尔.随笔//伍蠡甫,等.西方文论选(下卷).上海:上海译文出版社,1988:215.

征诗都直接或间接地指明对象，如他在《雨巷》中以丁香一样的姑娘象征自己的"希望"；在《我底记忆》中把无形的记忆表现在象征的意象里；《夜行者》中的夜行者是诗人的自照；《我的素描》是诗人矛盾的双重情绪刻画；《秋蝇》通过死亡逼近时秋蝇内外二重感受的交融一体，隐喻诗人倦怠、颓废和绝望的心情。

从诗人20世纪30年代的作品和文学经历中可知诗人在创作上的变化。多年劳碌奔波、漂泊外乡的经历磨炼了诗人，诗歌虽有明朗舒缓之色，但虚无和寂寞的情绪仍是内核。在他创办的刊物《现代诗风》和《新诗》中，他对"纯诗"的探索得到充分实践。在早期的创作中，戴望舒受新月派影响较多，但在接触法国象征主义诗歌后，他逐渐从浪漫派转向象征派，因此在诗艺上对新月派多有抵触。他在《诗论零札》中直截了当地提出建议，打破"音乐美""绘画美""建筑美"的新月诗标准。他认为，中国诗歌"像是一个生物，渐渐地长大起来"，"现代的诗歌之所以和旧诗词不同，是在于它们的形式，更在于它们的内容"。他的主张充分体现了其前瞻性和现代化的视野。新诗取得繁荣和发展的一年是1936年，据统计，仅全国不同流派的诗刊就有19种之多。而在此之前，从创办《璎珞》和《文学工场》起，戴望舒就开始以中国传统诗学为基础，结合西方诗学理论和苏俄革命文学的经验，以自己的创作实践为基础，对诗歌、时代和意识形态的关系进行过深入思考。他在《关于国防诗歌》一文中驳斥了当时国防诗歌的目的性和功利性，指出"诗中可能有国防意识情绪的存在的，一首有国防意识的诗可能是一首好诗，唯一条件是它本身是诗"。可见，戴望舒对"纯诗"的阐释是以诗人独创性为标志的，并形成了纯粹性和社会性兼容的诗论。

创作后期，戴望舒的个性进入了一个新的发展时期。他于苦难中挖掘生命的深度，汲取命运中的一切。他的整个客观世界及其境况都被吸收到创作本身之中，使人感受到个人意识的渗透，个人世界融入抗战的公众世界，由外到内，达到诗境合一，物我交融。

瞬间的踌躇导致诗人滞留香港，品尽人生艰辛，受尽屈辱困苦。1942

年被日军逮捕入狱期间,他被关在地牢,受尽酷刑。但是,他并没有因此退缩,反而在《狱中题壁》中以慷慨悲壮的字句回答了敌人的血腥残暴,这是诗人的"绝笔",激越震撼的诗句下是他视死如归的决心和必胜的信念:

> 如果我死在这里,
> 朋友啊,不要悲伤。
> 我会永远生存
> 在你们的心上。
>
> 你们之中的一个死了,
> 在日占领地的牢里,
> 他怀着深深的仇恨,
> 你们应该永远地记忆。
>
> 当你们回来,从泥土
> 掘起他伤损的肢体,
> 用你们胜利的欢呼
> 把他的灵魂高高扬起。
>
> 然后把他的白骨放在山峰,
> 曝着太阳,沐着飘风:
> 在那暗黑潮湿的土牢,
> 这曾是他惟一的美梦。

由于抗战的需要,文学艺术的工具性价值更加强烈地得到展现,历史推进了政治和艺术的逐步协同。诗人对政治、艺术的追求也由多元趋向统一,他把忠于自己和忠于人民高度结合。此类创作开始于《元日祝福》,随后他创作了寓言诗《狼和羔羊》和《生产的山》,翻译了西班牙抗战谣曲。这一时期,其创作的诗文有抒发个人感情生活的诗歌《白蝴蝶》和《致萤火》等,亦有通过个人遭遇再现灾难岁月的诗歌《过旧居(初稿)》《过旧居》《示长女》《在天晴了的时候》《赠内》和《萧红墓畔口占》等。

戴望舒对于艺术、诗艺、诗论的不懈探索,孜孜矻矻,殚精竭虑,加上他卓越的才华,使他的作品成为中国文学传统不可或缺的组成部分。戴望舒那臻于化境的象征派诗歌艺术、生命力旺盛的富于散文美的自由诗体、对"纯诗"的极致追求,以及对诗歌艺术不断钻研创新的精神,奠定了他在中国新诗史上的不朽地位。

三、戴望舒的翻译生涯

戴望舒不仅是一位才华出众的诗人,还是一位出色的翻译家。他精通法语、西班牙语、俄语等语言,一生译笔不辍。他在宗文中学求学之时就开始了翻译活动,1945 年之后,他基本停止了创作,专注于翻译介绍西方文学。可以说,他的文学生涯也是他的翻译生涯。从法国、西班牙等国家二十多位诗人的诗歌,到十余个国家的小说、散文、文学论著,戴望舒译作共计近百万字。值得注意的是,他受童年阅读的影响,还翻译过法国童话《鹅妈妈的故事》《青色鸟》与《美人和野兽》。总的来说,他在翻译上的成就完全可以媲美他在诗歌创作上的贡献,他的诗歌作品共九十余首,而译诗的数量有一百三十首以上。他是译介西方现代诗歌的先驱,先后把浪漫主义诗歌、前后期象征派诗歌、超现实主义诗歌、苏俄诗歌、西班牙抗战谣曲等介绍到中国;英国诗人欧内斯特·道生(Ernest Dowson),法国诗人魏尔伦、儒勒·许拜维艾尔(Jules Supervielle)、耶麦、果尔蒙,西班牙诗人费特列戈·迦尔西亚·洛尔迦(Federico Garcia Lorca)等皆为他的译介对象。

戴望舒为什么要翻译?想要了解他的翻译理念,应先了解他的翻译目的。五四运动以来的翻译活动贴合新文化运动的革命需求,而戴望舒的翻译更加注重文学性和艺术性功能。在当时的背景下,译介外文诗歌作品的目的绝不限于介绍和引进,诗人在翻译这些优秀诗篇时还意在发挥这些诗歌的审美效能,使之对中国新诗的发展起到推进作用。戴望舒在谈及自己翻译波特莱尔的意义时说道:"第一,这是一种试验,来看波特莱尔的坚固的质地和精巧纯粹的形式,在转变成中文的时候,可以保存到怎样的程度。第二点是系附的,那就是顺便让我国的读者们能够多看到一点他们听说了长久而得到很少的,这位特殊的近代诗人的作品。"①由此可见,戴望舒的翻译更像做一种实验,不仅将外文诗歌尽可能原汁原味地展现给中国大众,更要借译诗的手段探索新的灵感和土壤,以期为中国新诗的发展注入活力。

戴望舒的翻译生涯最早可以追溯到中学时期,而他的诗歌翻译主要开始于他在震旦大学特别法文班学习法文期间。戴望舒在课上大量阅读了法国浪漫主义诗歌,维克多·雨果(Victor Hugo)的《良心》是他最早的译诗。后来他的文学兴趣发生变化,转向了法国象征主义,他在《璎珞》杂志上接连发表魏尔伦的《瓦上长天》和《泪珠飘落萦心曲》。在经营《文学工场》期间,戴望舒与好友"大部分时间用于翻译外国文学"②,有了更多的现实翻译体验。他翻译了夏多布里昂的《少女之誓》(包括《阿达拉》和《核耐》);与杜衡合译的道生的唯美派诗歌,直到1993年仍被视为杰作。王佐良在《英国诗史》中引用了戴译道生的《渣滓》,认为该诗具有"世纪末的颓废情调"③。戴望舒在初期的翻译实践中积累了宝贵的经验,但是,彼时他的审美追求还未真正确立。对于艺术形式的不断追求使他把兴趣转移到保尔·福尔、耶麦、果尔蒙等法国象征主义后继者的诗歌作品中。与魏尔伦的格律诗不同,他们主要运用自由诗来达到纯朴真挚而口语化的诗学追求。戴望舒用优美的译笔严谨地展现他们温润、潮湿、忧郁的田园诗风,并在译后记中详细精准地对其艺术风貌做了介绍,显示了他突破中国古典诗歌,为现代新诗发展带来创新的努力。1932年,戴望舒游学法国,

---

① 戴望舒. 中国现代散文经典文库·戴望舒卷. 北京:大众文艺出版社,2005:218.

② 陈丙莹. 戴望舒评传. 重庆:重庆出版社,1993:17.

③ 王佐良. 英国诗史. 上海:上海译文出版社,1993:393.

与早期侧重点不同，两年多的法国游学经历和短暂的西班牙之行给戴望舒的翻译和创作注入了新的灵感和活力。此后，他主要翻译法国、西班牙等国的现代主义作品，审美兴趣更偏向于现代主义和超现实主义。抗日战争全面爆发后，他希望通过译诗点亮民众的抗战激情。他多次翻译西班牙抗战谣曲，这些从战火中产生的诗篇具有其独特的热血和魅力，倾注着诗人对祖国和人民深沉的爱。他的创作从象征主义走向现实主义，至此诗艺达到至臻的境界。

戴望舒译介的大部分都不是享有盛名的作家的作品，而是非重点作家的作品。在西方现代派诗歌翻译热潮兴起的 20 世纪 30 年代，他没有选择约翰·沃尔夫冈·冯·歌德（Johann Wolfgang von Goethe）、托马斯·斯特尔那斯·艾略特（Thomas Stearns Eliot）、阿尔弗雷德·豪斯曼（Alfred Housman），而是看向许拜维艾尔、洛尔迦、曼努埃尔·阿尔陀拉季雷（Manuel Altolaguirre）、贝德罗·沙里纳思（Pedro Salinas）、拉法埃尔·阿尔倍谛（Rafael Alberti）等作家。戴望舒在法国结识了许拜维艾尔，从他的诗中认识了他的灵魂，看到了诗歌存在的共同本质，并与之沟通。回国后，戴望舒在自己主编的《新诗》杂志中发表了这次交谈的访问记《记诗人许拜维艾尔》，与此同时，还翻译了许拜维艾尔自选诗八首和马赛尔·雷蒙（Marcel Raymond）写的评述《许拜维艾尔论》。不仅如此，戴望舒还是翻译介绍西班牙诗人洛尔迦的第一人，他对此引以为豪："当英美诸国还没有知道洛尔迦的名字的时候，中国的读者已读到了他的名篇。"[1]对于被翻译诗人的介绍，戴望舒在《新诗》创刊号上给予了明确的说明："对于外国诗人的介绍，以当代诗人或给与当代诗人大影响的前代诗人为主。"[2]戴望舒得以在中国诗坛立足，与他精心挑选和翻译优秀外国诗人的重要作品分不开。同时，这足以表明，他具有独到的诗学审美和广阔的文学视野。

---

① 王文彬,金石. 戴望舒全集·诗歌卷. 北京:中国青年出版社,1999:758-759.
② 戴望舒. 许拜维艾尔论. 新诗. 1936(1):132.

戴望舒的翻译思想集中体现在诗歌方面。在诗歌翻译中,要做到语言优美、韵律传神十分困难,内容与形式二者不可兼得。戴望舒也坦言:"两国文字组织的不同和思想方式的歧异,往往使同时显示质地并再现形式的企图变成极端困难……"①尽管如此,他翻译的波特莱尔《恶之华掇英》仍首首都是精品。他从汉语中成功地找到对应形式,生动地再现了这位现代诗人的创作。此外,戴望舒不仅在每篇的译后记中对作者进行介绍,还把与之有关的文章也译出来,帮助读者更好地了解译作的背景和原著的风格。比如,他所翻译的法国、比利时和意大利短篇小说(《法兰西现代短篇集》,上海天马书店 1934 年 5 月出版;《比利时短篇小说集》,上海商务印书馆 1935 年 6 月出版;《意大利短篇小说集》,上海商务印书馆 1935 年 9 月出版)等,每部译作均为不同流派作家的代表作品,他还写了评述诗人诗作的译后记。

对于译本的选择,戴望舒主张从原文译出。比如,戴望舒翻译《唯物史观的文学论》的初衷就是如此。该书最初的翻译者是樊仲云,是由日译本转译的,戴望舒指出,"日译本很糟,错误和误解几乎每页都有"②。于是他便自己着手对法语原文进行翻译。戴望舒对于翻译的态度极为严谨,对他而言,那些敷衍了事、错误百出的翻译是对读者的不负责任,因此,他对于自己与他人的译文质量都有极高的要求。1925 年,东南大学历史系教授李思纯发表了其法兰西译诗集《仙河集》,戴望舒就在《璎珞》第 2、3、4 期上连续刊载了他对《仙河集》的长篇评论文章,详细指出了其中的错误。据说李思纯在读到了这篇评论后,几乎再也没发表过译诗了。③

借助翻译,戴望舒向人们介绍了西方文学,尤其是法国和西班牙文学发展的情况,拓宽了中国读者的外国文学眼界,为新诗创作注入了新的生命力。他的译作是他留给中国读者和译界的宝贵艺术财富。

---

① 戴望舒. 戴望舒选集. 北京:人民文学出版社,2005:218.
② 王文彬,金石. 戴望舒全集·散文卷. 北京:中国青年出版社,1999:106.
③ 施蛰存. 北山散文集(第一辑). 上海:华东师范大学出版社,2011:328.

四、编选说明

从 1922 年翻译第一部作品——奥利弗·哥德史密斯（Oliver Goldsmith）的《贪人之梦》，到 1949 年翻译保罗·爱吕亚（Paul Eluard）的诗歌《一篇要算的账》，戴望舒一生译耕不辍，译著浩瀚。为了能让更多读者通过译作的魅力了解、感受戴望舒的翻译思想和理念，编者编选了最具有代表性和最能体现戴望舒翻译思想的优秀译作呈现给读者。在选文方面，本书遵循以下几个原则。

1. 选文力求全面，分别选择不同时期、不同国别的译文。所选译作涵盖了戴望舒求学生涯、革命时期等不同人生阶段对不同国别作品的翻译，包含了戴望舒译自法国、西班牙、苏联、比利时、英国、美国、意大利、爱尔兰、瑞士等国的文学作品。

2. 译文体裁力求多样性。戴望舒以诗人身份为世人所熟知，因此本书将其译诗作为第一编。限于篇幅，每位诗人只选取了最能体现其风格的作品。在小说编中，本书将作家按照国籍进行划分，每个国家中选取最具文学价值的代表作家及其代表作品。需要说明的是，埃德加·爱伦·坡（Edgar Allen Poe）的《等腰三角形》因年代久远存在字迹模糊之处，但该篇是戴译的唯一一篇美国小说，故小说编仍将其收录在内，编者用黑色方框取代难以辨认之处并加脚注进行说明。

3. 一些选文因篇幅较长，特以节选的形式呈现。在散文、文艺随笔与文艺理论这两编中，由于戴望舒本身在这两方面的译作数量就明显少于诗歌与小说，加之部分作品本身已是鸿篇巨制，因此在尽可能兼顾国家与作者数量的丰富性与作品的代表性的情况下进行了如是选择。对于《比较文学论》等本身就可单独成书的作品，编者仅节选其中最为精彩的部分编入。

另外，戴望舒的译文与当代的语言规范存在不一致之处，这是因为受时代的影响，语言文字的使用也在不断演变。编者力求高度还原，让译文更加接近当时语言的原貌。因此,本书只在一些繁体字及异体字、外文作品名标注格式,以及当时的排印错误等方面按现行规范进行了订正。

此外还有一些特殊表达的问题需要注意,主要如下:

一是字词的使用方面。如"的""地""得"没有明显区分,"底"作"的"使用,"做"和"作"无过多区别,"他""她""它"也时常没有严格区分。又如一些词语搭配、写法与当今的用法不同,如"单纯"写作"单淳","部分"写作"部份","征兆"写作"朕兆","气氛"写作"气分","角色"写作"脚色",等等。当时的译者,大多需要自己创造译名,如人名、地名、物品名、专有名词等,均无固定统一的翻译名,也没有普遍接受的译名规范,如"悲多汶"(Ludwig van Beethoven,即"贝多芬")、"魏特曼"(Walt Whitman,即"惠特曼")、"玛德里"(即"马德里")、"格拉拿大"(即"格拉纳达")、"服尔泰"(Voltaire,即"伏尔泰")、"卢骚"(Jean-Jacques Rousseau,即"卢梭")等。

二是标点符号的使用。一些标点符号的用法和当代有一定差异,例如,戴望舒的一些译文中无标点符号;人名中的间隔符时有时无;在引用词语时有时使用单引号,有时使用双引号;再如,一句话已说完却不加句号。

上述问题,因编者考虑到原来的表述方式对当今读者的阅读并不会造成太大的困难,但有助于译文更贴近当时的历史原貌,原汁原味地还原戴望舒的译作,编者在标注译文出处的前提下,一般不做改动。一些不同的词语表达,编者有时采用加注的方式,一则可以保留译文原貌,二则兼顾读者阅读的方便,如"气分"(即"气氛");少部分不影响阅读的未加注释,如"沈默"(即"沉默"),而仅对部分繁体字和异体字、排印错误等根据现有规范给予修改;另外,还有一些拼写错误,如"Magarato"等,由于不影响阅读而未加修改。

全书的脚注共分为四类,即作者注、译者注、原书编者注以及编者注,分别对应原文有的注释、戴望舒加的注释、参考底本编者加的注释以及本书编者加的注释,以示区分。在译事年表制定过程中,编者广泛查阅了相关文献,并且不以一家之言为准,而是经多方查证,查漏补缺,并得以发现了一些以往年表中不曾记载的篇目。在搜寻整理的过程中,编者发现戴望舒曾用笔名众多,当中与他人笔名雷同的情况时有发生,部分存疑的篇目据其发表时间和出版刊物进行了筛查。编者编选力求可考可信,为了确保收录的准确性,编者对这些篇目进行了细致的研判,在参考前人研究和书信资料的基础上保证了篇目来源的可靠性。但由于年代久远,部分篇目的背景来源难考且无相关研究资料可直接表明该篇为戴望舒所译,故本书对此类篇目不予收录。

在编撰过程中,编者不止一次地感叹戴望舒译作数量之繁多,种类之广泛,品质之上乘。戴望舒把被国内忽视的一些作家介绍进来,他对于文学怀抱着一种纯粹的爱,视其为人类文明的珍宝。而编者所做的不过如同译海拾贝,让戴望舒视之为宝藏的文学著作重新为读者所知,并在其中品鉴他独特的翻译韵味。比如,在编撰《在快镜头下》这篇散文时,无相关资料表明原作者身份。编者通过查阅大量资料,考究出戴望舒所译"却贝克"此人,实为捷克 20 世纪最著名作家之一卡雷尔·恰佩克(Karel Čapek),同时他也是一位热爱生活的摄影师。编者通过戴望舒的真切生动的文字,仿佛身临其境,真正看到近百年前这位热爱摄影的捷克作家按下快门的一刻。不知在戴望舒翻译这篇散文时是否也看过却贝克的摄影作品? 是否也和编者有同样感受?

又如,在编写译文年表时,编者注意到,1946 年 11 月戴望舒发表过茹尔·雷纳《博物志抄》,虽然文章很短,但他的译笔淳朴浪漫,不似翻译文学论著那般严肃缜密,也没有译诗的感性复杂,而是以简单轻快的文字描绘生活情趣,让人很容易联想到法国散文家皮埃尔-儒勒·列那尔(Pierre-Jules Renard),通过对比法语原文和戴望舒译文得知,《博物志抄》即为列那尔的 *Histoires Naturelles*(今译《自然纪事》等),确认茹尔·雷纳即为皮埃尔-儒勒·列那尔,因此在年表中添加了作者原名"Pierre-Jules Renard"。时隔 70 余年,《自然纪事》已由多人复译多次,戴望舒翻译的仅是少量节选,由于篇幅有限也未收录入戴望舒卷,但是它被编者发现并列入戴望舒译事年表,以便大众更加了解戴望舒的翻译和文学经历。

编者做的这些事情虽然微不足道,但从某种意义上来说,也为传播戴望舒的翻译作品贡献了一份小我之力。

本书的编选参阅了《新文艺》(上海水沫书店,1929 年第 1 卷第 1 期、第 3 期;1930 年第 1 卷第 5 期、第 2 卷第 2 期)、《文艺月刊》(1932 年第 3 卷第 5 期、第 6 期)、《比利时短篇小说集》(商务印书馆,1935 年)、《新诗》(1936 年第 1 卷第 1 期、第 2 期、第 3 期;1937 年第 1 卷第 5 期、第 6 期)、《顶点》(1939 年第 1 卷第 1 期)、《唯物史观的文学论》(作家书屋,1948 年)、《洛尔迦诗抄》(北京作家出版社,1956 年)、《壹零集:文艺月刊》(1939 年第 1 卷第 2 期、第 3 期)、《戴望舒译作选》(商务印书馆,2019 年)、《戴望舒全集·诗歌卷》《戴望舒全集·小说卷》《戴望舒全集·散文卷》(中国青年出版社,1999 年)、《比较文学论》(吉林出版集团有限责任公司,2010 年)等资料。因为我站在前人的肩膀上,才能有本书今日之气象,无以为报,谨致谢忱! 若有疏漏,实为鄙人才疏学浅之过,绝非参考底本之错。

在前期的资料收集中,编者发现,对戴望舒研究颇深的王文彬先生也是安徽大学(简称"安大")文学院的教授,亦是编者求学时期的老师。如今王先生虽已仙逝但同为安大学人,我有幸接过研究戴望舒的接力棒,这或许就是传承的魅力。这种机缘让我更加坚信自己与戴望舒缘分不浅。此刻,我坐在文典阁窗前,看着梅雨天的淫雨霏霏,感到自己仿佛撑着油纸伞在雨中漫步。我飘荡的心恍惚间与那年彷徨的诗人相遇,想到自己站在前人的肩膀上才有了这次与诗人近距离接触的机会,心中不免感慨万千,深恐辜负前人的点滴心血。或许在近百年前的某个夏日清晨,戴望舒也如我这般坐在"文学工场"的窗前笔耕不辍,他不时停笔,抬头看看窗外的风景,然后又回过神来,低头钻研手中的原文,他沉浸在文学的世界里,我沉醉在他留下的宝贵遗产里。就这样,翻译连接了相隔近百年的我与诗人,我们实现了跨时空的对话,通过翻译作品我感受着戴望舒平淡又坎坷的一生。

未来对于戴望舒的研究会走向何方? 无法预知,但在可以预知的未来里,戴望舒的光芒一定不会消散,他终将在历史的雨巷里,浸润一代又一代文人墨客的心。编者在编撰过程中若有任何纰漏,恳请读者见谅,并不吝赐教。

癸卯夏 于庐州

第一编

诗 歌

道　生[①]

勃勒达涅之伊凤

卿母林檎园，

去年春未阑：

伊凤，卿忆否！

枝叶发浓繁，

落英如红雨，

为卿作华鬘？

伊凤，卿忆否！

侬思未有闲。

在彼林檎园，

浑不忆人间

卿卿娇不胜，

明眸静且娴；

---

①　此处前两首译诗据 1929 年 11 月 15 日《新文艺》第 1 卷第 3 号，后三首译诗参考
　　了商务印书馆出版、宋炳辉主编的《戴望舒译作选》。作者欧内斯特·道生
　　（Ernest Dowson，1867—1900），英国唯美主义诗人。——编者注

相说林檎熟，
沥汁手掺掺：
琐事诸如此，
卿思应渺漫！

勃东幽暮里，
相对寂无言；
卿母始来叱，
小草沾露寒：
知卿芳怀颤，
有如惊鸽然。
伊凤卿忆否！
恋情初赧颜。

娟娟林檎花，
零落中夏天；
时卿承我请，
微语复缠绵。
伊凤我何乐！
携卿归比肩。
伊凤，卿忆否？
良时去不还！

今来林檎园，
幽暗复迷漫；
伊凤谁相扰？
相隔万重山！
露滴红心草，

卿跌未可沾：

卿又安能忆！

侬思复阑珊。

Soli Cantare Periti Arcades[①]

我要住在乳酪坊，

我去要做那柯林：

和那村里的姑娘，

搅着羊乳白莹莹。

田野是我的欢乐，

羊儿随我缓缓行，

吹着一支游戏曲，

娱那玛玉，或裘恩。

因为城市颓又黑，

我又深恨伦敦街；

要到村路才快活，

要到村巷去开怀。

巴黎妇人运气佳！

你们太细太娟好；

我却熟识村女家，

问她不必问两遭。

---

① 拉丁文，大意：惟 Arcadia 人唱得最好。——译者注

你们衣锦多豪丽，
娇步婀娜在城里；
她们穿着粗陋衣，
自由来往登木屉。

她非女神非女王，
她将榨我羊儿乳；
身兜里面白胸膛，
娇如羊乳的醍醐。

要娶村里的姑娘
我愿住在乳酪坊，
我愿去做那柯林：
要那玛玉或裘恩。

In Tempore Senectutis①

在我老来的时候，
悲愁地独自离去，
走入那黑暗的冥幽。
啊，我心灵的伴侣！
不要把彷徨者放在心怀，
只记得那能歌能爱，
又奔腾着热血的人儿，
在我老来的时候。

---

① 拉丁文，译为"在我老来的时候"。——原书编者注

在我老来的时候，
一切旧时的情人，
已渐渐消归无有。
啊，我的心灵所希图！
你不要深深地怀念，
那逝去的芳年。
那时心儿相倚纵情多，
年岁却在无情地驰走。

在我老来的时候，
那头顶的繁星，
却变成残忍又灰幽。
啊，我仅有的爱人！
且让我从此长离，
你只要记住我俩的往年，
不要想如何消失了爱情，
在我老来的时候。

烦　怨

我并未忧愁，又何须哭泣，
我全身的记忆，今都消歇。

我看那河水更洁白而朦胧，
自朝至暮，我只守着它转动。

自朝至暮，我看着潇潇雨滴，
看它疲倦地轻敲窗槅。

世间的一切我曾作几度追求，
如今都已深厌，但我并未忧愁。

我只觉得她的秀眼与樱唇，
于我只是重重的阴影。

我终朝苦望她的饥肠，
未到黄昏，却早已遗忘。

但黄昏唤醒了忧思，我只能哭泣，
啊，我全身的记忆，怎能消歇！

残　滓

火焰已消亡，它的残灰也已散尽，
这正是一切诗人最后的歌词。
金酒已饮残，只剩下些微余沥，
它苦如艾草，又辛如忧郁，
消失了健康与希望，为了爱情，
它们今儿和我已惨淡地分离
只有阴影相随，直到灭亡的时候，
它们也许是情人，也许是我们的朋友
我们坐着，用憔悴的眼光等候，
直等到那门儿闭上，又将幽幕放下，
这正是一切诗人最后的歌词。

二

魏尔伦[①]

瓦上长天

瓦上长天
　柔复青！
瓦上高树
　摇娉婷。

天上鸣铃
　幽复清。
树间小鸟
　啼怨声。

帝啊，上界生涯
　温复淳。
仙城飘下
　太平音。

---

① 此处两首译诗据 1930 年 11 月 16 日《现代文学》第 1 卷第 5 期。作者保罗·魏尔伦(Paul Verlaine，1844—1896)，法国象征主义诗人。——编者注

——你来何事

　　泪飘零，

如何消尽

　　好青春？

译自《智慧》（*Sagesse*）集

A Poor Young Shepherd

我怕那亲嘴

像怕那蜜蜂。

我戒备又忍痛

没有安睡：

我怕那亲嘴！

可是我却爱凯特

和她一双妙眼。

她生得轻捷，

有洁白的长脸。

哦！我多么爱凯特！

今朝是"圣华兰丁"

我应得向她在早晨，

可是我不敢，

说那可怕的事情，

除了这"圣华兰丁"。

她已经允许我，

多么地幸运！
可是应该这么做
才算得个情人
在一个允许后！

我怕那亲嘴
像怕那蜜蜂。
我戒备又忍痛
没有安睡：
我怕那亲嘴！

译自《无言之曲》(*Romances sans Paroles*)集

三

雨　果[①]

良　心

携带着他的披着兽皮的儿孙，
苍颜乱发，在狂风暴雨里奔行，
该隐从上帝夏和华前面奔逃，
当黑夜来时，这愁郁的人来到
山麓边，在那一片浩漫的平芜
他疲乏的妻子和喘息的儿孙说：
"我们现在且躺在地上做回梦。"
该隐却睡不着，在山边想重重。
猛然间抬头，在凄戚的长天底，
他看见只眼睛，张大在幽暗里，
那眼睛在黑暗之中钉住看他。
"太近了，"他震颤着说了这句话。

---

① 此译诗据 1948 年 2 月《文讯月刊》第 8 卷第 2 期，参考了商务印书馆出版、宋炳辉主编的《戴望舒译作选》中做的处理。作者维克多·雨果（Victor Hugo，1802—1885），法国浪漫主义诗人、小说家、戏剧家和文艺理论家。——编者注

推醒入睡的儿孙,疲倦的女人,
他又怆惶地重在大地上奔行。
他走了三十夜,他走了三十天,
他奔走着,战栗着,苍白又无言,
偷偷摸摸,没有回顾,没有留停!
没有休息,又没有睡眠。他行近
那从亚述始有的国土的海滨,
"停下吧",他说,"这个地方可安身,
留在此地。我们到了大地尽头。"
但他一坐下,就在凄戚的天陬,
看见眼睛在原处,在天涯深处。
他就跳了起来,他惊战个不住。
"藏过我!"他喊着,于是他的儿孙,
掩唇不语,看愁苦的公公颤震。
该隐吩咐雅八——那在毡幕下面,
广漠间,生活着的人们的祖先,
说道:"把那帐棚靠着这一面张。"
他就张开了那一面飘摇的围墙,
当人们用了重铅锤把它压着,
"你不看见了吗?"棕发的洗拉说,
(他的子孙的媳妇,柔美若黎明。)
该隐回答说:"我还看见这眼睛!"
犹八——那个飘游巡逡在村落间
吹号角敲大鼓的人们的祖先,
高声喊道:"让我来造一重栅栏。"
他造了铜墙;让该隐在里面耽。
该隐说:"这个眼睛老是看着我!"
以诺说:"该造个环堡,坚固嵯峨,

使得随便什么人都不敢进来，
让我们来造一座高城和坚寨
让我们造一座高城，将它紧掩。"
于是土八该隐，铁匠们的祖先，
就筑了一座崔巍非凡的城池，
他的弟兄，在平原，当他工作时，
驱逐以约挪士和赛特的儿孙；
他们又去挖了过路人的眼睛；
而晚间，他们飞箭去射那星光，
岩石代替了帐棚的飘摇的墙。
他们用铁钩把那大石块连并，
于是这座城便像是座地狱城；
城楼的影子造成了四乡的夜幕，
他们将城垣造得有山的厚度，
城门上铭刻着：禁止上帝进来。
当他们终于建筑完了这城寨，
将该隐在中央石护楼中供奉。
他便在里面愁苦。"啊，我的公公！
看不见眼睛吗？"洗拉战栗着说，
该隐却回答道："不，它老是在看。"
于是他又说："我愿意住在地底，
像一个孤独的人住在他墓里，
没有东西见我，我也不见东西。"
他们掘了个坑，该隐说："合我意！"
然后独自走到那幽暗的土茔，
当他在幽暗里刚在椅上坐稳，
他们在他头上铺上泥土层层，
眼睛已进了坟墓，注视着该隐。

四

梵乐希[①]

失去的酒

有一天，我在大海中，
（我忘了在天的何方，）
洒了一点美酒佳酿，
作奠祭"虚无"的清供……
美酒啊　谁愿你消亡？

我或许听了占士语？
或许顺我心的罣虑，
心想血液，手醉酒浆？

大海的平素的清澄
起了蔷薇色的烟尘
又恢复了它的纯净……

---

① 此译诗据 1944 年 9 月 15 日《文艺世纪》第 1 卷第 1 期。作者保尔·梵乐希（Paul Valéry，今译瓦雷里，1871—1945），法国诗人。——编者注

美酒消失,波浪酩酊!……

我看见苦涩的风中

奔腾着最深的姿容……

一九四四年五月香港

五

许拜维艾尔

许拜维艾尔自选诗[①]

肖　像

母亲，我很不明白人们是如何找寻那些死者的，

我迷途在我的灵魂，它的那些险阻的脸儿，

它的那些荆棘以及它的那些目光之间。

帮助我从那些眩目惊心的嘴唇所憧憬的，

我的界域中回来吧，

帮助我寂然不动吧，

那许多动作隔离着我们，那许多残暴的猎犬！

让我俯就那你的沉默所形成的泉流，

在你的灵魂所撼动的枝叶底一片反照中。

---

① 此辑据 1936 年 10 月 10 日《新诗》第 1 卷第 1 期。作者许拜维艾尔（Jules Supervielle，今译于勒·苏佩维艾尔，1884—1960），法国诗人。——编者注

啊！在你的照片上

我甚至看不出你的目光是向那一面飘的。

然而我们，你的肖像和我自己，却走在一起，

那么地不能分开

以致在除了我们便无人经过的

这个隐秘的地方

我们的步伐是类似的。

我们奇妙地攀登山岗和山峦。

而在那些斜坡上像无手的受伤者一样地游戏。

一支大蜡烛每夜流着，溅射到晨曦的脸上，——

那每天从死者的沉重的床巾间起来的，

半窒息的，

迟迟认不出自己的晨曦。

我的母亲，我严酷地对你说着话，

我严酷地对死者们说着话，因为我们应该

站在滑溜的屋顶上，

两手放在嘴的两边，并用一种发怒的音调

去压制住那想把我们生者和死者隔绝的

震耳欲聋的沈默，而对他们严酷地说话的。

我有着你的几件首饰，

好像是从河里流下来的冬日的断片，

在这有做着"不可能"的囚徒的新月

起身不成而一试再试的

溃灭的夜间，

在一只箱子底夜里闪耀着的这手钏，便是你的。

这现在那么弱地是你的我，从前却那么强地是你，

而我们两人是那么牢地钉在一起,竟应该同死,
像是在那开始有盲目的鱼
有炫目的地平线的
大西洋的水底里互相妨碍泅水,
互相蹴踢的两个半溺死的水手一样。

因为你曾是我,
我可以望着一个园子而不想别的东西,
可以在我的目光间选择一个,
可以去迎迓我自己。
或许现在在我的指甲间,
还留着你的一片指甲,
在我的睫毛间还屦着你的一根睫毛;
如果你的一个心跳混在我的心跳中,
我是会在这一些之间辨认它出来
而我又会记住它的。

可是心灵平稳而十分谨慎地
斜睨着我的
这位我的二十八岁的亡母,
你的心还跳着吗?你已不需要心了,
你离开了我生活着,好像你是你自己的姊妹一样。
你穿着什么都弄不旧了的就是那件衫子,
它已很柔和地走进了永恒
而不时变着颜色,但是我是唯一要知道的。

黄铜的蝉,青铜的狮子,黏土的蝮蛇,
此地是什么都不生息的!

唯一要在周遭生活的
是我的欺谎的吹息。
这里,在我的手腕上的
是死者们底矿质的脉搏
便是人们把躯体移近
墓地的地层时就听到的那种。

生　活

为了把脚践踏在
夜的心坎儿上,
我是一个落在
缀星的网中的人。

我不知道世人
所熟稔的安息,
就是我的睡眠
也被天所吞噬了。

我的岁月底袒裸啊,
人们已将你钉上十字架;
森林的鸟儿们
在微温的空气中,冻僵了。

啊!你们从树上坠了下来。

心　脏

——赠比拉尔

这做我的寄客的心，
它不知道我的名字，
除了生野的地带，
我的什么它都不知道。
血做的高原，
受禁的山岳，
怎样征服你们呢，
如果不给你们死？
回到你们的源流去的
我的夜的河流，
没有鱼，但却
炙热而柔和的河，
怎样溯你们而上呢？
寥远的海滩之音，
我在你们周围徘徊
而不能登岸，
哦，我的土地的川流，
你们赶我到大海去，
而我却正就是你们。
而我也就是你们，
我的暴烈的海岸，
我的生命底波沫。
女子的美丽的脸儿，
被空间所围绕着的躯体，

你们怎样会

从这里到那里，

走进这个我无路可通

而对于我又日甚一日地

充耳不闻而反常的

岛中来的？

怎样会像踏进你家里一样

踏进那里去的？

怎样会懂得

这是取一本书

或关窗户的时候

而伸出手去的？

你们往往来来，

你们悠闲自在

好像你们是独自

在望着一个孩子的眼睛动移。

在肉的穹窿之下，

我的自以为旁无他人的心

像囚徒一样地骚动着，

想脱出它的樊笼。

如果我有一天能够

不用言语对他说

我在它生命周围形成一个圈子，

那就好了，

如果我能够从我张开的眼睛

使世界底外表

以及一切超过波浪和天宇，

头和眼睛的东西
都降到它里面去，
那就好了！
我难道不能至少
用一枝细细的蜡烛
微微照亮它，
并把那在它里面，
在暗影中永不惊异地
生活着的人儿指给它看吗！

一头灰色的中国牛

一头灰色的中国牛，
躺在它的棚里，
伸长了它的背脊，
而在同一瞬间，
一头乌拉圭牛
转身过去瞧瞧
可有什么人动过。
鸟儿在两者之上，
横亘昼和夜，
无声无息地
飞绕了行星一周，
却永远不碰到它，
又永远不栖止。

新生的女孩

——为安娜·玛丽而作

摆着推开云片的手势，
出得她的星辰，她终于触到大地。

墙壁很想仔细看一看这新生的女孩：
暗影中的一点儿干练的阳光已把她泄漏给它们。

那找寻着她的耳朵的城市之声
像一只暗黑的蜂似地想钻进去，

踌躇着，渐渐地受了惊恐，
然后离开了这还太接近自己的秘密的，

小小地整个儿曝露在那光耀，
盲目并因怀着豫望而颤栗的空气的肉体。

她经过了一次闭着眼睛的长旅行，
在一个永远幽冥而无回声的国土中，

而其记忆是在她的紧握着的手里
（不要翻开她的手，让她有着她的思想。）
她想：
"这些凝视着的人们
是那么严肃又那么高大，
而他们的竖起的脸儿

竟像是高山一样。

我是一片湖吗，一条河吗，

我是一面魔镜吗？

他们为什么凝看着我？

我没有什么东西可以给他们。

让他们去吧，让他们到

他们的冷酷的眼睛的国土中去，

到那一点也不知道我什么的

他们的眉毛的国土中去。

在我闭着的眼皮下面，

我还有许多事啊。

我需要告别

那些记不清的颜色，

那几百万道的光，

以及那在另一面的

更多的黑暗。

我需得整顿一下

我就要抛开的

这全体的星星。

在一个无边的睡眠的深处

我应该赶快一点。"

当她睁开眼来的时候，他们给了她一棵树

以及它的生枝叶的世界，他们给了她大海

以及它的天的满意，

接着她又睡过去把一切都带走。

这在自己的堡中的襁褓中的婴孩，

你们借那从小窗孔漏进来的阳光望着她吧。
她的嘴唇还不懂得言语底味，
而她的目光是徘徊在平滑的波浪上，
像鸟儿一样地在找寻运气。

这些白色的东西，这片浪花，这有什么意义呢？
什么巨大的刀曾把那些波浪雕过呢？
可是我们可以说，一只船开过来，
而十二个潜水人，为一种突然的沉醉所袭，
从甲板上跳到水里去。

哦，我的泅水人啊，一个女孩子在看着你们，
浪花闪着光，还有它的螺钿色的符号，
无记忆的白色底古怪的字母，
她固执着要辨解它们，
可是水却老是把全部历史搅乱。

时间的群马

当时间的群马驻足在我门前的时候，
我总有点踌躇去看它们痛饮，
因为它们拿着我的鲜血去疗渴。
它们向我的脸儿转过感谢之眼，
同时它们的长脸儿使我周身软弱，
又使我这样地累，这样地孤单而恍惚，
因而一个短暂的夜便侵占了我的眼皮，
并使我不得不在心头重整精力，
等有一天这群渴马重来的时候，

我可以苟延残命并为它们解渴。

房中的晨曦

曦光前来触到一个在睡眠中的头，

它滑到额骨上，

而确信这正就是昨天的那个人。

那些颜色，照着它们的长久的不作声的习惯，

踏着轻轻的步子，从窗户进来。

白色是从谛木尔来的，触过巴力斯丁，

而现在它在床上弯身而躺下，

而这另一个怅然离开了中国的颜色，

现在是在镜子上，

一靠近它

就把深度给了它。

另一个颜色走到衣橱边去，给它擦了一点黄色，

这一个颜色把安息在床上的

那个人的命运

又渲染上黑色。

于是知道这些的那个灵魂，

这老是在那躺着的躯体旁的不安的母亲：

"不幸并没有加在我们身上，

因为我的人世的躯体

是在半明半暗中呼吸着。

除了不能受苦难

和灵魂受到闭门羹

而无家可归以外，

便没有更大的苦痛了。

有一天我会没有了这个在我身边的大躯体；

我很喜欢推测那在床巾下面的他的形体，

那在他的难行的三角洲中流着的我的朋友血，

以及那只有时

在什么梦下面

稍微动一动

而在这躯体和它的灵魂中

不留一点痕迹的手。

可是他是睡着，我们不要想吧，免得惊醒他，

这并不是很难的

只要注意就够了，

让人们不听见我，像那生长着的枝叶

和青草地上的蔷薇一样。"

等那夜

等那夜，那总可以由于它的那种风所吹不到

而世人的不幸却达得到的极高的高度

而辨认出来的夜，

来燃起它的亲切而颤栗的火，

而无声无息地把它的那些渔舟，

它的那些被天穿了孔的船灯，

它的那些缀星的网，放在我们扩大了的灵魂里，

等它靠了无数回光和秘密的动作

在我们的心头找到了它的亲信，

并等它把我们引到它的皮毛的手边，

我们这些受着白昼

以及太阳光的虐待，

而被那比熟人家里的稳稳的床更稳的

粗松而透彻的夜所收拾了去的迷失的孩子们，

这是陪伴我们的喃喃微语着的蔽身之处，

这是有那已经开始偏向一边

开始在我们心头缀着星，

开始找到自己的路的头搁在那里的卧榻。

　　这里的八首诗，是承了许拜维艾尔自己的意志而翻译出来的。《肖像》和《生活》取自《引力集》（*Gravitations*），《心脏》《一头灰色的中国牛》和《新生的女孩》取自《无罪的囚徒集》（*Le Forçat Innocent*），《时间的群马》《房中的晨曦》和《等那夜》取自《不相识的朋友们集》（*Les Amis Inconnus*）。这几首诗只是我们这位诗人所特别爱好的，未必就能代表他全部的作品，至多是他的一种倾向，或他最近的倾向而已。以后我们还想根据我们自己的选择，从许拜维艾尔全部诗作中翻译一些能代表他的种种面目的诗，这想亦为读者所容许的吧。

译者附记

六

耶 麦[①]

屋子会充满了蔷薇

屋子会充满了蔷薇和蜂儿。

在午后,人们会在那儿听到晚祷的钟声;

而那些有透明的宝石色的葡萄

似乎会在太阳的迟缓的幽荫中睡去。

我在那儿是多么地爱你啊！我把我整个的

二十四岁的心,我的善讽的心灵,

我的骄傲和我的白蔷薇的诗送给你;

然而我却不认得你,你是不存在着的,

我只知道,假如你是存在过的,

假如你是像我一样地在牧场深处过的,

我们会笑着接吻,在褐色的蜂群下,

① 前六首译诗发表于 1929 年 9 月 15 日《新文艺》第 1 卷第 1 期,题为《耶麦诗抄》,
最后一首《为带驴子上天堂而祈祷》发表于 1938 年 12 月 11 日《星岛日报》副刊
《星座》第 133 期。此处参考底本为许钧、谢天振主编的《戴望舒译作选》。作者弗
朗西斯·耶麦(Francis Jammes,1868—1938),法国后期象征主义的代表诗人之
一。——编者注

在凉爽的溪流边，在浓密的树叶下。
我们只会听到太阳的热。
在你的耳上，你会有胡桃树的阴影，
随后我们停止了笑，密合着我们的嘴，
来说那人们不能说的我们的爱情；
而我会在你的嘴唇的胭脂色上找到了
褐色的葡萄的味，红蔷薇的味和蜂的味。

我爱那如此温柔的驴子

我爱那如此温柔的驴子，
它沿着冬青树走着。

它提防着蜜蜂
又摇动它的耳朵；

它还载着穷人们
和满装着燕麦的袋子。

它跨着小小的快步
走近那沟渠。

我的恋人以为它愚蠢，
因为它是诗人。

它老是思索着。
它的眼睛的天鹅绒的。

温柔的少女啊，
你没有它的温柔：

因为它是在上帝面前的，
这青天的温柔的驴子。

而它住在牲口房里，
忍耐又可怜，

把它的可怜的小脚
走得累极了。

它已尽了它的职务
从清晨到晚上。

少女啊，你做了些什么？
你已缝过你的衣衫……

可是驴子却伤了：
因为苍蝇蜇了它。

它竭力地操作过
使你们看了可怜。

小姑娘，你吃过什么了？
——你吃过樱桃吧。

驴子却燕麦都没得吃，

因为主人是太穷了。

它吮着绳子，
然后在幽暗中睡了……

你的心儿的绳子
没有那样甜美。

它是如此温柔的驴子，
它沿着冬青树走着。我有"长恨"的心：
这两个字会得你的欢心。

对我说罢，我的爱人，
我还是哭呢，还是笑？

去找那衰老的驴子，
向它说：我的灵魂

是在那些大道上的，
正和它清晨在大道上一样

去问它，爱人啊，
我还是哭呢，还是笑？

我怕它不能回答：
它将在幽暗中走着，

充满了温柔，

在披花的路上。

膳　厅

——赠 Adrien Planté 先生

有一架不很光泽的衣橱，
它曾听见过我的祖姑母的声音，
它曾听见过我的祖父的声音。
它曾听见过我的父亲的声音。
对于这些记忆，衣橱是忠实的。
别人以为它只会缄默着是错了，
因为我和它谈话着。

还有一个木制的挂钟。
我不知道为什么它已没有声音了。
我不愿去问它。
或许那在它弹簧的声音，
已是无疾而终了，
正如死者的声音一样。

还有一架老旧的碗橱，
它有蜡的气味，糖果的气味，
肉的气味，面包的气味和熟梨的气味。
它是个忠心的仆役，它知道
它不应该窃取我们一点东西。

有许多到我家里来的男子和妇女，
他们不信这些小小的灵魂。

而我微笑着,他们以为只有我独自个活着,
当一个访客进来时向我说:
——你好吗,耶麦先生?

那少女

那少女是洁白的,
在她的宽阔的袖口里,
她的腕上有蓝色的静脉。

人们不知道她为什么笑着。
有时她喊着,
声音是刺耳的。

难道她恐怕
在路上采花的时候
摘了你们的心去吗?

有时人们说她是知情的。
不见得老是这样罢。
她是低声小语着的。

"哦!我亲爱的!啊,啊……
……你想想……礼拜三
我见过他……我笑……了。"她这样说。

在一个青年人苦痛的时候,
她先就不作声了:

她十分吃惊,不再笑了。

在小径上
她双手采满了
有刺的灌木和蕨薇。

她是颀长的,她是洁白的,
她有很温存的手臂。
她是亭亭地立着而低倒了头的。

树脂流着

（一）

樱树的树脂像金泪一样地流着。
爱人呵,今天是像在热带中一样热:
你且睡在花阴里罢,
那里蝉儿在老蔷薇树的密叶中高鸣。

昨天在人们谈话着的客厅里你很拘束……
但今天只有我们两人了——露丝·般珈儿!
穿着你的布衣静静地睡着罢,
在我的密吻下睡着吧。

（二）

天热得使我们只听见蜜蜂的声音……
多情心的小苍蝇,你睡着罢!
这又是什么响声？……这是眠着翡翠的,

榛树下的溪水的声音……
睡着吧……我已不知道这是你的哭声
还是那光耀的卵石上的水流声……

你的梦是温柔的——温柔得使你微微地，
微微地动着嘴唇——好像一个甜吻……
说呵，你梦见许多洁白的山羊
到岩石上芬芳的百里香间去休憩吗？

说啊，你梦见树林中的青苔间
一道清泉突然合着幽韵飞涌出来吗？
——或者你梦见一个桃色青色的鸟儿
冲破了蜘蛛的网，惊走了兔子吗？

你梦见月亮是一朵绣球花吗？……
——或者你还梦见在井栏上
白桦树开着那散着没药香的金雪的花吗？

——或者你梦见你的嘴清映水在桶底里，
使我以为是一朵从老蔷薇树上
被风吹落到银色的水中的花吗？

天要下雪了
——赠 Léopold Bauby

天要下雪了，再过几天。我想起去年。
在火炉边我想起了我的烦忧。
假如有人问我："什么啊？"

我会说:"不要管我罢。没有什么。"

我深深地想过,在去年,在我的房中,
那时外面下着沉重的雪。
我是无事闲想着。现在,正如当时一样
我抽着一支琥珀柄的木烟斗。

我的橡木的老伴侣老是芬芳的。
可是我却愚蠢,因为许多事情都不能变换,
而想要赶开了那些我们知道的事情
也只是一种空架子罢了。

我们为什么想着谈着? 这真奇怪;
我们的眼泪和我们的接吻,它们是不谈的,
然而我们却了解它们,
而朋友的步履是比温柔的言语更温柔。

人们将星儿取了名字,
也不想想它们是用不到名字的,
而证明在暗中将飞过的美丽彗星的数目,
是不会强迫它们飞过的。

现在,我去年老旧的烦忧是在那里?
我难得想起它们。
我会说:"不要管我罢,没有什么。"
假使有人到我房里来问我:"什么啊?"

为带驴子上天堂而祈祷

在应该到你那儿去的时候,天主啊,
请使那一天是欢庆的田野扬尘的日子吧。
我愿意,正如我在这尘世上一般,
选择一条路走,如我的意愿,
到那在白昼也布满星星的天堂。
我将走大路,携带着我的手杖,
于是我将对我的朋友驴子们说端详:
我是法朗西思·耶麦,现在上天堂,
因为好天主的乡土中,地狱可没有。
我将对它们说:来,青天的温柔的朋友,
你们这些突然晃着耳朵去赶走
马蝇,鞭策蜜蜂的可怜的亲爱的牲口,
请让我来到你面前,围着这些牲口——
我那么爱它们,因为它们慢慢地低下头,
并且站住,一边把它们的小小的脚并齐,
样子是那么地温柔,会叫你怜惜。
我将来到,后面跟着它们的耳朵无数双,
跟着那些驴儿,在腰边驮着大筐,
跟着那些驴儿,拉着卖解人的车辆,
或是拉着大车,上面有毛帚和白铁满装,
跟着那些驴儿,背上驮着隆起的水囊,
跟着那些母驴,踏着小步子,大腹郎当,
跟着那些驴儿,穿上了小腿套一双双,
因为它们有青色的流脓水的伤创,
惹得固执的苍蝇聚在那里着了忙。

天主啊,让我和这些驴子同来见你,
叫天神们在和平之中将我们提携,
行向草木丛生的溪流,在那里,
颤动着樱桃,光滑如少女欢笑的肤肌,
而当我在那个灵魂的寄寓的时候,
俯身临着你的神明的水流,
使我像那些对着永恒之爱的清渠
鉴照着自己卑微而温柔的寒伧的毛驴。

七

波特莱尔[①]

信天翁

时常地,为了戏耍,船上的人员
捕捉信天翁,那种海上的巨禽——
这些无碍的旅伴,追随海船,
跟着它在苦涩的涡漩上航行。

当他们一把它们放在船板上,
这些青天的王者,羞耻而笨拙。
就可怜地垂倒在他们的身旁
它们洁白的巨翼,像一双桨棹。

这插翅的旅客,多么呆拙委颓!
往时那么美丽,而今丑陋滑稽!

这个用着烟斗戏弄它的尖嘴，
那个学这飞翔的残废者拐蹩！

诗人恰似那天云之间的王君，
它出入风波间又笑傲弓弩手；
一旦堕落在尘世，笑骂尽由人，
它巨人般的翼翅妨碍它行走。

高　举

在池塘的上面，在溪谷的上面，
凌驾于高山，树林，天云和海洋，
超越过那灏气，超越过那太阳，
超越过那缀星的天球的界限，

我的心灵啊，你在敏捷地飞翔，
恰如善泳的人沉迷在波浪中，
你欣然犁着深深的广袤无穷，
怀着雄赳赳的狂欢，难以言讲。

远远地从这疾病的瘴气飞脱，
到崇高的大气中去把你洗净，
像一种清醇神明的美酒，你饮
滂渤弥漫在空间的光明的火。

那烦郁和无边的忧伤的沉重
沉甸甸压住笼着雾霭的人世，
幸福的唯有能够高举起健翅，

从它们后面飞向明朗的天空！

幸福的唯有思想如云雀悠闲，
在早晨冲飞到长空，没有挂碍，
——翱翔在人世之上，轻易地了解
那花枝和无语的万物底语言！

应　和

自然是一庙堂，那里活的柱石
不时地传出模糊隐约的语音：
人穿过象征的林从那里经行，
树林望着他，投以熟稔的凝视。

正如悠长的回声遥遥地合并，
归入一个幽黑而渊深的和协——
广大有如光明，浩漫有如黑夜——
香味，颜色和声音都互相呼应。

有的香味新鲜如儿童的肌肤，
柔和有如洞箫，翠绿有如草场，
——别的香味呢，腐烂，轩昂而丰富。

具有着无极限的品物底扩张，
如琥珀香，麝香，安息香，篆烟香，
那样歌唱性灵和官感的欢狂。

异国的芬芳

秋天暖和的晚间,当我闭了眼
呼吸着你炙热的胸膛的香味,
我就看见展开了幸福的海湄,
炫照着一片单调太阳的火焰;

一个闲懒的岛,那里"自然"产生
奇异的树和甘美可口的果子;
产生身体苗条壮健的小伙子,
和眼睛坦白叫人惊异的女人。

被你的香领向那些迷人地方,
我看见一个港,满是风帆桅樯,
都还显着大海的风波的劳色,

同时那绿色的罗望子的芬芳——
在空中浮动又在我鼻孔充塞,
在我心灵中和入水手的歌唱。

邀　旅

　孩子啊,妹妹,
　想想多甜美
到那边去一起生活!
　逍遥地相恋,
　相恋又长眠

在和你相似的家国！
　　湿太阳高悬
　　在云翳的天
在我的心灵里横生
　　神秘的娇媚，
　　却如隔眼泪
耀着你精灵的眼睛。

那里，一切只是整齐和美，
豪侈，平静和那欢乐迷醉。

　　陈设尽辉煌，
　　给年岁矸光，
装饰着我们的卧房；
　　珍奇的花卉
　　把它们香味
和入依微的琥珀香，
　　华丽的藻井，
　　深湛的明镜，
东方的那璀璨豪华，
　　一切向心灵
　　秘密地诉陈
它们温和的家乡话。

那里，一切只是整齐和美，
豪侈，平静和那欢乐迷醉。

　　看，在运河内

　　船舶在沉睡——
它们的情性爱流浪；
　　为了要使你
　　百事都如意，
它们才从海角来航。
　　西下夕阳明，
　　把朱玉黄金
笼罩住运河和田陇
　　和整个城镇；
　　世界睡沉沉
在一片暖热的光中。

那里，一切只是整齐和美，
豪侈，平静和那欢乐迷醉。

秋　歌

（一）

不久我们将沉入寒冷的幽暗，
再会，我们太短的夏日的辉煌！
我已经听到，带着阴森的震撼，
薪木在庭院的石上声声应响。

整个冬日将回到我心头：愤怒，
憎恨，战栗，恐怖，和强迫的劳苦，
正如太阳做北极地狱的囚徒，
我的心将是红冷的一块顽物。

我战栗着听块块坠下的柴木；
筑刑架也没有更沉着的回响。
我心灵好似个堡垒，终于屈服，
受了沉重不倦的撞角的击撞。

为这单调的震撼所摇，我好像
什么地方有人匆忙把棺材钉……
给谁？——昨天是夏；现在秋已临降！
这神秘的声响好像催促登程。

（二）
我爱你长睛碧辉，温柔的美人，
可是我今朝觉得事事尽堪伤，
你的爱情和妆室，和炉火温存，
看来都不及海上辉煌的太阳。

然而爱我，温柔的心！做个慈母，
纵然是对刁儿，纵然是对逆子；
恋人，或妹妹，请你做光耀的秋
或残阳底温柔，由它短暂如此。

短工作！坟墓在等；它贪心无厌！
啊！容我把我的头靠在你膝上，
怅惜着那酷热的白色的夏天，
去尝味那残秋的温柔的黄光。

音　乐

音乐时常飘我去,如在大海中!
　　向我苍白的星
在浓雾荫下或在浩漫的太空,
　　我扬帆望前进;

胸膛向前挺,又鼓起我的两肺,
　　好像张满布帆,
我攀登重波积浪的高高的背——
　　黑夜里分辨难。

我感到苦难的船的一切热情
　　在我心头震颤;
顺风,暴风和临着巨涡的时辰,

　　它起来的痉挛
摇抚我。——有时,波平有如大明镜,
　　照我绝望孤影!

快乐的死者

在一片沃土中,那里满是蜗牛,
我要亲自动手掘一个深坑洞,
容我悠闲地摊开我的老骨头,
而睡在遗忘里,如鲨鱼在水中。

我恨那些遗嘱，又恨那些坟墓；
与其求世人把一滴眼泪抛撒，
我宁愿在生时邀请那些饥鸟
来啄我的贱体，让周身都流血。

虫豸啊！无耳目的黑色同伴人，
看自在快乐的死者来陪你们；
会享乐的哲学家，腐烂的儿子。

请毫不懊悔地穿过我臭皮囊，
向我说，对于这没灵魂的陈尸，
死在死者间，还有甚酷刑难当！

裂　钟

又苦又甜的是在冬天的夜里，
对着闪烁又冒烟的炉火融融，
听辽远的记忆慢腾腾地升起，
应着在雾中歌唱的和鸣的钟。

幸福的是那口大钟，嗓子洪亮，
它虽然年老，却矍铄而又遒劲，
虔信地把它宗教的呼声高放，
正如那在营帐下守夜的老兵。

我呢，灵魂开了裂，而当它烦闷
想把夜的寒气布满它的歌声，
它的嗓子就往往会低沉衰软，

像被遗忘的伤者的沉沉残喘——
他在血湖边,在大堆死尸下底,
一动也不动,在大努力中垂毙。

烦闷(一)

我记忆无尽,好像活了一千岁,

抽屉装得满鼓鼓的一口大柜——
内有清单,诗稿,情书,诉状,曲词,
和卷在收据里的沉重的发丝——
藏着秘密比我可怜的脑还少。
那是一个金字塔,一个大地窖,
收容的死者多得义冢都难比。
我是一片月亮所憎厌的墓地,
那里,有如憾恨,爬着长长的虫,
老是向我最亲密的死者猛攻。
我是旧妆室,充满了凋谢蔷薇,
一大堆过时的时装狼藉纷披,
只有悲哀的粉画,苍白的蒲遂
呼吸着开塞的香水瓶的香味。
当阴郁的不闻问的果实烦厌,
在雪岁沉重的六出飞花下面,
拉得像永恒不朽一般的模样,
什么都比不上跛脚的日子长。
从今后,活的物质啊,你只是
围在可怕的波浪中的花岗石,

瞌睡在笼雾的沙哈拉的深处；
是老斯芬克斯，浮世不加关注，
被遗忘在地图上——阴郁的心怀
只向着落日的光辉清歌一快！

风　景

为要纯洁地写我的牧歌，我愿
躺在天旁边，像占星家们一般，
和那些钟楼为邻，梦沉沉谛听
它们为风飘去的庄严颂歌声。
两手托腮，在我最高的顶楼上，
我将看见那歌吟冗语的工场；
烟囱，钟楼，都会的这些桅樯，
和使人梦想永恒的无边昊苍。

温柔的是隔着那些雾霭望见
星星生自碧空，灯火生自窗间，
烟煤的江河高高地升到苍穹，
月亮倾泻出它的苍白的迷梦。
我将看见那春天，夏天和秋天，
而当单调白雪的冬来到眼前，
我就要到处关上窗扉，关上门，
在黑暗中建筑我仙境的宫廷。

那时我将梦到微青色的天边，
花园，在纯白之中泣诉的喷泉，
亲吻，鸟儿（它们从早到晚地啼）

和田园诗所有最稚气的一切。
乱民徒然在我窗前兴波无休，
不会叫我从小桌抬起我的头；
因为我将要沈湮于逸乐狂欢，
可以随心任意地召唤回春天，
可以从我心头取出一片太阳，
又造成温雾，用我炙热的思想。

穷人们的死亡

这是"死"，给人安慰，哎！使人生活
这是生之目的，这是唯一希望——
像琼浆一样，使我们沉醉，振作；
使我们有勇气一直走到晚上；

透过飞雪，凝霜，和那暴风雨，
这是我们黑天涯的颤颤光明；
这是记在簿录上的著名逆旅，
那里可以坐坐，吃吃，又睡一顿：

这是一位天使，在磁力的指间，
握着出神的梦之赐予和睡眠，
又替赤裸的穷人把床来重铺；

这是神祇的光荣，是神秘的仓。
是穷人的钱囊和他的老家乡，
是通到那陌生的天庭的廊庑！

八

洛尔迦[①]

海水谣

在远方，
大海笑盈盈。
浪是牙齿，
天是嘴唇。

不安的少女,你卖的什么,
要把你的乳房耸起?

——先生,我卖的是
大海的水。

乌黑的少年,你带的什么,
和你的血混在一起?

---

① 本译诗参考 1956 年由北京作家出版社出版、施蛰存主编的《洛尔迦诗抄》。本书限于篇幅,仅收录其中部分译诗。作者费特列戈·迦尔西亚·洛尔迦(Federico Garcia Lorca,1898—1936),西班牙诗人。——编者注

——先生，我带的是
大海的水。

这些咸的眼泪，
妈啊，是从哪儿来的？

——先生，我哭出的是
大海的水。

心儿啊，这苦味儿
是从哪里来的？

——比这苦得多呢，
大海的水。

在远方，
大海笑盈盈。
浪是牙齿，
天是嘴唇。

译自《诗篇（1918—1921）》

树呀树

树呀树，
枯又绿。

脸儿美丽的小姑娘
正在那里摘青果，

风,高楼上的浪子,
来把她的腰肢抱住。

走过了四位骑士,
跨着安达路西亚的小马,
披着黑色的长大氅,
穿着青绿色的短裤。
"到哥尔多巴来呀,小姑娘。"
小姑娘不听他。

走过了三个青年斗牛师,
腰肢细小够文雅,
佩着镶银的古剑,
穿着橙色的短裤。
"到塞维拉来呀,小姑娘。"
小姑娘不理他。

暮霭转成深紫色,
残阳渐暗渐西斜,
走过了一个少年郎,
带来了月亮似的桃金娘和玫瑰花。
"到格拉那达来呀,小姑娘。"
小姑娘不睬他。

脸儿美丽的小姑娘,
还在那里摘青果,
给风的灰色的胳膊,
把她的腰肢缠住。

树呀树,
枯又绿。

译自《歌集（1921—1924）》

冶游郎

冶游郎,
小小的冶游郎。
你家里烧着百里香。

不用调笑,不用彷徨,
我已把门儿锁上。

用纯银的钥匙锁上。
把钥匙系在腰带上。

腰带上有铭文一行:
我的心儿在远方。

你别再到我街上散步。
一切都教风吹过。

冶游郎,
小小的冶游郎。
你家里烧着百里香。

译自《歌集（1921—1924）》

婚　约

从水里捞起
这个金指箍。

(阴影把它的手指
按住了我的肩窝。)

把这金箍捞起,我的年纪
早已过了百岁。静些!

一句话也别问我!

从水里捞起
这个金指箍。

译自《歌集(1921—1924)》

两个水手在岸上
——寄华金·阿米戈

(一)

他在心头养蓄
一条中国海里的鱼。

有时你看见它浮起
小小的,在他眼里。
他虽然是个水手,

却忘记了橙子和酒楼。

他对着水直瞅。

（二）

他有个肥皂的舌头，
洗掉他的话又闭了口。

大陆平坦，大海起伏，
千百颗星星和他的船舶。

他见过教皇的回廊，
古巴姑娘的金黄的乳房。

他对着水凝望。

译自《歌集（1921—1924）》

三河小谣

瓜达基维河
在橙子和橄榄林里流。
格拉那达的两条河，
从雪里流到小麦的田畴。

　哎，爱情呀，
　一去不回头！

瓜达基维河，

一把胡须红又红。
格拉那达的两条河，
一条在流血，一条在哀恸。

　　哎，爱情呀，
　　一去永随风！

塞维拉有条小路，
给帆船通航。
格拉那达的水上，
只有叹息在打桨。

　　哎，爱情呀，
　　一去不回乡！

瓜达基维河的橙子林里，
高阁凌空，香风徐动。
陶洛和赫尼尔①的野塘边，
荒废的小楼儿孤耸。

　　哎，爱情呀，
　　一去永无踪！

谁说水会送来

_____

① 陶洛和赫尼尔河即格拉纳达的两条河。此条注释源于 1956 年由北京作家出版社
出版的施蛰存主编的《洛尔迦诗抄》，因时间已久，作者与编者均已作古，无法考证
系译者注还是编者注，特此告知。本节下列注释出处同此条，不再赘述。——编
者注

一个哭泣的磷火!

　哎,爱情呀,
　一去不回顾!

带些橄榄,带些橙花,
安达路西亚,给你的海洋。

哎,爱情呀,
一去永难忘!

译自《深歌诗集(1921)》

不贞之妇

于是我把她带到河滨,
只道她是个闺女,
谁知她已经成婚。

在圣雅各节①的晚上,
好像什么都预先安排定。
街灯完全熄灭,
惟有蟋蟀在闪耀起劲。
在幽僻的城隅,
我把她沉睡的乳房摸扪,
它们忽然为我开花,
好像是鲜艳的玉簪两茎。

---

① 圣雅各节在 7 月 25 日,雅各是耶稣十二门徒之一,为西班牙人所崇奉。

她的浆过的短裙

在我耳朵里猎猎有声，

宛如十柄尖刀

在割裂一幅缭绫。

没有银光照到的树顶，

仿佛也高了几分。

离开河滨很远的地方，

野狗吠声狺狺。

我们走过了木莓丛，

也走尽了芦苇和荆榛，

她那美丽的发髻，

在地上压成一个泥坑。

我解下领带，

她也脱下衣裙。

我除掉腰带和手枪，

她也褪下四重小衫和紧身。

任是甘松香和海螺，

都比不上她肌肤滑润，

月光下的水晶，

也没有这般光莹。

她的大腿忽然在我身下挣开，

像两条鱼儿似的泼剌跳蹦。

它们一半儿充满火焰，

一半儿充满了寒冷。

我骑着螺钿般光洁的小牝马，

没有镫也不用缰绳，

那晚上我跑过了

世界上最好的路程。

她对我说的话,我是男子,

不愿意说给人听。

理解的光芒已教我

做人要千万留神。

她身上沾了泥沙和亲吻,

让我陪着离开了河滨。

那时簌簌的夜风正在

和蝴蝶花的剑刃斗争。

　

我的行为是堂堂正正,

一个地道的吉卜赛人。

我送她一个大针线盒子,

用麦黄色的缎子做成。

但是我不愿意爱她,

因为她虽然已经成婚,

却对我说还是个闺女,

当我把她带到河滨。

译自《吉卜赛谣曲集(1924—1927)》

安东尼妥·艾尔·冈波里奥在塞维拉街上被捕

安东尼奥·陶莱斯·艾莱第亚①,

　冈波里奥家的子孙,

––––––––––

① 　这是一个吉卜赛青年的名字,"安东尼妥·艾尔·冈波里奥"即"冈波里奥家的小安东尼奥"。这青年曾无辜为宪警所侮辱与逮捕。又为了维持"家声",和他的族人斗争而死。此诗以咏此人。

到塞维拉去看斗牛,

手里拿了个柳木棍。

像碧月一样的棕黑,

他慢慢地走,多么英俊,

他那些光亮的卷发,

飘拂着他的眼睛。

他采了几个柠檬,

在半路上一时高兴,

一个个丢到水里,

看它们浮泛黄金。

于是从一株榆树底下,

闪出来几名宪警。

半路上把他拦住,

拉着胳膊将他抓去。

白天过得好慢,

一个肩膀上挂着黄昏,

仿佛在把一件宽大的短褂

披上大海和溪汀。

橄榄树正在静待

摩羯宫降下夜分。

铅灰色的峰峦上,

驰来了尖风一阵。

安东尼奥·陶莱斯·艾莱第亚,

冈波里奥家的子孙,

走在五顶三角帽①中间,

---

① 宪警戴的是一种三角帽,故西班牙人民就用"三角帽"代表宪警。

手里没有了柳木棍。

安东尼奥,你是哪一等人?
如果你说是冈波里奥的子孙,
你就该把他们鲜血,
像五道水泉直喷。
你既不是谁的儿子,
也不像真正的冈波里奥子孙。
如今已没有吉卜赛人,
敢独自走进山林。
他们往昔用过的刀子,
在尘土里愤愤不平。

晚上九点钟,
他们把他送进牢门。
而那些宪警,
正在把柠檬汁笑饮。
晚上九点钟,
他们把他关进牢门。
那时天光亮亮的,
像驹马的后臀。

译自《吉卜赛谣曲集(1924—1927)》

小小的死亡之歌

月亮的垂死的草场,
和地下的血。
古旧的血的草场。

昨日和明日的光。
草的垂死的天。
沙的黑夜和亮光。

我遇到了死亡。
在垂死的草场上。
一个小小的死亡。

狗在屋顶上。
只有我的左手
抚摸过枯干的花的
无尽的山冈。

灰烬的大教堂。
沙的黑夜和亮光。
一个小小的死亡。

我,一个人,和一个死亡,
只是一个人,而她
是一个小小的死亡。

月亮的垂死的草场。
雪在呻吟而颤抖
在门的后方。

一个人,早已说过,有什么伎俩?

只有一个人和她。

草场,恋爱,沙和光。

译自《杂诗歌集(1927—1936)》

九

西班牙抗战谣曲选①

　　戴望舒计划从一九三七年马德里的西班牙出版社印行的《西班牙战争谣曲选》中选译二十首诗，出版单行本。译事未竟，香港沦陷。戴望舒滞留香港期间，继续这一工作。他在自己收藏的剪报末页注明：《西班牙抗战谣曲选》"在沦陷期中增补五分之一"。《文艺春秋》第3卷第6期（1946年12月）曾刊登戴望舒翻译的《西班牙抗战谣曲选》将由大地书馆印行的广告。不过，至今未见到单行本。②

无名的民军
V. 阿莱桑德雷

不要问我他的名字。
前线上你们有他在，
沿着河流的堤岸：
全城都有他在。

---

① 此处前两首译诗据 1939 年 7 月 10 日《顶点》第 1 卷第 1 期，《保卫玛德里》《霍塞·高隆》据 1939 年 5 月 15 日《壹零集：文艺月刊》第 1 卷第 2 期，《流亡人谣》据 1939 年 6 月 30 日《壹零集：文艺月刊》第 1 卷第 3 期。——编者注
② 本段说明参考中国青年出版社出版、王文彬主编的《戴望舒全集·诗歌卷》。——编者注

每个早晨他起来，

晨曦就在他身上洒

一片生命的光彩，

和一片死亡的光彩。

像钢铁一样挺直身子

他每个早晨起来，

一道死光辉煌着，

在他的目光所届。

不要问我他的名字，

不会有人能忆记。

和晨曦或落日一同，

他每天挺身而起，

奔跳,握枪,前进,追袭;

格杀,突破,冲锋,胜利;

他站在那里就留住

像岩石一样决不退避;

他压溃敌人像山一样沈重，

攻击敌人像箭一样锐利。

玛德里全城都奉他为神明;

玛德里凭他的颤颤而奔跳徐疾;

他的脉搏奔跃,沸腾着

美丽而炙热的血液，

而在他咆哮着的心中

有几百万人的歌声扬溢。

我不知道他以前做什么:

全城都拥有这样的儿郎，

玛德里从旁鼓励他，

玛德里全城都给他以支撑!

一个躯体,一个灵魂,一个生命
像巨人般屹立堂堂,
在英勇的民军的
玛德里的城门旁!
他是高个子,金黄硕发,瘦子?
棕色头发,结实,坚强?
像大家一样。他就是大家!
他的名字呢? 他的名字回翔
在嘶嘎的骚音上面,
活活地回翔着,介于死亡;
回翔着像一枝活的花,
永远地活着,与天地共久长。
他名叫昂德雷斯或法朗西思各,
他名叫贝特罗·古狄莱,
路意思或胡昂,马内尔,李加陀
霍赛,罗伦梭,维生代……
不是。他唯一的姓名
永远是"无敌的人民"。

保卫加达鲁涅

R. 阿尔倍谛

加达鲁涅人啊! 加达鲁涅,
你们美丽的大地母亲,
她那么地系着你们的心,
那么,她和你们姊妹般相亲,
腰傍着大海,
头和群山为邻,

热着她的自由，

把她的儿女送去从军。

在沙拉戈萨大路，

在怀斯加的城根，

在托莱陀的平原，

在西班牙全境，

潺潺流着加达鲁涅的血，

和应着她语言的音韵。

可是为要使你所想的东西的音

韵继续地高响入云，

不要忘记啊，加达鲁涅，

对着玛德里，在远方，

敌人的目光窥伺着，

想给它以死亡。

加达鲁涅人，如果玛德里死了，

怎样的侵略，怎样黑暗的流氓，

怎样肮脏的娼妓，

怎样残酷古怪的人一大帮，

就会想来打开，

你的美好的门墙！

现在玛德里是

战门的轴心和心脏，

它坚强的脉搏一停止，

你便像头颅一样，

你的项颈会被人欲得甘心

和最受人艳羡的珍宝相仿。

那时那些醉醺醺的将军们，

将怎样地欢宴一场；

席上不铺白色的台布，
却铺染血的衣裳！
勇敢的加达鲁涅人，
你们的独立决不会让
那一类无人性的怪物
拿来饕餮大嚼一场！
须知加达鲁涅的自由，
是在玛德里争短长；
工厂，城市，田野，
山峦和你大地的宝藏，
以及使土地辉耀
又送出船舶来的海洋——
那些船舶，一触到海岸，
便化为崭新的银子发光。
加达鲁涅的人民，当心！
加达鲁涅的人民，谨防！
以西班牙的心，
唯一土地的心脏，
加达鲁涅人，我向你们致敬：
你们的独立万寿无疆！

保卫玛德里

R. 阿尔倍谛

玛德里，西班牙的心，
脉搏狂热地奔跳。
昨天他的血已烧得很热，
今天却更热地燃烧，

它已经不能睡觉，
因为玛德里所以要睡觉，
是为了可以一天醒来，
可是黎明却不会来相招。
玛德里，不要忘记战争；
你永远可不要忘掉
在你前面，敌人的眼睛
把死的视线向你抛。
在你的天空中
鹰鹫在那儿飞绕，
想扑向你红色的瓦屋，
你英勇的百姓，你的街道。
玛德里，但愿永不要说，
永不要传言或想到
在西班牙的心中，
热血会像冰雪消。
英勇和忠耿的泉源，
你该把它们永保。
巨大的惊人的江河
该从这些泉源流涌滔滔。
但愿每一个城区，
当那不幸的时辰来到，
（这时辰是决不会来的）
都比强大的要塞坚牢；
人人都像个城寨；
他们的额角像碉堡，
他们的胳膊像长城，
像门户，谁也不能来打扰。

谁要和西班牙的心
来较量,就让他来瞧瞧。

　快点! 玛德里还远哪。
玛德里知道自己防保,
用肩,用脚,用肘子,
用牙齿,用指爪,
挺胸凸肚,横蛮强直,
临着达霍河的绿波渺渺,
在纳伐尔拉贝尔,
在西关沙,在有枪弹呼啸
的地方——那些枪弹
想把它的热血冷掉。
玛德里,西班牙的心,
土地的心,在它的底奥,
要是挖一下,就看见有一个
又深又大又堂皇的大洞窖。
像是一个山涧,等待着……
只有把死亡望里抛。

霍赛·高隆

阿尔陀拉季雷

在西班牙,在风中,
人民的队长在飞航,
他看见血的河流
灌溉着冢地坟场;
血的河流,血的河流,
把大火反映。

他所见到的一切，
他都从风中凝望。
悲哀地,他在云间
守望敌人,没有惊惶,
要是他觉得敌人的阵地
是地狱一般景象,
他就转眼过来
向我们的阵地遥望。
霍赛·高隆队长,
把我送你的地图看端详,
这是启发英气的
勒房德的地方;
你所防御着不让
摩尔人和异族入侵的地方。
霍赛·高隆队长,
如果你哭,我知道你衷肠:
半个西班牙还自由,
半个西班牙奴隶之苦遍尝,
那些做囚虏的人的苦痛
是更打动你的心肠,
甚于勇敢的言辞,
甚于胜利的音响。
队长,我的声音向上升
到风中,到天上,
我所以处身事外,
是为了把事情更认清爽;
我痛苦,是为了我那么孤独
只有对着你的记忆言讲。

霍赛·高隆队长，
我知道你是在你的岗位上，
知道你是一样战死的人
不曾把我们的军队弃放。
你的荣名是在那边，
屹然地在那火线上，
像你那样的英绩，
是最好的屏障
使残暴的军械
都前进无方。
你已没有了武器，
但还留下七只昂藏，
留下你的飞机，
而且一刻也不踌躇彷徨，
把卖国的侵略者
用你的死一击沦亡。
你已没有了生命，
你的记忆万寿无疆！

流亡人谣

泊拉陀思

失去的新原野啊，
我不幸的命运的平芜；
那里剩下你的橄榄枝。
和你的初生的橙树；
流水在你小溪中闪耀。
耕牛犁着你的泥土，

而我越过了你的道路，

永不回来把你重睹。

麦子的娇嫩的手臂，

在你的风中飞舞。

啊，我的血的手臂，

是我的死亡的风磨！

我差不多没有朋友，

也没有温热的牛乳，

也没有面包来救我的饥饿，

也没有言辞来给我鼓舞。

无依无靠的躯体啊！

你怎样给你的枝干以支柱，

对于斩除了你的根的人，

难道你拿浓荫去遮护？

世界给了我坏的躯体；

坏的树，不开花的树，

而在枝头也不一定

能结出什么果。

啊，我的手的炙热！

哦，我的前额的眼珠！

啊，黎明的光下面！

啊，浓密的阴影罩住！

他们永远清醒着，

清醒着，却连我也认不出，

他们单望着风——

那便是他们苦痛的来处。

啊，原野，迢迢的原野，

我的沉痛在那儿归宿；

他们永不会逢到我的遗忘，

即使我必需忘掉失去你的苦楚。

阿波里奈尔[①]

密拉波桥

密拉波桥下赛纳水长流

柔情蜜意

寸心还应忆否

多少欢乐事总在悲哀后

钟声其响夜其来

日月逝矣人长在

手携着手儿面面频相向

交臂如桥

---

① 此处《密拉波桥》("Le Pont Mirabeau")发表于 1944 年 11 月 25 日《大众周报》第 86 期。《诀别》《病的秋天》《启程》发表于 1945 年 1 月 28 日《华侨日报》副刊《文艺周刊》第 52 期,《莱茵河秋日谣》发表于同年 5 月 20 日《华侨日报》副刊《文艺周刊》第 68 期,后又发表于 1948 年 2 月《诗创造》第 8 期。《旅人》发表于 1945 年 6 月 21 日《香港艺文》。作者阿波里奈尔(Guillaume Apollinaire,1880—1918),法国未来派诗人。——编者注

却向桥头一望
逝去了无限凝眉底倦浪

钟声其响夜其来
日月逝矣人长在

恋情长逝去如流波浩荡
恋情长逝
何人世之悠长
何希望冀愿如斯之奔放

钟声其响夜其来
日月逝矣人长在

时日去悠悠岁月去悠悠
旧情往日
都一去不可留
密拉波桥下赛纳水长流

钟声其响夜其来
日月逝矣人长在

诀　别

我采了这石楠一枝
秋天已死了记得吧
我们此生相见无时
时间的香石楠的枝

记得我是在等待吧

病的秋天

受钟爱的病的秋天
你将死去当飓风吹入蔷薇间
当雪花片片
飘到那些果树园

可怜的秋天
你死在雪和成熟的果子底
洁白和丰饶之中
在长天深处
鹰隼在翱翔
在永远没有恋爱过的
那些绿发的天真的矮水妖上面

在辽远的林际
鹿已鸣过了
我多么地爱我季节我多么地爱
你的骚音
没有人采撷而坠下来的果子
风和森林它们流着
它们全部的眼泪在秋天一叶一叶
被人残踏的
树叶
一列开过的
火车

流逝过去的
生命

启　程

他们的脸儿白苍苍
他们的呜咽断不连

像皎洁的雪花一样
像你手在我吻上掩
秋叶一片片地下降

莱茵河秋日谣

死者的孩子们
到墓园里去游戏
马丁、葛忒吕德、汉斯和昂利
今天没有一只雄鸡唱过
喔喔喔

那些老妇
啼哭着在路上走
而那些好驴子
欧歔地鸣着而开始咬嚼
奠祭花圈上的花

这是死者和他们一切灵魂的日子
孩子们和老妇们

点起了小蜡烛和大蜡烛
在每一个天主教徒的墓上

老妇们的面幕
天上的云
都像是母山羊的须

空气因火焰和祈祷而颤栗着
墓园是一个美丽的花园
满是灰色柳树和迷迭香
你往往碰到一些给人抬来葬的朋友
啊！你们在这美丽的墓园里多么舒服
你们，喝啤酒醉死的乞丐们
你们，像定命一样的盲人们
和你们，在祈祷中死去的小孩子们

啊！你们在这美丽的墓园里多么舒服
你们，市长们，你们，船夫们
和你们，摄政参议官们
还有你们，没有护照的波希米人们
生命在你们的肚子里腐烂
十字架在我们两腿间生长

莱茵河的风和一切的枭鸟一起呼叫
它吹熄那些总是由孩子们重点旺的大蜡烛，
而那些死叶
前来遮盖那些死者

已死的孩子们有时和他们的母亲讲话

而已死的妇女们有时很想回来

哦！我不愿意你出来

秋天是充满了斩断的手

不是不是这是枯叶

这是亲爱的死者的手

这是你的斩断的手

我们今天已流了那么多的眼泪

和这些死者,他们的孩子们,和那些老妇一起

在没有太阳的天下面

在满是火焰的墓园

然后我们在风中回去

在我们脚边栗子滚转着

那些栗球是

像圣母底受伤的心

我们不知道她的皮肤

是否颜色像秋天的栗子

旅 人

——赠费囊·弗勒莱

给我开了这扇我一边哭一边敲的门吧

生活是变易不定像欧里泊一样

那时你望着一带的云降下来
和孤苦的邮船一起向未来的热狂而去
而这一切的怅恨这一切的懊悔
你记得吗
波浪弯弓似的如海面的花
一个夜那就是海
而那些江河流注到那里去

我记得我还记得
有一晚我落了一家悲哀的客栈
在卢森堡旁边
在客厅底里一个基督飞着
一个人有一只白鼬
另一个人有一只刺猬
人们玩着纸牌
而你却忘记了我

你记得那些驿站的长长的孤儿院吗
我们穿过了那些整个白天转着
而夜里吐出白昼的太阳的城市
哦水手们哦阴暗的妇女们而你们我的同伴们
记得这些吧

两个从来也没有分离过的水手
两个从来也没有谈话过的水手
年少的那个在死时侧倒在一边

哦你们亲爱的同伴们

车站的电铃收获农妇的歌
一个屠户的橇车无名街路的联队
桥梁的马队酒精的苍青的夜
我见过的那些城市像狂女一样地生活着

你记得那些近郊和风景的哀诉的牧群吗
柏树在月下投射它们的影子
在那残夏的夜间我谛听着
一只憔悴而永远兴奋的鸟儿
和一条宽阔而阴暗的河底永恒的声音

但是当一切的凝视一切眼睛的一切的凝视
垂死地向河口滚过去的时候
河岸是荒凉牧场静寂
而对岸的山是很明朗

那时没有声息一点也看不出任何活的东西
靠着山飘过了轻快的阴影
显着侧面或突然转过它们苍茫的脸
把它们的矛底阴影执在前面

那些贴着垂直的山的阴影
扩大起来或有时突然伏下去
而这些生胡须的阴影像人一样地哭着
一面在明朗的山上一步步地滑着

这些旧照片上你认得出谁
你记得有一只蜜蜂坠在火里的那一天吗

你记得吗那时是夏末

两个永远没有分离过的水手
年长的那个颈上垂着铁链
年少的那个把他的金发编成辫子

给我开了这扇我一边哭一边敲的门吧

生活是变易不定像欧里泊一样

十一

瓦　尔[①]

致饥饿谣断章

万物底内奥的酵母，

渴望和精神的盐，

树木中液汁的上升

和禽鸟中歌唱的元素，

幽森的神衹,光的母亲，

和乞丐、君王们的父亲，

我应该拨什么弦——最深沉的弦——

才可以说出你的原始的权能，

宇宙的饥饿，

和生物同质的饥馑——

从它那里撕出来,倾向着它的，

天的母狗,地狱的雌虎，

使物质变质的力，

---

① 此节第一首诗发表于 1945 年 3 月 4 日《华侨日报》副刊《文艺周刊》第 57 期,后三
首诗发表于同年 6 月 14 日《香港艺文》。若望·瓦尔,法国诗人。——编者注

我和着最低的弦和最高的弦歌唱你。

人

无信仰,无法律,迷失在这孤寂的世界,
眼色阴郁,然而永不气馁,
这就是兽人,和豺狼相似,
但具有一种粗犷的亲切,
而有时有圣人的灵魂,
最奇异的兽。

梦
——献给黑尔德林

（一）

夏天的山,冬天的山,
春天的山,秋天的山,
你们像群星一样地生存,
在一片浩漫的宁静中。
而我,在轻微地呼吸着的天空下醒
着,梦着,我燃起我的温柔记忆
在你的寂静的庙堂中,
群星,水淋淋的苹果,思想。

（二）

我们死去,但隔有雾霭
晶耀着风景,

飘逝,反映,回声,年岁,

在一个不变的居所中。

一只翼翅的绒毛在天上灿明。

（三）

在地上和田野中,一切的星星闪烁着。

天的栗树在一片光的乳水中游泳。

而绣着蜘蛛网的虹

已把它的柱子插在呜咽的水里。

更美的风景,我的荒凉的土地,

那里,心灵在伸张时到处碰到

一片那么清晰的天涯,

和那么许多空气,

乐园是在那里,在门槛上,在夕暮中,

而那消息并没有使人惊讶。

欢乐——鸟

我的欢乐在你自己上面持着平衡,

没有原因,

在这渊深而苍白的世界中,

——并不像密宗底合理的欢乐一样,

却像大笑的海拉格里特或像泊洛美

特间的一个滑稽的合唱,

没有原因,——你自己起因着,

因吸人的太息而沉重,因又采集的

光线而轻盈,

我看见你强有力地翱翔着,

又在你的翼翅的高高的击拍中震颤；
接着你的歌唱着的沸腾
穿透时间，刺着永恒。
现在我听见你的小小的呼声，
欢乐——鸟！

十二

福　尔[①]

回旋舞

假如全世界的少女都肯携起手来，她们可以在大海周围跳一个回旋舞。

假如全世界的男孩都肯做水手，他们可以用他们的船在水上造成一座美丽的桥。

那时人们便可以绕着全世界跳一个回旋舞，假如全世界的男孩都肯携手起来。

---

① 此节前六首诗据 1930 年 1 月 15 日《新文艺》杂志第 1 卷第 5 号。戴望舒在译文后的附记中对法国诗人保尔·福尔（Paul Fort，1872—1960）做了简要介绍，并指出这里所译的诗都是从保尔·福尔的 *Ballades Françaises*（《法兰西巴拉德》）中译来的。最后一首《夜之颂歌》据 1928 年 3 月《未名》第 1 卷第 5 期。《幸福》还发表于 1928 年 2 月《未名》第 1 卷第 4 期。《我有几朵小青花》还发表于 1928 年 11 月 10 日《无轨列车》第 5 期。——编者注

我有几朵小青花

我有几朵小青花,我有几朵比你的眼睛更灿烂的小青花。——给我吧!——她们是属于我的,她们是不属于任何人的。在山顶上,爱人啊,在山顶上。

我有几粒红水晶,我有几粒比你嘴唇更鲜艳的红水晶。——给我吧!——她们是属于我的,她们是不属于任何人的。在我家里炉灰底下,爱人啊,在我家里炉灰底下。

我已找到了一颗心,我已找到了两颗心,我已找到了一千颗心。——让我看!——我已找到了爱情,它是属于大家的。在路上到处都有,爱人啊,在路上到处都有。

晓　歌

——我的苦痛在那里?我已没有苦痛了。我的恋人在那里?我不去顾虑。

在柔温的海滩上,在晴爽的时辰,在无邪的清晨,哦,辽远的海啊!

——我的苦痛在那里;我已没有苦痛了。我的恋人在那里?我不去顾虑。

海上的微风,你的飘带的波浪啊,你的在我洁白的指间的飘带的波浪啊!

——我的恋人在那里？我已没有苦痛了。我的苦痛在那里？我不去顾虑。

在珠母色的天上，我的眼光追随过那闪耀着露珠的，灰色的海鸥。

——我已没有苦痛了。我的恋人在那里？我的苦痛在那里？我已没有恋人了。

在无邪的清晨，哦，辽远的海啊！这不过是日边的低语。

——我的苦痛在那里？我已没有苦痛了。这不过是日边的低语。

晚　歌

森林的风要我怎样啊，在夜间摇着树叶？

森林的风要我们什么啊，在我们家里惊动着火焰？

森林的风寻找着什么啊，敲着窗儿又走开去？

森林的风看见了什么啊，要这样地惊呼起来？

我有什么得罪了森林的风啊，偏要裂碎我的心？

森林的风是我的什么啊，要我流了这样多的眼泪？

夏夜之梦

山间自由的蔷薇昨晚欢乐地跳跃,而一切田野间的蔷薇,在一切的花园中都说:

"我的姊妹们,我们轻轻地跳过栅子吧。园丁的喷水壶比得上晶耀的雾吗?"

在一个夏夜,我看见在大地一切的路上,花坛的蔷薇都向一枝自由的蔷薇跑去!

幸　福

幸福是在草场中。快跑过去,快跑过去。幸福是在草场中。快跑过去。它就要溜了。

假如你要捉住它,快跑过去,快跑过去。假如你要捉住它,快跑过去。它就要溜了。

在杉菜和野茴香中,快跑过去,快跑过去,在杉菜和野茴香中,快跑过去。它就要溜了。

在羊角上,快跑过去,快跑过去,在羊角上,快跑过去。它就要溜了。

在小溪的波上,快跑过去,快跑过去,在小溪的波上,快跑过去,它就要溜了。

从林檎树到樱桃树,快跑过去,快跑过去,从林檎树到樱桃树,快跑过去。它就要溜了。

跳过篱垣,快跑过去,快跑过去。跳过篱垣,快跑过去! 它已溜了!

夜之颂歌

幽影像一缕芬芳,从群山间吐出,静默直静到使人以为是死灭。人们会听见,在今晚,一缕星光颤动着溯着和风之流上去。

默默地看啊。在你的前额下,愿你的眼睛是那在奔逝中用回光来媚两岸的流泉……在星光灿烂的大地上,高挂着长天,你听那在青苔的露珠间的群星青色的歌声。

吸进来,又吐到空气中,花样的空气中,你的气息,使你的温暖的喘息薰香了花枝,仰望着天虔诚地呼吸,使你潮湿的气息在小草上缀上星星。

让整个长天浮游在你幽暗的眼中,将你的静默混和到大地的幽影中:假如你的生命不在它的幽影上做出一个幽影,你的眼睛和它的露珠都是行星们的明镜。

作感受着你的灵魂升到它的永恒的茎上:神明的情绪,又达到天上,用你的眼光追随着你的星,或是你那半放着瓣儿又薰香了长天的永恒的灵魂。

　　在长着不可见的枝条的夜的树墙，你看闪耀着这些金花，我们生命的希望，你看在我们身上闪着光，——将来的生命的金印，——在夜的树枝上的我们的可见的星。

　　谛听着你的月光和群星混和，它们的回光慢慢地投到你的眼中，又将你的目光和你的气息的花枝混合，让你的眼中现出新星来。

　　默默地看啊，你须变做了你的东西，让你的官感思想着，将你自己散乱地沉迷在这个生涯中。让你的眼睛不求了解地听着天的吩咐，又用你的静默创造出夜的音乐。

十三

核佛尔第[①]

心灵出去

多少部书！一座寺院，厚厚的墙是用书砌成的。

那边，在那我不知道怎样，我不知道从那儿进去的里面，我窒息着；天花板是灰色的，蒙了灰尘。一点声息都没有。

那一切那么伟大的思想都不再动了；它们睡着或是已经死了。在这悲哀的宫里，天气是那么地热，那么地阴郁！

我用我的指爪抓墙壁，于是一块一块地，我在右面的墙上挖了一个洞。

那是一扇窗，而那想把我眼睛弄瞎的太阳，不能阻止我向上面眺望。

那是街路，但是那座宫已不更在那儿了。我已经认识了别一些灰尘和别一些围着人行道的墙了。

(Poèmes en prose)

[①] 此处五首诗据 1932 年 6 月 1 日《现代》第 1 卷第 2 期，署名陈御月。译文有译者附记，对比也尔·核佛尔第做了简要介绍，并指出："这里所译诗五首，是从他的一九一五年出版的《散文诗》(*Poèmes en prose*)及一九二四年出版的《天上的破舟残片》(*Les Epaves du Ciel*)中译出来的。"比也尔·核佛尔第（Pierre Reverdy，1889—1960，今译皮埃尔·勒韦迪），法国诗人。——编者注

假门或肖像

在不动地在那面的一块地方
在四条线之间
白色在那儿映掩着的方形
那托住你的颊儿的手
月亮
一个升了火的脸儿
另一个人的侧影
但是你的眼睛
我跟随那引导我的灯
放在濡湿的眼皮上的一个手指
在中央
眼泪在这空间之内流着
在四条线之间
一片镜子

(*Les Epaves du Ciel*)

白与黑

除了生活在这盏灯的大白树之外
如何生活在别的地方
老人已把他的象牙的牙齿一个个地丢了
何苦继续去咬些永远
不死的孩子
老人
牙齿

然而那不是同样的那个梦

而当他自以为他竟和上帝

一样伟大他变了他的宗教

而离开了他的老旧的黑房间

然后他买了些新的领结

和一个衣橱

但是现在他的和树一样白的头

实际上只是一个可怜的小球

在坡级的下面

那个球远远地动着

旁边有一头狗而在他的远远的形像中

当他动着的时候人们已不更知道那是否

是球

(*Les Epaves du Ciel*)

同样的数目

半睁半闭的眼睛

在彼岸的手

天

和一切到来的

门倾斜着

一个头突出来

在框子里

而从门扉间

人们可以望过去

太阳把一切地位都占了去

但是树木总是绿色的

一点钟堕下去

天格外热了

而屋子是更小了

经过的人们走得慢了一点

老是望着上面

现在灯把我们照亮了

同时远远地望着

于是我们可以看见

那过来的光

我们都满意了

晚上

在有人等着我们的另一所屋子前面

（ Les Epaves du Ciel ）

夜　深

夜所分解的颜色

他们所坐着的桌子

火炉架上的玻璃杯

灯是一颗空虚了的心

这是另一年

一个新的皱纹

你已经想过了吗

窗子倾吐出一个青色的方形

门是更亲切一点

一个分离

悔恨和罪

永别吧我坠入

接受我的手臂的温柔的角度里去了

我斜睨着看见了一切喝着酒的人们

我不敢动

他们都坐着

桌子是圆的

而我的记忆也如此

我记起了一切的人

甚至那已经走了的

(*Les Epaves du Ciel*)

十四

爱吕亚①

公　告

他的死亡之前的一夜

是他一生中的最短的

他还生存着的这观念

使他的血炙热到腕上

他的躯体的重量使他作呕

他的力量使他呻吟

就在这嫌恶的深处

他开始微笑了

他没有"一个"同志

但却有几百万几百万

来替他复仇他知道

---

① 此节前七首诗据 1948 年 1 月《新诗潮》第 1 期，译文后有译者附记，对诗人爱吕亚做了简要介绍。《战时情诗七章》据 1947 年 12 月《诗创造》第 6 期《岁暮的祝福》，译文后有译者附记，对诗人爱吕亚做了简要介绍。《一篇要算的账》据 1949 年 6 月 1 日《诗号角》第 6 期。爱吕亚（P. Eluard，1895—1952），法国诗人。——编者注

于是阳光为他升了起来

受了饥馑的训练

受了饥馑的训练
孩子老是回答我吃
你来吗我吃
你睡吗我吃。

戒　严

有什么办法门是看守住了
有什么办法我们是给关住了
有什么办法路是拦住了
有什么办法城市是屈服了
有什么办法它是饥饿了
有什么办法我们是解除武装了
有什么办法夜是降下了
有什么办法我们是相爱着

一只狼

白昼使我惊异而黑夜使我恐怖
夏天纠缠着我而冬天追踪着我

一头野兽把他的脚爪放在
雪上沙上或泥泞中
把它的来处比我的步子更远的脚爪

放在一个踪迹上在那里

死亡有生活的印痕。

勇　气

巴黎寒冷巴黎饥饿

巴黎已不再在街上吃栗子

巴黎穿上了我旧的衣服

巴黎在没有空气的地下铁道站里站着睡

还有更多的不幸加到穷人身上去

而不幸的巴黎的

智慧和疯癫

是纯净的空气是火

是美是它的饥饿的

劳动者们的仁善

不要呼救啊巴黎

你是过着一种无比的生活

而在你的惨白你的瘦削的

赤裸后面

一切人性的东西在你眼底显露出来

巴黎我的美丽的城

像一枚针一样细像一把剑一样强

天真而博学

你忍受①不住那不正义

对于你这是唯一的无秩序

你将解放你自己巴黎

---

① 此处原诗为"忍幸"。——编者注

像一颗星一样战栗的巴黎

我们的残存着的希望

你将从疲倦和污泥中解放你自己

弟兄们我们要有勇气

我们这些没有戴钢盔

没有穿皮靴又没有戴手套也没有受好教养的人

一道光线在我们的血脉中亮起来

我们的光回到我们这里来了

我们之中最好的人已为我们而死了

而现在他们的血又找到了我们的心

而现在从新是早晨一个巴黎的早晨

解放的黎明

新生的春天的空间

傻笨的力量战败了

这些奴隶我们的敌人

如果他们明白了

如果他们有了解的能力

便会站起来的。

自　由

在我的小学生的练习簿上

在我们书桌上和树上

在沙上在雪上

我写了你的名字

在一切读过的书页上

在一切空白的书页上

石头、血、纸或灰上
我写了你的名字

在金色的图像上
在战士的手臂上
在帝王的冠上
我写了你的名字

在林莽上和沙漠上
在鸟巢上和金雀枝上
在我童年的回声上
我写了你的名字

在夜间的奇迹上
在白昼的白面包上
在结亲的季节上
我写了你的名字

在我一切青天的破布上
在霉霉的太阳池塘上
在活的月亮湖沿上
我写了你的名字

在田野上在天涯上
在鸟儿的翼翅上
和在阴影的风磨上
我写了你的名字

在每一阵晨曦上
在海上在船上
在发狂的大山上
我写了你的名字

在云的苔藓上
在暴风雨的汗上
在又厚又无味的雨上
我写了你的名字

在晶耀的形象上
在颜色的钟上
在物质的真理上
我写了你的名字

在觉醒的小径上
在展开的大路上
在满溢的广场上
我写了你的名字

在燃着的灯上
在熄灭的灯上
在我的集合的房屋上
我写了你的名字

在我的镜子和我的卧房的
一剖为二的果子上
在我的空贝壳床上

我写了你的名字

在我的贪食而温柔的狗上
在它的竖起的耳朵上
在它的笨拙的脚上
我写了你的名字

在我的门的跳板上
在熟稔的东西上
在祝福的火的波上
我写了你的名字

在应允的肉体上
在我的朋友们的前额上
在每只伸出来的手上
我写了你的名字

在出其不意的窗上
在留意的嘴唇上
高高在寂静的上面
我写了你的名字

在我的毁坏了的藏身处上
在我的崩坍的灯塔上
在我的烦闷的墙上
我写了你的名字

在没有愿望的别离上

在赤裸的孤寂上
在死亡的阶坡上
我写了你的名字

在恢复了的健康上
在消失了的冒险上
在没有记忆的希望上
我写了你的名字

于是由于一个字的力量
我从新开始我的生活
我是为了认识你
为了唤你的名字而成的
自由。

蠢而恶

从里面来
从外面来
这是我们的敌人
他们从上面来
他们从上面来
从近处来从远处来
从右面来从左面来
穿着绿色的衣服
穿着灰色的衣服
太短的上衣
太长的大氅

颠倒的十字架

因他们的枪而高

因他们的刀而短

因他们的间谍而骄傲

因他们的刽子手而有力

而且满涨着悲伤

全身武装

武装到地下

因行敬礼而僵直

又因害怕而僵直

在他们的牧人前面

渗湿着啤酒

渗湿着月亮

庄重地唱着

皮靴的歌

他们已忘记

为人所爱的快乐

当他们说是的时候

一切回答他们不

当他们说黄金的时候

一切都是铅做的

可是在他们的阴影下

一切都将是黄金的

一切都会年青起来

让他们走吧让他们死吧

我们只要他们的死亡就够了

我们爱着的人们

他们会脱逃了
我们会关心他们
在一个新的世界的
一个在本位的世界的
光荣的早晨。

战时情诗七章

　　我在这个地方写作,在那里,人们是被围在垃圾,干渴,沉默和饥饿之中⋯⋯

阿拉贡:蜡像馆

(一)

在你眼睛里一只船
控制住了风
你的眼睛是那
一霎时重找到的土地

耐心地你的眼睛等待着我们

在森林的树木下面
在雨中在暴风中
在峰巅的雪上
在孩子们的眼睛和游戏间

耐心地你的眼睛等待着我们

他们是一个谷
比单独一茎草更温柔

他们的太阳把重量给与
人类的贫瘠的收获

等着我们为了看见我们
永久地
因为我们带来爱
爱的青春
和爱的理由
爱的智慧
和不朽。

（二）
我们比最大的会战人还多的
眼睛的日子

我们战胜时间的眼睛的
诸城市和诸乡郊

在清凉的谷中燃烧着
液体而坚强的太阳

而在草上张扬着
春天的桃色的肉体

夜晚闭上了它的翼翅
在绝望的巴黎上面
我们的灯支持着夜
像一个俘虏支持着自由

（三）

温柔而赤裸地流着的泉源
到处开花的夜
那我们在一个微弱疯狂的
战斗之中联合在一起的夜

还有那辱骂我们的夜
其中床深陷着的夜
空洞而没有孤独
一种临死痛苦的未来。

（四）

这是一枝植物
它敲着地的门
这是一个孩子
他敲着他母亲的门

这是雨和太阳
它们和孩子一起生
和植物一起长大
和孩子一起开花

我听到推理和笑

人们计算过
可能给一个孩子受的痛苦
那么多不致于呕吐的耻辱
那么多不致于死亡的眼泪

在暗黑而张开恐怖的大口的
穹窿下的一片脚步声
人们刚拔起了那枝植物
人们刚糟蹋了那孩子

用了贫困和烦闷。

（五）
心的角隅他们客气地说
爱和仇和光荣的角隅
我们回答而我们的眼睛反映着
那作为我们的避难处的真理

我们从来没有开始过
我们一向互相爱着
而因为我们互相爱着
我们愿意把其余的人
从他们冰冷的孤独中解放出来

我们愿意而我说我愿意
我说你愿意而我们愿意
使光无限永照
从辉耀着德行的一对对
从装着大胆的甲的一对对
因为他们的眼睛是相对着

而且因为他们在其余的人的生活中

有着他们的目的。

（六）

我们不向你们吹喇叭
为要更清楚给你们看不幸
正如它那样地很大很蠢
而且因为是整个地而更蠢

我们只单独要求死
单独要求泥土拦住我们
但是现在却是羞耻
来把我们活活地围砌住

无限的恶的羞耻
荒谬的刽子手的羞耻
老是那几个老是
那爱着自己的那几个

受刑者的群列的羞耻
焦土话语的羞耻
可是我们并不为我们的受苦而羞耻
可是我们并不为觉得羞耻而羞耻

在逃走的战士们后面
就是一只鸟也不再活
空气中空无呜咽
空无我们的天真

鸣响着憎怅和复仇。

（七）

凭着完善深沉的前额的名义
凭着我所凝看着的眼睛
和今天以及永远
我所吻着的嘴的名义

凭着埋葬了的希望的名义
凭着暗黑中的眼泪的名义
凭着使人大笑的怨语的名义
凭着使人害怕的笑的名义

凭着联住我们的手的温柔的
路上的笑声的名义
凭着在一片美丽的好土地上
遮盖着花的果子的名义

凭着在牢狱中的男子们的名义
凭着受流刑的妇女们的名义
凭着为了没有接受暗影
而殉难和被虐杀了的
我们的一切弟兄们的名义

我们应该渗干愤怒
并且使铁站起来
为的是要保存
那到处受追捕

但却将到处胜利的

天真的人们的崇高的影像。

一篇要算的账

十个朋友死在战争中

十个妻子死在战争中

十个儿女死在战争中

一百个朋友死在战争中

一百个妻子死在战争中

一百个儿女死在战争中

还有一千个朋友和一千个妻子和一千个儿女

我们很会以千数以百万数

来记算那些死者

我们会记算可是一切都去得快

从战争到战争一切都消灭

可是只要单独一个死者

在我们的记忆中站起来

我们就生活着对抗死亡

我们就和战争去战斗

我们就为生活而斗争

十五

沙里纳思①

无　题

夜间的水,朦胧的蛇,

幼小的呼啸和无人识的罗盘方位;

什么日子雪,什么日子海? 对我说。

什么日子云,

你自己的回音和干涸的河床?

对我说,

——我不对你说:你在嘴唇间据有了我,

我给你以吻,但并非光明。

但愿你有了夜的同情已足够

而其余的遗给暗影,

---

① 此处六首诗据 1936 年 11 月 10 日《新诗》第 1 卷第 2 期。译文后有译者附记和
《关于沙里纳思》一文。附记指出:"《无题》译自《占兆集》(1923 年马德里 León
Sánchez Cuesta 书店版),《海岸》、*Far West*、《物质之赐》译自《可靠的偶然集》
(1929 年马德里西方杂志社版),《夜之光》和《更远的讯问》译自《寓言和符号集》
(1931 年马德里 Plutarco 书店版)。"沙里纳思(Pedro Salinas),西班牙诗人。
　　——编者注

因为我并不是为了
什么也不问的嘴唇的干渴而生的。

海　岸

如果不是那
它在远方为自己创造的
纤弱的，洁白的水沫的蔷薇，
谁会来对我说
它动着胸膛呼吸，
它是生活着，
它内心有一片热情，
它需要整个世界，
这青色的，宁静的，七月的海？

FAR WEST

怎样的八千哩的风啊！
你不看见一切如何地飞？
你不看见玛佩儿的
那些飘忽的马，
那闭着澄明之眼的
女骑士，
她，风，逆着风？
你不看见
那颤战的窗帏，
这飘飞的纸片，
和那在她和你之间

被风所剥夺了的寂寞?

是的,我看见。
我只看见而已。
这片风
是在彼岸,
是在我未践踏过的土地的
迢遥的夕暮中。
它挥动着
无何处的枝叶,
它吻着
无何人的嘴唇。
这不是风,
是死去的风的肖像,
而我却并没有认识它,
而它已葬在年老的空气,
死去的空气的
宽旷的墓场中了。

我看见它,而不感到它。
它在那边,在它自己的世界中,
电影中的风,这片风。

物质之赐

在稠密的黑暗之间,
世界是黑色的:虚无。
忽然,从一个飞突

——直的形,曲的形——

火焰推动它生活。

辉煌的水晶,樫树,

它们有怎样的快乐

成为光的,线条的,成为

活着的明耀和脉络的!

当火焰熄了的时候,

飘忽的现实,

这个形,那个颜色

都消逝了,

它们生活在此地或在怀疑中?

一个怀乡病慢慢地升起来,

不是月底,不是恋爱底,

不是无限底。

桌上一个水瓶底怀乡病。

它们在着吗?

我寻找它们在那里。

刈除暗影的手

摸索着。在黑暗中,

焦虑追随着迷茫的印迹。

突然,像一个火焰,

一个最高的快乐

从黑色升起:接触的光。

它达到了确实底世界。

它触着寒冷坚硬的水晶,

触着辛涩的木头。

它们在着!

无色的耳聋的完善的生活

向我证实它自己，
我感觉事它安堵，无光：
深切的现实，总体。

夜之光

夜间，我在想着
那边的白昼，
那边，这个夜是白昼。
那里是在迎太阳而开着
百花的快乐的小阳伞下，
而现在照着我的
却是瘦瘦的月。
这里的周遭，
虽然一切都那么平静，
那么沈寂，那么幽暗，
我却看见那些轻快的人们
——匆忙，鲜明的衣衫，笑——
充份享受地不断
消耗着这他们所有的光，
这当有人在那边说
"已经是夜了"的时候
就要为我所有的光。
现在
我处身的这个夜，
你贴近着我
那么睡沈沈又那么无太阳的夜，
在这个

夜和睡眠的月光里

我想着那有我

看不见的光的

你的梦的彼岸。

那里是白昼,而你散着步

——你在睡眠中微笑——

带着这片那么快乐,那么是花的

开着的微笑,

竟至夜和我都觉得

它决不会是这里的。

更远的讯问

我不是盲人,

你并非不在,

我为什么问你在那里?

我看见你

走来走去,

看见你,看见那终于化为声音的

你的颀长的身体,

像火焰终于化为烟一样,

在空气中,难以捉摸。

于是我问你,是的,

于是我问你是什么的,

是谁的;

而你张开了手臂

并把你的颀长的

形体给我看

又对我说你是我的。

而我却问着你,永远地。

十六

狄　戈[①]

西罗斯的柏树

阴影和梦的笔立的喷泉，
你用长矛困恼着高天。
几乎射着了众星的火箭，
疯狂固执地尽自在飞溅。

寂寞的桅樯，古怪的岛民，
信心的矢，希望的指针，
今天我带给你，亚朗萨的河津，
我的漫游无主的灵魂。

当我看见你，温和，坚定，寂寥，
我怎样焦急想把自己融消，

---

① 此处《西罗斯的柏树》《不在此地的女人》《胡加河谣曲》和《反映》四首诗发表于
1944 年 2 月 27 日《华侨日报》副刊《文艺周刊》，《杜爱罗河谣》据 1947 年 10 月《诗
创造》第 4 期《饥饿的银河》。狄戈（Gerardo Diego，今译赫拉尔多·迪戈，1896—
1987），西班牙诗人。——编者注

变成水晶,升上去,像你一般,

像你这黑塔一般,只影高竖,
你这垂直的狂悦的例范,
西罗斯热忱中的缄默的柏树。

不在此地的女人

不在此地的女人
镂在时间上的音乐的雕刻,
我正在模塑那半身像,
脚没有了,脸儿消失。
肖像画也不能用它的化学
给我固定那正确的瞬息。
那是无尽的旋律中的
一个死灭了的静寂。
不在此地的女人,
融化着的盐的雕像,
有形无质的痛创。

反　映

在这乳白色的河中
船儿并不在河床上做梦

像一只饥饿的手套
日子从我手指上脱逃

我不断地消损消损
但云石却在我胴体里歌吟

一个迢遥的车轮
给我把古昔的言语
掩藏住又变作温存

我雕像底丰腴的液体流淌
而那些船儿低昂荡漾
系缆在黎明上

杜爱罗河谣

杜爱罗河,杜爱罗河,
没有人伴你向前流;
没有人停下来谛听
你的永恒的水底歌讴。

不知是冷漠还是卑怯,
对着你,城市背脸相向。
它不愿在你的镜里
看见它没有牙齿的城墙。

老杜爱罗河,你微笑着,
在你的银色的须间,
一边把收剩的谷麦,
用你的谣曲来磨碾。

而在那些石头的圣人，
和魔法的白杨间，
你经过，在你的波里带着
恋爱的语言，语言。

谁能像你一样，
安静而同时向前推，
永远唱着同样的诗句，
但却用着不同的水。

杜爱罗河，杜爱罗河，
没有人和你一起向前流，
没有人愿意来注意
你被遗忘的永恒的歌讴。

除非是那些恋人们——
他们问着，从他们的灵魂间，
又撒播在你的波沫里，
恋爱的语言，语言。

不　眠

你和你裸体的梦。你不知解。
你睡着。不。你不知解。我不合眼，
而你，无邪的人，你在长天下睡眠。
你向着你的梦，而船向着海。

在空间的囚牢，大气的钥匙

给你把我锁闭,监禁,劫夺。冰霜,
千片叶上的空气的结晶。不。没有飞翔
能高举一直到你,我的飞鸟的翼翅。

知道你睡着,安稳,可靠
——纵任的高傲的原因,纯粹的线条——
那么接近我的被捆绑住的手臂。

岛民底奴隶境遇,多么可怖可恐;
我,失眠,疯狂,陷在礁矶,
船向着海,你向着梦。

秋　千

把世界的户枢作坐骑
一个梦想者玩着是非戏

五颜六色的雨
流到恋爱的国土寄寓

花卉成群如鸟
是的花卉　　　非的花卉

风中的那些小刀
把它的肉碎成一条条
搭成了一座桥
是　　　　　　　　非

梦想者骑在马背上
丑角的瓦雀

唱着是　　　唱着非

胡加河谣曲

碧色,碧色,碧色的水流,
胡加河的迷人的水流,
在你摇篮时已看见你的山松,
把你映照得碧油油。

——圣赛巴斯谛昂的树林,
在阴暗的山地上繁滋,
它们在腰肋上受了伤,
渗漏出金色的流脂。

你给那碧色的半臂,
碧色的眼睛,碧色的月魄,
给那些蜜蜂窠——这温柔底
小宫殿——映照成碧色。

你显着碧色——你从波沫间
透露出来的初度的羞颜——
因为你梦想,梦想着(那么娇小)
那地中海的好姻缘。

白杨,那么许多白杨,

都为了你的缘故自尽，
倒下来敲碎你碧色，碧色的
宝盒底碧色的水晶。

纯银装就的古安加，
想在你那里照她玉体的皓素，
伸长了身体，踮起了脚，
踏着她的三十根圆柱。

不要尽想着你的结婚，
不要想啊，你这样碧晶晶，
胡加河的水啊，却要染成蓝，
染成紫，又染成青。

不要那么匆匆地染上
那些不是你的色彩。
你的唇儿将有盐味来，
你的乳房将有糖味来。

而你此时却这样碧，这样碧——
何处是那些半臂和月光
松树，白杨和高塔，
和你胡加河上游的梦想？

十七

阿尔倍谛[①]

盗　贼
——赠居思达伏·杜朗

海和天的盗贼，
如果我不是，我将来定是。

如果我没有盗海的晨曦，
如果我没有盗，
我将来定要盗。

海和天的盗贼，
在一艘驱逐舰上，
和六个强壮的水手，
三个三个地交替着。

---

① 此处四首诗据 1937 年 1 月 5 日《诗志》第 1 卷第 2 期。译文后有《阿尔倍谛自传》和译者附记，附记指出："《盗贼》自《地上的水手》译出，《什么人》自《洛阳花的黎明》译出，《邀赴青空》和《数字的天使》自《天使论》译出。"阿尔倍谛（Rafael Alberti，今译法拉埃尔·阿尔维蒂，1902—1999），西班牙诗人。——编者注

如果我没有盗天的晨曦，

如果我没有盗，

我将来定要盗。

什么人

什么人扫着

又唱着

又扫着

（侵晓的木屐）。

什么人

推着门。

多么可怕，

母亲！

（啊，那些在风的舁床上，

在一只帆船中的人们

在这个时候去耕耘大海！）

什么人扫着

又唱着

又扫着。

一匹马离开去，

把它的脚印在

街路的回音中。

多么可怕，

母亲！

有人叫门吧!
父亲会穿着长袍
缓缓地走着
显身出来吧!……
多么可怖,
母亲!
什么人扫着
　　　　　又唱着
　　　　　　　又扫着。

数字天使

带着方规和圆规的
处女们,注视着
天的黑板。

而数字的天使,
沉思地,翱翔着,
从 1 到 2,从 2
到 3,从 3 到 4。

寒冷的粉笔和揩布
划出又抹去
空间底光。

没有日,月,没有星,
没有光线和闪电的
突然的绿色,

没有空气。只有雾。

没有方规和圆规的
处女们啼哭着。

而在那些死去的黑板上,
数字的天使,
没有生命,穿了殓衣
在 1 和 2 上
在 3 上,在 4 上……

邀赴青空

我邀你,影子,到青空去。
二十世纪的影子,
到青空,青空,
青空底,青空底真实去。

影子,你永远不走出
你的窟穴,
你没有把吹息还给世界,
这是在你生时,那青空,
那青空,青空,青空给你的。

没有光的影子,
埋藏在二十个坟底,
二十个空洞的世纪
底深处,没有青空,

没有青空,青空,青空。
影子,影子
到青空,青空,青空底,
青空底真实之高峰去。

十八

阿尔陀拉季雷①

一双双的小船

一双双的小船，
像曝在太阳下的
风中的屐，

我和我的影子，直角。
我和我的影子，翻开的书。

在沙滩上，
像大海的沉舟残片，
一个孩子睡着。

---

① 此处五首诗据 1937 年 3 月 10 日《新诗》第 1 卷第 6 期。译文后有译者附记和《关于阿尔陀拉季雷》一文。附记指出："《一双双的小船》译自《受邀的岛集》(1926 年马拉加出版)，《我的梦没有地方》和《微风》译自《惩戒集》，《裸体》和《在镜子里》译自《诗的生活集》。"阿尔陀拉季雷(Manuel Altolaguirre, 1905—1959)，西班牙诗人。——编者注

我和我的影子,直角。
我和我的影子,翻开的书。

更远一点,渔夫们
拉着黄色的
咸渍的绳索,

我和我的影子,直角。
我和我的影子,翻开的书。

我的梦没有地方

我的梦没有地方
可以让你生活。没有地方。
一切是梦。你会沈落①。
你是生活的,
到别处去生活吧。
如果我的思想是像
铁或石,你可以留着。
可是它们是火又是云,
这便是混沌初开
还没有人居的世界。
你不能生活。没有地方。
我的梦会燃烧了你。

---

① 通"沉落"。——编者注

微 风

小麦的高高的叶子
好像互相追逐着。
受着羁縻的
稠密的绿色的奔驰，
永不能像水一样
在河里奔流，
它们永远会在四壁间
勒住它们的喧嚣。
它们来去寻问
却遇不到那已失去的。
它们互相击撞，践踏，
无知觉地来来往往，
撞着空气的墙
它们绿色的身体受了伤。

裸 体

你黄色的触觉的天
覆盖了
热情和音乐的
幽玄的花园。
高高的血的长春藤
围抱着你的骨骼。
灵魂的抚爱
——战栗中的微风——

变动了你的一切。
你的皮肤是怎样的
含羞而美丽的黄昏
和疲倦！
你像是一个没有光辉
而从太阳接受着
你周围的光明的行星，
唯有在你脚下是夜，
你是音乐的樊笼，
是那在你每一个动作中
欲脱而不能，
而像一个孩子似地
露面在你明眸的晶窗中的
被幽囚的音乐的樊笼。

在镜子里

在镜子里照一照你自己，
然后看你的这些遗忘了的肖像，
你往昔的美丽之落英，
我要给你绘一幅新的肖像，
将你从你的现在采撷下来；
而当你已消隐了，只是
漂渺的香，只是灵魂和记忆时，
我将把你的这些肖像
装在那没有花的茎上，
来看你像香一样地氤氲，
像形一样地残留在这地上。

十九

迦费亚思[①]

玛德里

（一）

破碎的家屋

和完整的心的玛德里，

让我用一双张开的眼

仔细地凝望你。

让我用长长的，

迟迟的目光凝望你，

触遍你的皮肤，

又透到你的骨里。

你肉体上的每一个创痍，

在我的胸头开一道伤痕。

你的每一滴眼泪，

---

① 此处译诗据 1939 年 2 月 16 日《文艺阵地》第 2 卷第 9 期，译文后有译者附记，对迦费亚思做了简要介绍。贝德罗·迦费亚思（Pedro Garfias，今译佩德罗·加菲亚斯，1901—1967），西班牙诗人。——编者注

从我失明的眼里飘零，
啊，你这上天下地
都迎纳死亡的城。
让我仔细的凝望，
因为我要把你的记忆
天长地久地
藏在我的心底。

（二）

在炮火中，妇女们喧哗，
在炮火中，男子们劳动，
在炮火中，老人们休息，
而儿童们游戏，也在炮火中。

严肃，刻苦，郑重，
他们在炮火之中。

没有畏惧，没有浮夸，
不休止，却也从容，
按着正确的韵律，
按着他们日常生活的正统，
——命运的正统——
在炮火之中。

（三）

在因失眠而红肿的眼皮上，
像一座铅山一样
沉重地压着的
五百夜的守望，

叫玛德里站立着，
在一片瓦砾的座子上，
独对着周围的耻辱，
和眼前的死亡。

它的态度多么安静，
它的眼睛多么清澄——
梦已不再守住它们，
休息已不再麻烦它们。

站在它的肺腑上面，
（水门汀也没有这样坚牢）
它凝望着它的儿女们
在光荣的觉醒中喧噪。

巴黎流着
它的奸雄的眼泪。
伦敦在它的雾里
披着它黄金的光辉。

玛德里等待又等待。
在它的瓦砾的座子上面，
没有了它的灯火的颈链，
在它的残碎的云石之间，
它等待，等待，
又从它的肩头凝望外界。

二十

魏尔哈仑[①]

风 车

风车在夕暮的深处很慢地转，
在一片悲哀而忧郁的长天上，
它转啊转，而它酒渣色的翅膀，
是无限地悲哀、沉重，而又疲倦。

从黎明，它的胳膊，像哀告的臂，
伸直了又垂下去，现在你看看
它们又放下了，那边，在暗空间
和熄灭的自然底整片沉寂里。

---

① 此处前两首诗据 1947 年 8 月《诗创造》第 1 卷第 2 期《丑角的世界》。《风车》还发
表于 1944 年 2 月 3 日《大众周报》；《穷人们》还发表于 1945 年 3 月 25 日《华侨日
报》副刊《文艺周刊》第 60 期和 1947 年 2 月 21 日《联合晚报》。最后一首诗据
1947 年 2 月 22 日《文汇报（上海）》，该译诗还发表于 1945 年 2 月 4 日《华侨日报》
副刊《文艺周刊》第 53 期和 1947 年 3 月 12 日《华西晚报》。魏尔哈仑（Émile
Verhaeren，今译埃米尔·维乐哈伦，1855—1916），比利时象征主义诗人、剧作
家。——编者注

冬天苦痛的阳光在村上睡眠，
浮云也疲于它们阴暗的旅行；
沿着收拾它们的影子的丛荆，
车辙行行向一个死灭的天边。

在土崖下面，几间桦木的小屋
十分可怜地团团围坐在那里；
一盏铜灯悬挂在天花板底下，
用火光渲染墙壁又渲染窗户。

而在浩漫平芜和朦胧空虚里，
这些很惨苦的破屋！它们看定
（用着它们破窗的可怜的眼睛）
老风车疲倦地转啊转，又寂灭。

穷人们

可怜的心脏有如此：
那里有眼泪的沼池，
好像墓园中的石碑
一样苍白。

可怜的肩背有如此：
苦痛和重负肩上置，
比沙碛间赭色屋顶
更加吃劲。

可怜的手掌有如此：

和路上树叶无差次,
像门边的树叶一样
又枯又黄。

可怜的眼睛有如此:
谦卑,挂虑而且仁慈,
比风暴中牲口的眼
更加凄然。

可怜的人们有如此:
有疲劳安命的姿势,
穷困扑住他们不放
在大地一带平原上。

努 力

群群的劳动者,热烈而气嘘嘘,
你们站起来沿着时间走过去;
额上带着有益的胜利的梦想,
胴体方整坚实,举止准确有力,
那种行走,奔跑,停止,努力,狂激,
你们悲剧地铭刻在我记忆上
是多高傲的勇敢光荣的几行!

我爱你们,金发壮汉,俊美驭夫——
驾着灿亮的重车,听马嘶声声,
和你们,采伐香木的赤发樵夫,
和你,白色村庄的粗野老农人——

你只爱田野和它们寒伧的路，
你用一只大手掌把种子来播，
先抛在空中，在你前面，向阳光，
让它们活一时，然后落到地上。

也爱你们，启程去航海的海员，
只带一支歌，夜里在繁星下面，
当那大西洋的风鼓满了帆片，
当明亮的桅樯和缆索在震颤；
和你们，厚实的搬夫，生着阔肩，
沿着朱红的码头给那些海船
装货卸货，让它们在太阳下面
去克服波浪，一直到两极边缘。

还有你们，迷幻金属的探寻人，
在冰霜的平原，在雪掩的沙滩，
在白色国土深处，那里有严寒
包围住你们，突然用巨钳夹紧；
还有你们，矿工们，行走在地底，
身体匐行着，牙齿间咬着灯盏，
一直走到窄地脉，那里有石炭
撼动，降于你暗黑孤独的努力。

最后是你们，打铁匠和铸铜匠，
脸儿染黑染金，穿透烟雾暗晦，
突然伸直缩紧的丰肌的肩膀，
在那些大熔炉大铁砧的周围，
金箔匠们，生来做永恒的工作——

它世世代代,逐渐广阔地伸张
在恐怖,贫困和奢侈的城市上：
我心头感到你们,强大,如手足！

这工作,粗野,艰苦,固执,庄严,
在大海上,在山的心腑,在平原,
到处抓紧它的结,束紧它的链,
从世界这一端到世界那一端！
哦,大胆的动作,在暗黑或光明,
永远不疲的手,永远热烈的臂,
这些手和臂,隔空间联在一起,
怎样都要在驯服的宇宙印染
那人类的紧抱和伟力底符号,
又照着另一个意志再来创造
那群山,大海,和平原。

✒ 二十一

梅特林克①

凄暗的时间

这里走过往昔的愿望,

还有疲人的幻境,

还有衰颓的梦想;

那里是希望的往日盈盈!

今朝还要想逃向何方!

已没有一点天星;

只有烦怨披着冰霜,

只有片片的月色幽青。

---

① 此处前两首诗据 1929 年 1 月《文学周报》第 7 卷,译者在译文末指出,"自 *Serres Chaudes*"(《温室》)。《凄暗的时间》还发表于 1928 年 9 月 30 日《文学周报》第 7 卷第 12 期,《冬日的希望》还发表于 1928 年 11 月《文学周报》第 7 卷第 18 期和《邮声》第 3 卷第 1 期。《歌》发表于 1945 年 5 月 27 日《华侨日报》副刊《文艺周刊》69 期。莫里斯·梅特林克(Maurice Maeterlinck,1862—1949),比利时象征主义诗人、剧作家。——编者注

还有那陷阱中的呜咽

你看那些无火的病者，

你看那些绵羊龈着白雪；

垂怜一切罢，我的主宰！

我啊，我等着些苏醒；

我啊，我等着飘过了睡眠；

我啊，我等着些阳光晶晶，

照在我被寒月冰冻的手间。

（自 *Serres Chaudes*）

冬日的希望

我哭那枯唇

那里甜吻还未生，

和那弃置的希望，

它已在忧愁里消亡。

天涯总是雨凄凄！

飞雪总是满沙矶！

只是在我梦门边

豺狼横卧在草间。

我用我灰暗的眼

在灵魂中追寻昔年，

和一切从前垂死的绵羊

在寒冰上流出的血浆。

惟有寒月照人来，
散落她单调的悲哀
在凝霜的秋草上，
和我的饿病的希望。

（自 *Serres Chaudes*）

歌

（一）

如果一天他回来，
怎样来措辞？
——对他说我等待他
一直等到死……

如果他认不得我，
还问个不完？
——对他说话像妹妹，
也许他心酸……

如果他问你何在，
怎样回答他？
——给他我的金指环，
不回一句话……

如果他问为什么
厅里空无人？
——给他看熄灭的灯
和敞开的门……

如果那时他问起
垂危的时辰?
——对他说我曾微笑,
怕他泪淋淋……

(二)

我找了三十年,妹妹们,
他在哪里藏身?
我走了三十年,妹妹们
总不能够接近……

我走了三十年,妹妹们,
我的脚也疲困,
他曾无所不在,妹妹们,
而今并不生存……

时辰终于悲哀,妹妹们,
除掉你们的鞋,
夕暮也逝去了,妹妹们,
我的心痛难挨……

你们只十六岁,妹妹们,
远离开这里呀,
拿我的进香杖,妹妹们,
也去寻找一下……

二十二

奥立佛[①]

在林中

在林中,在林中,
有个声音飘动。
是否在流水蜿蜒处,
小鸟儿款语
在林中?

在林中,在林中,
有个声音飘动。
是否在孔雀开屏处,
有个小女儿
在林中?

在林中,在林中,

---

① 此处译诗据 1928 年 7 月 10 日《小说月报》第 19 卷第 7 号。奥立佛(Juste Olivier,1807—1876),瑞士诗人。——编者注

有个声音飘动。
是否个清醒的幽魂
在树荫下徘徊不定，
在林中？

在林中,在林中,
已无声息飘动。
只有那踽踽的沈静,
排着树木向前行,
在林中。

二十三

勃莱克^①

野花歌

我踯躅在林中，
在青青的树叶间，
我听一朵野花，
唱着清歌一片。

"我睡在尘土中，
在沉寂的夜里，
我低诉我的恐惧，
我就感到了欣喜。

在早晨我前去，
和晨光一般灿烂，
去找我的新快乐；

---

① 此处两首诗据 1936 年 12 月 10 日《新诗》第 1 卷第 3 期。勃莱克（William Blake，
今译威廉·布莱克，1757—1827），英国浪漫主义诗人、版画家。——编者注

可是我遭逢了侮谩。"

梦　乡

醒来,醒来,我的小孩!
你是你母亲唯一的欢快;
为什么你在微睡里啼泣?
醒来吧! 你的爸爸看守你。

"哦,梦乡是什么乡邦?
什么是它的山,什么是它的江?
爸爸啊! 我看见妈妈在那边,
在明丽水畔的百合花间。

"在绵羊群里,穿着白衣服,
她欣欣地跟她的汤麦踯躅。
我快活得啼哭,我鸽子般唏嘘;
哦! 我几时再可以回去?"

好孩子,我也曾在快乐的水涯,
在梦乡里整夜地徘徊;
但远水虽平静而不寒,
我总不能渡到彼岸。

"爸爸,哦爸爸! 我们到底干什么,
在这个疑惧之国?
梦乡是更美妙无双,
它在晨星的光芒之上。"

二十四

普式金[①]

先　知

心头焦渴着真理

我在荒凉的旷野上逡巡，

一位大天使，生着六翼

在十字路口向我显灵。

他用着轻轻的手指尖

像梦一般触着我的眼帘：

我就张开我的眼睛

像一只受惊的神鹰。

他触着我的耳朵：

我的耳朵便充满了音波；

于是我听到天宇的运行，

天上天使们的飞舞，

---

① 此处五首诗据 1937 年 2 月 10 日《新诗》第 5 期，前三首署名艾昂普；后两首署名李文望。普式金（Александр Сергеевич Пушкин，今译亚历山大·谢尔盖耶维奇·普希金，1799—1837），俄国诗人，现实主义文学的奠基者。——编者注

水底海兽们的徐步，
和谷中了葡萄的滋生。
他触着我的嘴唇，
拔了我罪恶的舌根
因为它说废话坏话，
他在我僵硬了的嘴巴，
用他的血淋淋的右手，
放进了一条蛇的舌头。
他用剑剖开了我的胸部，
从那里挖出我奔跳的心；
他拿了一团熔熔的炭火
在我剖开的胸膛里塞进。
我像尸体般躺在旷野上，
上帝的声音向我震响：
"起来，先知，看仔细，听端详，
受我的意旨的感兴，
并走遍陆地与海洋，
用你的语言燃烧起人心！"

毒　树

在贫瘠的大荒里，
在灼热的土地上，
毒树遗世而独立
像狰狞的哨兵一样。

干渴的大漠之神
在暴怒的日子生了它，

又用了毒汁灌进
它的根,叶和枝丫。

毒汁穿过树皮,一滴滴
掉下来在午热中融开,
在晚凉中它又凝结
成厚厚的透明的胶块。

没有小鸟飞来稍驻,
没有猛虎走近,唯有黑风
有时长驱奔向这死树,
然后又带了死奔去无迹。

如果有浮云飘过,
在它浓荫上把雨洒下,
雨水就变成鸩毒,
流到了焦土黄沙,

可是一个人虎视眈眈,
派一个人向毒树前进;
于是他奉旨不敢怠慢,
取了毒胶来报命。

他取了致死的毒胶,
还带着半枯的绿枝一根,
他苍白的额上一条条
流着冷汗不停。

他并不空手回来，
可是他倒在帐篷的席上；
这个可怜的奴才
死在无敌之君的身傍。

于是君主拿他的箭矢，
在这毒胶里染浸，
他这样分布着死
给他远近的邻人。

三姊妹 (沙尔旦王之一节)

三个姊妹，似玉又如花，
一天晚上，在窗边纺纱；
一个姑娘说，"要是真的
我做了一位王妃，
我就要亲手给那些好百姓
排大酒席请他们吃一顿。"
"要是我做了王后，"
那第二个姑娘开口，
"我就要给遍天下
织挺好的罗纱。"
"要是我头戴王后的冠冕，"
那第三位年轻姑娘开言，
"我就要替王上好好地
生养一个英雄豪杰。"
她刚把这话说出来
木头门就轻轻地闪开，

从暗地里,那位王上,

走进了姑娘们的闺房。

他靠近着篱笆

听到了这番说话。

女孩子生英雄的梦想,

他听了喜气洋洋,

"好姑娘,又漂亮又年轻,

你就做王后吧,养一个豪英!

这英雄,你可要记住,

你需得在九月里养出。

你们呢,我的姊妹们,"

那王上说,"你们也不用担心!

离开你们的屋子,跟着我,

跟着你们的妹妹,高高兴兴地走:

你可以做一个织布匠,

你呢,我叫你做厨娘。"

夜

我的声音,对于你又颓唐。又欢喜。

搅扰了暗夜的沉寂。

一枝孤烛悲哀地在我旁边燃烧;

我的诗流动,消隐,音响如潮,

这些爱的溪流如此拥着你流,

在黑暗中,你的眼睛幻异地向我引诱,

它们向我微笑,我又听到您神圣的声音,

"朋友……温柔的朋友……我爱……我属于您……属于您……"

夜莺

春天里，当安静的公园披上了夜网，
东方的夜莺徒然向玫瑰花歌唱：
玫瑰花没有答复，几小时的夜沉沉，
爱的颂歌不能把花后惊醒。
你的歌，诗人啊，也这样徒然地歌唱，
不能在冷冰冰的美人心里唤起欢乐哀伤，
她的绚丽震惊你，你的心充满了惊奇，
可是，她的心依然寒冷没有生机。

二十五

Scott[①]

爱国古乐人之曲

哀莫大于心死兮,息虽存而若亡。彼未尝自言兮,此为我所有之宗邦。彼本凉血兮,心常冷如冰霜。彼常天涯海角兮,飘泊之遐荒[②]。随萍踪之所至兮,辄安之若家乡。当世设有此人兮,君试加以细细之评量。虽狂热之乐人兮,罔为彼而诪张。彼虽位尊兮,彼虽名扬,虽拥无量之财富兮,如愿以偿,揽高爵大权于一身兮,殊末路之可伤。生则泯泯无闻兮,将永失夫荣光。死则回复其本原兮,入尘土而瘗藏。既无人洒泪而致敬兮,后无人哀歌而仿徨。

嗟尔,酷且野之凯度尼亚兮,有儿生而歧嶷兮,其为保姆以育之。有地荆棘丛生兮,佳木葱龙。高山崔嵬兮,洪水汹涌。此乃我祖之地兮,任何世人之手兮,畴莫能解余孝思之维系。由此孝思之维系兮,我与彼崎岖之海畔兮,已早联而为一体。

---

① 此处译诗据 1923 年 5 月 9 日《兰友》旬刊第 12 期,署名戴梦鸥(戴望舒的笔名)。关于 Scott 的个人信息已无从考查,因此本书中直接使用其外文名。——编者注
② 此处原文为"漂泊之之遐荒"。——编者注

第二编

小　说

英 国

贪人之梦[①]

奥利弗·哥德史密斯悔

因是个磨坊的工人,生就是贪吝成性。他爱金钱,可说没有人能及他,又可说没有个人礼敬金钱和他一般,要是伙伴是在人众之下谈起某人是有钱的,悔因一定要说:"我同他一向很是熟悉,我和他做朋友已好久了,他同我两人是知己呢!"可是一谈到穷人,他必竭力的说"我不识",识他就向很熟识的,也推说不识。他生平不爱交朋友,要是交起来,选那有钱的人。悔因虽是一心一意的想发财,可是偏很穷,除了那一架磨机养活他一生之外,别的出息竟可说一些也没有了。这架磨机虽则出息很微细,倒还可靠,他日食无缺,要是这架磨机一天到晚不停的转过去,那他就可不愁无食了,加之他又很节省,在他每日的收入里总抽出几个钱储蓄。工作完了他总是在那里暗暗地盘算,心中好似很得意的样子。不道这点点的收入那能填平他的欲望,他只怨自己穷,因此他常幻想着总有源源的收入才好。忽一日,他正是忧迷在幻想里,忽听得他邻人在地下掘得一罐的

---

① 该小说的作者为 18 世纪英国作家奥利弗·哥德史密斯(Oliver Goldsmith,1730—1774),戴望舒于 1922 年 10 月以笔名戴梦鸥翻译此篇,刊于杭州《妇女旬刊》第 85 号。据现有资料,译文没有标点符号,为便于阅读,文中的标点符号为编者添加。——编者注

金,听说他做了三夜的,从早做到晚,手胼脚胝的为了这几个戈戈金钱,在邻人桑克不过静悄悄地睡在床上,在天亮前做了几个梦罢。唉!我若能像他这样的做几个梦便能掘得藏金那就多少快活咧!可是我得了藏金我怎的把他拿回去不让老妻看见呢!我从此以后一心的把埋在黄金堆里那是多少乐趣啊!凡是这些念头不过使悔因增加他的烦脑罢,现在他不像以前般的勤苦了,他一味子的嫌憎出息微少。自然咧,他的主顾不要他做了,他终日里翻来覆去的思想,一到夜里一骨碌的到床上去寻他的梦境。好运呢久不和他亲近了,到后来似乎笑他可怜,便赐了他一个黄金之梦,他梦见在他磨机之下有一大罐的黄金和钻石深深的埋着,上面还有一块极大坦平的石板压着。他把这梦瞒着不告别人,只望还接着做同样的两个梦,可以证实这是不欺瞒,他希望如此,竟得了满意的答复,以后两夜果然仍见藏金放在原地方,疑意尽释。第三天他起了个大早,独自一个拿了柄锄头悄悄地到磨坊里,依着梦中所指示的,靠墙那一边开手就掘下去,不久他就到一个成功的预兆,掘得一个断指环。再一点点掘下去,掘出了一张瓦片,完全无缺,还是新的咧!便越发用力掘下去,最后就发见了一块大而且平的石板,可是因为太重大了,他出尽半生之力也不能动它分毫。他快乐极了,喊道:"在这里了!这宝贝在这里了!这石头下面的的确确容得下这一罐的金钻,在理我定要回家将这事告诉我老妻,要伊帮我来移去这石板。"因此即刻转家将这事全个儿告诉了他的老妻,伊听了这话自然乐极了。一把揪住了他的项颈狂乐般的抱着他,快乐的狂热正不减他理想中藏金的全数高咧!回头来一口气回到磨坊里,在悔因锄过的地方移开大石,他们就见到这里面的的确确的没有像他想望般的藏金,可是那磨机就是他们仅靠衣食的却已因此破坏塌倒咧!

珊瑚岛①

罗伯特·迈克尔·巴兰坦

　　浪游是时常的永远的占着我热烈的情绪,因为这是我心中最快乐的事,也是我毕生最光荣的事。在儿童时代、少年时代、成人时代,我已是一个浪游人了。我的浪游不是遨游林谷或是攀登我故乡的山顶,却是一个热烈的浪游人。远度他方,而呼吸于那渺渺茫茫的世界上,在那风涛怒吼猖狂而黑暗的太平洋夜中,我却产生在这暴怒的洋的舱面上。我的父亲,是一个船主,我的祖父,亦是一个船主。我的曾祖父,曾当过海军。没有人可以断定说有一桩什么事业,是从"他"的祖宗,永远的赓继下来的。但是我那亲爱的母亲,却惯说他已是一个海军士官。在母亲一方面,他们的祖父曾任过皇家海军的大将,在任何方面看来,我们就知道,就是从我家先祖历数过来,都可以追慕得起,都是有继续下去,和那苍茫的大海,有密切的关系。这是一定的,由于两方面的原故,因此,我母亲是往往和我父亲同去航海,所以伊也消磨了大半年的生涯于海上。

　　我想这事是必然的,就是我将要嗣接了那一种浪游的僻性了。我生后不久,我的父亲已经衰老了,便辞了那航海的生涯,结了一间小小的茅舍,安居在英吉利西海岸的渔村中安然的居了下来,消磨他的暮年。因为这便是他年来依之为家的海的滨上。此后不久,我就表示出一种浪游的精神来,这种精神早已是深储在我心眼儿里了。又过了许多时光,我那婴孩的腿已长得很壮健了,因此我渐渐的对于我那走久了要搽破皮肤的矮而肥的腿,也就不满意起来,做了许多试验,把身体直立起来,学那成人的步履,然而结果在我坐下时,每致过于猛力,以致突然受惊。有一天我逛

---

① 该小说的作者为英国作家罗伯特·迈克尔·巴兰坦(Robert Michael Ballantyne,1825—1894),戴望舒于1923年5月以笔名梦鸥生翻译此篇,以连载的形式分别刊于《兰友》旬刊5月1日(01版),6月1日(04版),6月21日(04版)。据现有资料,译文没有标点符号,为便于阅读,文中的标点符号为编者添加。——编者注

着我那亲爱的母亲不在家时,去行那第二步的试验,果然我一鼓足气,的确实成功,一直达到门限了。但是一过此,我就翻落在一个污水的荡中,这水荡是横陈我父亲茅舍的门前的啊! 多少的快乐! 我想起了我那可怜的母亲的惊骇,当伊发见我已晕倒在污水荡中,杂在那一群咭咭咯咯的鸭群中,于是在这慈祥之气中,把我那水淋淋的衣裳都脱尽了,把我那泥污的小身躯洗净了。此后我的游玩也渐渐得以自由了。

从此我一年一年的长大,我的游踪也一步一步的远进,最后我已能遨游海滨上远近各处,和我们那小小茅舍四周的树林中,一点儿都不休息,一点儿都不畅意,直等到我父亲束住我,把我安置在一只航海的船上,任我去浮海。

几年之间,我已很快乐的去探海口,或独自一个滑下我故乡的海岸。我的教名是劳尔法,可是我的侣伴却常用那"漫游人"的名字称呼我,这实是我常常把我那好游的热情表露出来的结果。"漫游人"虽不是我的真名,但我却受之无忤,好像这是我的真名一般。我的船伴都是和蔼循良的侣伴,我和他们相处至洽,他们呢,果然常常的和我恶作剧,可是却不是不仁似的对待,我常听得他们说,"劳尔法漫游人是个奇妙而古董的人。"这话我必要证实,是使我万分诧异,我久已着想说,然而总不能达到如愿以偿的结束,我那古董式的名儿,也就因此成立了。

二

美　国

等腰三角形[①]

埃德加·爱伦·坡

一天的下午,我在幻想中晃晃我的拳头,对我伯父骂道:"你这铁石心肠的,顽固的,蚀烂的,无情的,陈腐的,臭旧的老野人。"

这些话不过是幻想罢,其实呢,因为稍有点意见横梗在我们二者之间,有些呢,我已向他说过,有些呢,我还没有这胆量去说。一半儿我已实行了,一半儿却还存在心里想去做。

我的伯父呢,当我开进了客厅的门时,他是坐着,把他的一双脚搁在壁炉的横板上。

"我亲爱的伯父,"我说时,把门轻轻的关上了,渐渐的凑近他身边,用最柔媚的微笑向他道,"你是一向仁慈容易商量的,在种种方面把你的慈

---

① 该小说的作者为美国作家爱伦·坡(Edgar Allan Poe,1809—1848),戴望舒于1923年3月以笔名戴梦鸥翻译此篇,刊于《兰友》旬刊3月1日(02版)。据现有资料,译文没有标点符号,为便于阅读,文中的标点符号为编者添加。由于年代久远,现可搜集到的译文存在部分残缺,故编者在收录过程中对此做出省略。另由于本篇为目前可考证到的、戴望舒本人翻译的、仅有的一篇美国小说,为保证研究范围的全面性特此做出整理。——编者注

爱表现出来——如许的种种方面——现在我只不过的桩有这一点点事，就是有一次我已和你谈起过，实在使你很表同情的……"

他道："哼，好孩子讲下去。"

"我晓得是一定的，我的亲爱的伯父，你是没有什么一定的持见，严厉的来反对我和蔻忒的盟誓，那些话只不过是你的一个玩意儿罢，我知道是一定的——哈哈哈——有时你实是多少的快乐啊。"

他道："哈哈哈，是啊。"

"是确的，自然咧！我早晓得这不过是你的一句笑话罢，那末伯父，现在蔻忒和我种种的心愿总算如你的意依了我们了，现在且拣拣日子。你知道么，伯父，总之有什么时候对于你是最适宜的，就是那结婚，将要——将要成就了，你懂吗？"

"走远些！你这个坏家伙，你这是什么意思啊，这事最好等到延至无期。"

"哈哈哈嘻嘻嘻呵呵呵……哦，这是最好的呀，哦！这是绝妙的呀！这样的诙谐啊！可是现在我们拢总所需要的，你懂吗，伯父，就是要你拣一个适当的日期。"

"啊，适当的吗？"

"是的，叔父。就是那……若使这是对于你自己是称意的。"

"这是否要答复的，鲍贝，若使我是立刻允许这事，或是在一年内才应诺。要举例吗？一定……

……①

"哦，如此，鲍贝，我的孩子，你是一个好伴子，你说对吗？既然你愿意有一个贴切的日期。我将……那末，我将依了你一次罢。"

"亲爱的伯父……"

———————————

① 此处原译文有一句话，但由于资料保存不善，已不可考，故以省略号代替。——编者注

"咄,先生(禁我发言),我将依你一次啊,你就要得我的允诺了。让我看倒底什么时候好呢。今天是星期日,是吗?哦,有了,你就可结婚,适当的,适当些的,现在你留心听啊,若是三个星期日是聚在一个星期中。你听到我说吗,先生?你为什么张开了口呆看着?我说你就可得着蔻忒,当三个星期日是聚在一个星期中,但不等到那时呢,你这年青的无赖,不等到那时,除非我死后你再去做,你知道么,我是说得到做得到的,现在你好去了。于是在我失望中急着走出这间房时,他……

……①

---

① 此处原译文有内容,但由于资料保存不善,已不可考,故以省略号代替。——编者注

三

意大利

不相识者[①]

玛蒂尔黛·赛拉那

  火焰在房间的幽暗中快乐地照耀着。不时有一双洁白的手,伸前去映得很红,去投一块炭到炉中。三个少女都默不作声,梦想着。她们每个人都觉得只有独自一人,在一个浩漫又无限的境界中,没有空间的概念,没有时间的概念。在黄昏来时,她们都感到有不语和沈思的必要。第一个倒身在圈椅上,头向后倒垂,瞑着目,好像是睡着了;别一个,裹在一个披肩中,缩在她的坐位上,低着头在梦想着;第三个,把脚搁在木炭架上,机械地在拨着炭火。人们不能看见她们是金发的,棕发的,美的,丑的,康健的还是生病的;人们只看见一个裙角,在火焰的回光中煊染着不正确的颜色。一切年龄,身份,地位的痕迹都掩隐着:这简直是幽暗中的幽灵。

  在一小时沈默之后,有一个开始谈话了。她不向任何人致词,她向幽暗谈着。她的声音是低微的,有时夹着一个神秘的柔和的音节。

  "他爱我。我很奇异地在婴儿医院中认识了他,在一间充满着欢乐的

---

① 该小说的作者为意大利女作家玛蒂尔黛·赛拉那(Matilde Serao,1856—1927),戴望舒于 1928 年 7 月翻译此篇,刊于《文学周报》第 301—325 期。——编者注

微笑的白云石的大房间中。

"小教堂中挤满着人：两个小孩子在那里初次行'领圣体礼'。他呢，把头低倒了，可是我不知道他有没有祈祷……可是，在细细地观察后，我看见他的嘴唇动着……他金发的头，在这敬礼中，有一种非常温柔的表现。他用那惨白的天蓝色又透明的蓝眼睛注视着我，我便感到有一道光明透进我身中。

"我们没有犯了什么罪恶……我祈祷着那他所信仰的上帝；我们都沈沦在同一个神明的爱情底安静的狂热中。当弥撒做完时，他深深地向祭坛敬礼，又向我鞠躬：他走了出去。过几天，在圣女日，我收到一束花枝，铃兰和百合，皎洁异常。我拿我的檀香木的念珠报他，那一粒粒的念珠，当手指拨弄时，便吐出一缕细细的神秘的香来。礼拜日，我们在Gerolomini 礼拜堂晚课时相遇。他在门口等待着我，战颤着献圣水给我：我们便一同画着十字架。他坐得离我不远，可是我们却时时相互注视着。上帝当然不应该对于这如此纯洁的感情发怒。我第一个读那赞美诗，这是一篇真正的诗意的颂歌，随后我把书递给他，使他也可以读。我们一同出去，可是我们却不谈话。他伴我到家却没有攥着我的手，在相别时他稍稍地和我的手相接触。他每天写极好的书信给我，含着充满着灵魂和光明的心灵的诗意。真的，他从他的精神中放出物质的囚犯，一个如此的理想的光芒，使我觉得欣欣向荣着，温暖着我。我每天早晨回答他，竭力想将他语言中表现出来的同样的多情的战颤，同样的波动放在我的嘴唇上。我们相爱，因为我们爱同样的东西：惨白的天色，秋夜，月光被钢镜映着的青色的湖，寺院的灰色的大理石，那使膝儿受苦的寒冷又坚硬的拜坛；我们相爱在那安寂神经，熄灭欢乐的热焰的冰寒的眼泪中，在那无限的迟缓又平寂的微笑中，在那神明的诗人如拉马丁(Lamartine)或维尼(Vigny)中，在一切世间交往的解脱中，在那向一个永远地高而又高的目的的心愿中……"

声音沈默了，被一个含忍住的热情所折断了。没有人回答她。只是在几分钟之后，那头儿垂向胸头的少女，动起来，又突然用一种尖锐又有力的声音狂热地说起来：

"他爱我；我爱他……我也不知道怎样，也不知道为什么。他是美的，有一种热的，烈的，猛的，有勇气的青年的美。他的发覆着额，有如狮子的鬃一样有生气。他的棕色的眼睛闪耀着：我在戏院中遇着他……从他的观剧镜中，我觉得他的眼光接触着我，将热情的烙印留在我脸上，我颈上，我臂上。这简直是磁力，因为我的头是和铅一般重，而我的心又狂跳着。我便咬着我的手帕。他看见我的举动，脸上便现出凯旋的惨白的颜色来。在扶梯上，他等待着我，在我走过他前面时，他敢握着我裸着的手。他整夜地站在我窗下，我呢，在露台上。天下雪了，我们却不觉得冷。从此以后，我的生命已变成了一个希望，失败，苦痛，和沈痛的欢乐的风暴了：当我不看见他的时候，时间便在我再找到他的热望中，漫漫地消逝；当我们在一起时我们便寂定着，心儿跳着，手儿焦炙着，喉儿紧锁着……。

"他的信是简短的，句子和刀劈一般地干脆，——像是肉和血做成的句子，冲出无上的热情的战颤的句子……我爱他像他爱我一样……我们两个都受着爱情的磨折；我们两个都像那腐蚀着我们的嫉妒的罪人一样地受苦；我们两个都醉着沈哀和欢乐，滚在一个什么都不能牵制住我们的峻坡上。我们有同样的古怪又带病态的兴味对于莺粟的红花，对于幽暗又悲惨的事物，对于血色的残阳，对于绛色的曙色，对于炎烈的长天，对于被炎午所炙热的沙滩，对于强烈的香味，对于那在漆器的黑底上似乎像流质和液体一样地流动的金粉，对于那只扑到火焰中自焚的黑蛾……我们相爱：他是我的诗人，而我是他的 Muse。

"在我身旁，他流着炙热的眼泪，在他身旁，我含着眩醉的微笑。我们要生活或灭亡只为了一件事：爱情……我们认识忧虑，伤痛，心焦，在触着爱人的手时的颤动，突然的惨白，失望的动作。他毁坏了我的生命；我毁坏他的……"

她突然停住了，将脸儿藏在她的手中。于是，那第三个平静地，用一种和谐地单调的声音说：

"他爱我；我爱他。至少他时常我这样说。我们对于这事绝没有把握。他从来不信任爱情：我自从他使我失去我的信心后我便亦不更信任它了。我在一个阴灰的日子在一个学院的厅中看见他，当一个疲倦又奋激的演说家想对群众表达出他的虚伪的热衷来时，他对我说：'这些一切都是可笑的……'——'诧诧异异地……'我如此的回答。他鞠了一躬，很满意的找到了一个和他一样干燥的女人。我们不通信，因为我们绝对不欢喜情书。他从来没有给我一缕发丝一个指环，一枝花朵过，更没有送我一份礼物过；他坚决地对我说这些东西一点也没有用，弄到后来总要抛到垃圾篮中，厨房中去的。当我对他说我爱他时，他总带着怀疑的微笑回答我：'莫想来说服我罢，我不相信你……'当我要向他发誓说我钟爱他时，他便笑起来，还说：'千万不要发誓，因为你一些也不知道……或许你不爱我……'他脸儿不发白，也不发红，他不找寻来看我，他不坐在我身旁，他不握我的手，他不援我的臂；他唯一的表现是他的微笑——他的冷淡又迟慢的微笑。他从来没有热情的兴奋：没有东西能激发他，没有东西能鼓动他。他不了解艺术，他不了解政治，他不了解科学，他不了解上帝：这是一个别人所信仰的一切的平静又决绝的破坏者。他是怀疑主义的最虔诚的使徒。他卓绝地持说事物的虚伪，自然的虚伪，道德的虚伪，热情的虚伪。他是强壮，美丽，坚实：他的眼是灰色的，差不多是像猫一样，含着他的灵魂的金属的回光，他是像钢铁一样。他可断不可屈，什么对他都不能生影响，既不是叹息，又不是眼泪……自从我爱他以来，我的灵魂受着他的影响而转变了。我变成像他一样地思想，我做他所愿意的事。当在一个反抗的时候，我问他：'那么，你为什么爱我呢？'他阻涩着，踌躇着，然后回答：'谁知道呢？……我们在世上什么也不知道……我不懂这个……'于是我们停留着，沈默而又多思，在我们两个枯干的灵魂无限的怀疑中……"

又是沈默了。没有一个人来打乱它。在薰热又忧①色的夜里，她们互

---

① 原文疑似为"檡色"，由于印刷模糊，编者无法准确判断该字，故将其理解为"慢"，并以其简体字形式"忧"处理。——编者注

相如此深深不同的爱情的回音消隐了下去。……然而她们三人所爱的却只就是一个男子。

失落的信①

安里哥·加思德尔努优

著名的埃及学者，上议院的议员，受过许多勋绶的勋爵，林赛的活动分子，又是无数意大利和外国的社团学会的通信会员的阿谛留·楷尔涅里教授，正在叫他的仆人彭豹纽打开那昨晚从巴图阿运到的两只书箱。

二十年前他在巴图阿的大学里教新拉丁语的，这些书便是当时所搜求拢来的一批书籍的残余者。以后他为了研究探讨的目的，旅行过许多地方，在弗洛伦斯高等学院里和拿波里大学担任讲席，颇有声名，最后政府便聘请他到罗马沙比安查学院去，为他设了一个特别讲座，又给他很高的俸金。

在他迁调的时候，那些书籍有一个时期是寄存在巴图阿他的一个同事家里。当他在弗洛伦斯的时候，楷尔涅里便去运了一部分来；在拿波里的时候，他又去运了一笔回来。现在到了罗马，打算在那里久居，他便决定把最后的两箱书也去运回来。

当然，对于一个最近又搜集了大批书籍，而且首都的各公家、私人图书馆的书，又都可以随时取阅的人，这些书籍是并没有什么绝对的必要的。

我们是生活在一个什么都用汽机来发动的时代……就是学问也如此。今天的真理，明天便会很快地变为谬说了；一部新书常有隔一夜便变为无用的危险。

---

① 该小说的作者为意大利作家安里哥·加思德尔努优（Enrico Castelnuovo，1929—2014），戴望舒于 1935 年 9 月翻译此篇，刊于上海商务印书馆初版的《意大利短篇小说集》。——编者注

可是我们的主人公用精密的证据，证出了前人认为是出源于塞尔特的许多字的语根，实出于芬兰语系的那部专论，却并没有老去。那部虽则篇幅不多，而内容却十分丰富的书，已有了欧洲各国文字的译本，而这渊博的学识，已把我们的这位教授位置到"科学的金字塔的顶上"（这是一位热忱的弟子的话），与最大的当代语言学者乌泊沙拉大学的名教授洛温斯坦并立了。可是不知是否因为金字塔的顶上有两个人并立起来是不舒服的，楷尔涅里和洛温斯坦起初便像两个拼命想把另一个人推下台去的角力人似地争逐着，但是到后来他们觉得他们的争逐是没有用的，于是便将敌意变作友情了。

当然，这两个渊博的学者是两个科学的角斗场上的斗士，可是他们并不相互斗力，却和全世界角逐。如果偶然有一个世人竟敢大胆地起来企图在那出名的金字塔顶上得一个席位，如果能够探测这两位 Chers confreres(亲爱的同辈)——这是他们通信中的称呼——则当能发现他们并不是互相重视的。洛温斯坦是不大相信芬兰语根的，而楷尔涅里也是很不相信洛温斯坦在他印度—波斯研究中的新见解的。

可是我们且把那在辽远的挪威的洛温斯坦按下不表，单说我们这著名的同国人吧。且说在彭豹纽打开书箱来的这一个下午，这位教授还只有四十岁，可是看上去却要老得多。

他的两肩是微微地向下垂，而他的广阔的前额也老早有了皱纹了；他的近视眼是躲在眼镜后面，平时总是半睁半闭的，像是小猫的睡眠。他的头发是稀少而灰白的，他的胡须是散乱不事修饰的，已近乎白色了。在年轻的时候，楷尔涅里是常常修面的，可是后来有时他竟会心不在焉地只把脸儿修了一半，便去上课，毫不在意，况且教授们的"心不在焉"是一向被人当作口碑的，也不用细说。虽则有一次他曾经在波洛涅整个车站上找寻一只他所拿在手里的包裹而竟来不及上车。

心不在焉的人们大都是脾气很好的，可是我们的这个教授却是一个例外。平时他的嘴唇上只有那种学问上的微笑，那是有学问的人听到同僚或世人的谬论而露出来的优胜和怜悯的微笑。在他勉强去应酬的稀有的几场交际中,他总是还远远地站在一旁,害怕地避开了妇女,因为他简直想不出对她们讲些什么话;而那些妇女们呢,也一样地没有什么话可以对他说。可是在五六年前,因为在这世界上丈夫太稀少了,便有许多母亲看中了他,想他做女婿。

所以有一个时期,巴斯多里伯爵夫人竟大胆请他去吃晚饭,希望他娶了她的次女。这位小姐生着一嘴不齐的牙齿,一双没光彩的眼睛,还没有找到一个要她的人。这位当然已受过吩咐的年轻的姑娘,很客气地款待这位教授,亲手为他调制美味的桃酱糕,而且甚至向他表示自己对于芬兰语根颇有兴趣。然而楷尔涅里却没有上钩;他立刻提防起来,缩短了他的拜访时间,而且以后,一脚也不踏进巴斯多里家的门去,一直到那位小姐许给了一个既有了钱财又得到名位的咸鱼进口商才敢上门去。

受过了这一次教训,他便比从前更严格了,格外一点也不作与妇女交际之想了。

每一个人在自己的生活史上,总有被一个女子染成快乐的或是悲哀的秘密的一页的;可是关于楷尔涅里教授,这一页还是空白。至少他的朋友们是这样说的吧;如果他被问起的时候,他也会这样回答的吧,而且他是老老实实地说的。像他那样地一心专注着探讨学术的人,他是把近在手头的东西也忘记了。哦,那辽远的往日,他又何必回忆起来呢?

"天哪!"那开始把书籍从箱子里拿出来的彭豹纽喊着,"天哪,这许多灰尘!"接着他又说:"真的,如果你让我把它们全拿到楼下去,把灰尘拂了,那就要好得多了。"

可是这位教授却竭力反对这种提议。他要亲眼看着他在他书房里弄好。他要在那些书拂去了灰尘之后,亲自把它们放到一架预备好的书橱上去。彭豹纽没有办法,只得依他,便把书一本本地拿出来,把灰尘拂得干干净净,交给他的主人;他便将书名看了一看,放在书橱里。

灰尘飞了满房,遮满了家具,真是无孔不入,使得主仆两人都连连地咳嗽打嚏。"这里有一个蛛网。"彭豹纽拿起一本大书来的时候说。这是一部古代的世界地图,是于斯都思·贝尔代思在高达印行的;那仆人正在拂灰尘的时候,忽然有一个小小的方形的信封,从书页里落到地板上。那信封因为年代久远,已变成黄色的了。

"啊,这是什么?"彭豹纽说,"这倒像是一封信。"于是他放下了地图,要把它拾起来。

可是那位教授已抢先把它拾起,有点茫然地把那封信翻来覆去地看着。无疑地,这是一封信,是他自己写的信,还是封得好好的,邮票上没有打过戳子,地址是他亲笔写的;那生就是一个得许多勋绥的爵士的人,一个拥有道劲有力书法的人。这是一个十分清楚的笔迹,可以断定如果寄出去是一定可以收到的!

"寄弗洛伦斯塞尔维路第二十五号二楼玛丽·梨莎·阿尔达维拉小姐收。"

这个那么不期而然地显在他眼帘前面的名字,把楷尔涅里教授召回到二十年前去,从遗忘的雾中推出一个袅袅婷婷的少女来,容颜娇丽,温柔异常。只为了她,他的心才曾经把持不住过。只为了她,他才曾有一天有一时认真地想娶妻过。以后怎样呢?

那个十分好奇的彭豹纽轻轻地走到那位教授的身边,喃喃地说:"这怎么会夹在这部书里的?"

楷尔涅里急急回过头去:"这里没有你的事。走出去吧。"

"不要我理书了吗?"

"现在不要了。去吧。"

"有什么事了吗?"

"没什么事。如果我要你来,我会按铃的。"

彭豹纽勉强地走了出去。他是怎样也想打听出,这封信为什么会使他的主人那么心烦意乱。

当那仆人走了的时候,那教授便在他的大圈椅上坐了下来,手指战颤着,拆开了那位玛丽·梨莎·阿尔达维拉决不容许他拆的信。这便是一千八百七十五年十月十五日他在巴图阿所写的:

亲爱的小姐——

我刚才接到这道不幸的讣闻,所以赶快写信给你,向你表示我对你的极大的悲伤的真切的同情。去年七月里，我在威尼市得与你父亲和你常常见面，我便是你的对于这尊贵崇高的灵魂的孝敬的见证。

你还记得那天早晨的海上之游吗？我是永远也不会忘记的。我们先去玩圣拉察罗（在那里他居然有兴味地听我讲说那保存在米岂达里斯谛寺院博物馆中的木乃伊）；接着穿过那在里陀岛上的圣伊丽莎白，我们便到那最近建造在那里的浴场上去。你的父亲觉得有点疲倦了，当我们到海滩上去散步的时候，他便和一个朋友留在旅馆里。

那天天气是很温和，太阳的光是被一片片的微云遮淡了，你便把你的红色的绸阳伞收了起来。一片片的小波浪轻轻地拍着那在我们脚下的沙岸，而我们的脚印是印在沙上。你对我说这几年来你父亲的健康已一年不如一年了；你说那些请来的许多医生都说用静养这方法医治，可是终不见效，使你十分担忧，你对我讲他以前是什么事也不瞒的，可是因为十分爱你，不愿将他自己的苦痛对你说出来。越谈越投机的时候，你对我讲你们的快乐的家庭生活，你们的思想上和情感上的完全的融洽，和被忧愁所结住的你们的互相的怜爱——因为一个大家族中，在世界上只剩下你们两个人了。接着，你感情冲动起来，你便不说下去了，眼中满含着眼泪。

我是多么地想说出几句话来啊！我不能表示出我心头所要表示的话。我天生是一个羞怯的人，我承认我很害怕一切妨碍我的研究或是抵触我的习惯的事；可是我那时觉得必然要使你了解，我是多么深切地和你表着同情。我知道我对你讲了无论何时你有事吩咐我，我是无不从命的。当时你的战颤着的手是握在我的手里，你低声地说了一声"多谢"。接着你便一定要回去看你的父亲。

我们走回去的时候，一句话也没有说，可是我觉得我们的心已互相了解了。在一两天之后，你们便离开威尼市了，我竟没有独自和你把晤一次的机会。

现在，小姐，最大的悲哀你已遭逢到了。现在便是你试验你的朋友们的真价值的时候了。

我原是很想亲自到弗洛伦斯来的,可是因为要在本月十九日举行的"东方学者大会"上出席,不得不在几小时之后赶到伦敦去。

开过会之后,我或许要离开欧洲作一次长期旅行。我的行踪,完全依你而定;只要你一句话,我便会回到意大利来。无论如何,十月中我才在伦敦,务望寄我数行,信由邮局存取。请你想一想我也是一个在世上孤零的人,而且孤零的时期比你更长。

你的诚恳的阿谛留·楷尔涅里上

这位教授把这四张信纸从头至尾地读了两遍,不由得不把他写这封信的日子,时刻,地方都回想起来;他竭力想对自己解释:他怎样会把这封信忘记付邮,怎样玛丽·梨莎·阿尔达维拉的长久的沉默会一点也不使他心中起疑。他当时为什么不再写一封信去问个明白。于是他便记起了这些事:

一天早晨,他正在收拾行装,那份讣闻到了,他一味想着他三个月以前在威尼市所认识的,十分信托他的那位少女。他整天踌躇,还是只写一封吊慰的信去呢,还是应该再写一点她使他所引起,而或许她也有的情爱的话。这个玛丽·梨莎并不是一个平凡的女子。她似乎是天生给一个学者做伴侣的。

她可不是做过她父亲的书记吗?她怎样会不能做他自己的书记呢?她学会两三种语言文字,很可以帮助他:为他抄录,为他整理文稿,为他校对书籍,而且当他要去开大会或是作学术的探讨的时候,她又可以替他整理行囊,送他到车站上去;或许有时候她可以伴他同去,为他照理行李车票等麻烦的事,和旅馆主人、马车夫等等人办交涉。想到这里,他便觉得结婚也不是一件那么可怕的事,却像是一个可以躲避暴雨的平静的港口了。于是便在这个晚上,他一连写了好几封信,其中的一封便是写给玛丽·梨莎的:那封信是写得那样地缠绵恳切,连自己也觉得奇怪;就是现在他重读这封婉转情深,异乎寻常的信的时候,也是觉得十分惊奇。

他又想到自己在巴图阿他的寓所的小房间里了:桌上是点着一盏油

灯,在他面前,正摊开着曼开地理图的讲"冈伯西思时代以前之埃及"的那一页。他在回答爱丁堡大学教授莫利逊之前正在检查这幅地图。那位莫利逊坚邀他同去探访埃及南部代白斯的遗迹,他便打算等大会开过之后再去,以便在旅程上校正并扩大在伊达加、阿保洛拿保里斯和谢纳的路线;接着楷尔涅里记起房东太太已叩过他的门,说马车已等在那里,她已经预备把他的行李,他的呢衣和他的阳伞装上去了。他便匆匆忙忙地把那本大地图放到书架上去,匆匆忙忙把他的已经贴好了邮票的那些信塞在衣袋里,匆匆忙忙地跑下楼去,坐在马车上。

由于一种什么奇怪的命运,他竟会把一封信夹在那本大地图里,由于一种什么粗心,他会在把别的信放进邮筒里去的时候,竟没有觉察出少了一封,少了那最重要的一封?这真是这位博学的教授所不能解答的谜。他差不多要发誓。他从未想过他没有寄出这封信;老实说,他记得他还因为自己的鲁莽懊悔了许多天。

他当时为什么不把这件事再仔细盘算一下呢?他为什么用了那一个不能收回的字,去冒那牺牲最大的幸福——自由自在——的危险呢?为什么他要把他整个未来下赌注呢?他是一个场面上的人;如果他接收到玛丽·梨莎的一封允诺的信,他便怎样也不能翻悔了。如果她不答应,他也是自讨一场没趣。

好上帝啊,他究竟发了什么疯了?再则,一个既不美丽又没有一点嫁资的姑娘,至少在两三年内是嫁不出去的,那时他便可以找到看见她,格外了解她的机会,和决定可否的机会。

所以,在伦敦的第一个星期,当那和莫利逊以及一个自告奋勇的海代尔堡的青年教授同往东方旅行的企图热烈的时候,他是手忙脚乱,终日不安,每收到信就要发抖,也不知道自己在希望什么和害怕什么。过了些时,他读着自己的两篇论文,专心于大会的工作,又牵入到那些称颂他为科学世界中的新明星的诸著名学者的圈子里去,于是那个不在眼前的可怜的孤女的影子,便渐渐地淡了,他的心中涌出一种秘密的希望,那就是他从玛丽·梨莎的长久的沉默中重又获得他的自由,并又未受到拒绝的耻辱。

他总记得他已尽了他的责任；他的情分之不受容纳，并不是他的错处。

所以，在十一月初，有一天，他可以借用裘理·该撒的话来说"Alea jacta est"（没有挽回了）。

他同他的同伴们很快地游历过欧洲而到勃林第西，从那里登舟到亚历山大去。他在埃及南部和阿比西尼亚度过了两年，从事研究象形文字和遗墟，作了许多渊博的论文送到欧洲的重要杂志上去发表。从意大利，法兰西，德意志寄来了许多杂志，报章，科学家的信，学会选举票，还有几封巴图阿他的房东太太的讨厌的信。可是弗洛伦斯的玛丽·梨莎·阿尔达维拉，却片纸只字也没得寄来。后来，等到他回家的时候，他差不多已把她完全忘记了。只过了两年，可是在他已抵得上一世纪了，一切事情在他眼前都变成一个模糊暗淡的影子了。所以，当他听说在三个月以前玛丽·梨莎已在西西里的一个孤僻的地方嫁了一个巡检的时候，他心中倒也并不在意了。他需要选择政府给他的各种职司，他需要为《爱丁堡评论》作一篇关于阿西里亚的古迹的论文；他还需要作完那论芬兰和赛尔特的语源的很费力的论文（为了这件事，他已决定丢开旁的一切事情，专心于语言学）。

和那些事比起来，玛丽·梨莎就不算一回事了，而且结婚更是一件麻烦的事了。只是后来在弗洛伦斯的大学聘他为教授的时候，他才有点心神不宁。

假使那位夫人因为丈夫的调任，现在到了都斯干便怎样呢？他应该取什么态度呢？还是冷淡地假做不认得她呢，还是责备她薄情呢？

啊！那位教授不久就破了一切的怀疑了。

玛丽·梨莎·阿尔达维拉吗？阿尔达维拉勋爵的女儿吗？那个嫁给加尔卢岂巡检的女子吗？真可怜！她出嫁后不到十个月，便害了恶性疟疾在西西里死了。

死了！阿谛留·楷尔涅里听了这消息十分难过。这样年轻就死了；

她是可以成为他的妻子的！如果和她结了婚,现在他可不是要度着鳏夫的生涯！啊！玛丽·梨莎没有回信给他,倒实在是好得多了！幸而没有度过夫妇生活,不致养成这个习惯,而现在却要把它打破了！幸而没有和一个妇人住惯了。过惯了夫妇生活的人们,如果没有了妻子,那是多么地难受啊。

总而言之,楷尔涅里会很快地就不悲伤了。接着时间会在那转瞬即逝的往事上蒙了一重厚幕,会使他连玛丽·梨莎的名字也忘记了。

现在,这封夹在古代地图中的旧信,把那些往事都勾引了起来。在这因苦学而衰老,因只顾自身而没有了情感的中年人的眼前,忽然现出一幅青春少女的媚人的景象来,穿着色彩炫目的衣裳,充满了那种不可捉摸的温柔。他紧握着那封可怜的黄色的信纸,好像又看见了玛丽·梨莎柔媚的脸儿。她悲哀地凝视着他,好像对他说:"为什么在我需要的时候,你不写一点同情的话来给我呢?冷冷之交的人也可怜我的不幸;你是曾经使我相信你爱着我的,却一句话也没有,一点也不动情。我也曾写信告诉你过。啊！信任男子的女人实在是不幸的！"

楷尔涅里似乎听到玛丽·梨莎的声音对他说着这些话。

而她却没有听到他的辩解,没有知道真实的情形就死了。这真是,悲哀中之悲哀啊,有冤无处伸,有话无处说,有理无处辩的事。

可是这位严肃的教授所拿在手里的这封信,不仅对他说玛丽·梨莎怀怨着他(其实他并不像她所想的那样无情)而死了,而且还对他说,他的生活中也有过一段诗意的,丰盛的,恋爱的时期过,而这时期却到如今没有开花结实。这种生活是一去而永不能再来了。他的心花是永不能为一个女子而重开了。他的笔端再也不会涌出那在我们看来是冷淡平凡,而在他看来是燃着热爱的辞句来了。他自己问着自己:"假使这封信寄出了,达到了,而玛丽·梨莎又回答说:'我懂得你所希望的是什么,我答应了。我爱你,我愿意做你的人。来吧。'"那么他当然不会去作他的埃及和阿西里亚的长期旅行。他也不会阐明了象形文字或是解释了废墟中的文字。或许他已会有了好几个儿子了。或许家事琐烦,他的名誉不会很快地大起来,他的活跃力也会受了阻碍,更不会得到那么许多的勋章大绶。他或许不会有那关于芬兰语根的大发现,或许现在已有另一个人,占据了他的在科学的金字塔顶上的不可动摇的位子,和乌泊沙拉大学的洛温斯坦并立,如果这些事都真的发生了,像阿谛留·楷尔涅里那样的人,准会以为不把信寄出去好。可是——可是!——一种不断的饥饿的怀疑,总不准他用这种哲学的安慰去平息他的灵魂。牺牲了一点名誉而得到一点爱情,岂不是更好吗?

阿谛留·楷尔涅里没有勇气撕毁这封信。他把它放在抽屉里,把彭豹纽再唤来,想叫他做完了他的没有做完的工作。

可是晚间在他的研究之中,他又忍不住把那二十年前的信拿出来重读。而且以后他每天总要把那可怜的小小的信笺从信封里抽出来读了又读。

接着他又看着信封,看着那个邮局并未打过日期戳的邮票,又喃喃地说:

"只要这封信寄出去就好了!"

四

法 国

邂 逅[①]

斐里泊·苏波

　　他追上了她,接着他痴心地想:他只要在一家店面的陈列窗前站下来就是了;她会挨到他身旁来的。她毫没有举动,却继续走她的路。

　　于是他便决意去和她招呼了。她像分手的最后一段时期一样地刁恶。她假装吃了一惊,说道:

　　"嘿,他们说你已经死了!"

　　这一下,他可难堪极了。如果他是已经死了的话,她也会继续生活着,就好像没有这回事一样。

　　她打扮得很漂亮。他说不明白她所穿着的那件大氅是一件獭皮大氅呢,还是兔子皮的或青羊皮的。他连她披在背上的是哪一种衣服也不知道。他差不多有点懊悔去和她招呼,并且立刻觉得自己在她身边是无足重轻的。他试着和她开玩笑:

　　"呃,呃,看你的神气好像在做什么大事业!"

[①] 该小说的作者为法国作家斐里泊(Charles-Louis Philippe,1897—1990),戴望舒于1936 年 5 月翻译此篇,刊于《国闻周报》第13 卷第17 期。——编者注

"真的,你要求离婚这件事真做得好。这样一来我倒一帆风顺了。"

一时之间,他像一个傻子似的在她身旁走着。他好像在跟着她,她却并不怂恿他这样做;他好像是一个刚才在路上碰到一个女人而盯住她找麻烦的男子。而当他问她"你近来怎样"的时候,她一边走路一边说:

"你是看见的,我在这里走路。"

他们便这样地走到了巴斯谛广场。在人行道中,他应该靠左面穿过去到车站上去乘他的火车。她向他指了一指左面,说道:

"我呢,我向那边走。"

在和他分手的时候,她出于礼貌地站住了。她有点矜夸地向他表示她是很有教养的。他不知道如何向她道别。她可能会去讲给别人听,说他曾经盯在她后面,说她叱退了他。一个咖啡店是在他们前面,为了要使她不能这样地去夸口,他才提议道:

"如果你不太忙的话,我们倒可以进去坐一会儿。"

她笑了起来,想了一想,终于高声说道:

"我很愿意,因为这倒也很有趣。"

他们走了进去。他们面对面坐了下来。他们等侍者送上金鸡纳酒来。酒送上来了。

这时,一个奇特的事情出来了。特别是那女人,她是料想不到的。那男子立刻在他的舌头下面找到了他从前对她所用的那些字眼。当他在他的办公室中度过了下午之后,每天晚上六点钟回家去的时候,他习惯总是这样问着她和她招呼的:"那么?"这意思是说:那么当我不在的时候有什么事吗?他们有八年没有见面了。当他张开嘴来的时候,这两个字便脱口而出了:

"那么?"

平常,他是从来也不对另一个女人用这两个字眼的。

在听出了这两个熟稔的字眼的时候,她不禁微笑起来,微微点了点头。

在她呢,她也发生了一件类似的奇事。从前当他出门去的时候,她惯常总把他从头到脚地看一遍,接着便去改正他的衣饰上的毛病。如果她不去留意,他便老是马马虎虎的了。不由自主地,她的目光把他上上下下地打量了一番,接着她说道:

"我看出你还没有能够学会打你的领结。呃,你向桌子弯倒一点。我来替你打领结。"

他笑了,这倒是真的。他随随便便地戴着领结。他弯身下去,她很细心地替他打好了领结。接着他便在咖啡店中的镜子里一照,于是她便又笑着说:

"是啊,这真是很奇怪。看见你衣服穿得这样马虎,就是现在也还使我不舒服。"

他们已不复感到任何窘迫的感觉了。

他把自己在这八年中的遭遇都讲给了她听,好像他从前把他在下午中所遇到的事讲给她听一样。

他在离婚之后一年又结了婚。他有两个男孩子,两个女孩子。大女孩子是六岁,第二个女孩子是五岁。他一直有着他的职业。他住在圣芒德。当他碰到她的时候,他正要到梵珊的火车站中去乘火车。当他讲完了这些的时候,他便是把他的全部生涯讲出来了。他缄默了。

这总之还是奇怪的。他愈望着她,他便愈看出他是从来也没有好好地看过她。从他们结婚的时候起,他一径以为她的眼睛是青色的。自从离婚以来,当他想到她的时候,他不懂为什么他想象她是生着一双灰色的,鲜灰色的眼睛,一双美丽的眼睛。的确,人们觉得她并不愚蠢。他把他的意见告诉了她。她笑着说:

"你瞧你从来就没有了解我过。"

她对于他的一切遭遇都发生兴趣。为要得到一个更正确一点的观念起见,她问:

"那么你的太太呢,她是怎样的一个人?"

他终于这样回答她了。

"你要我对你说吗,阿丽思?一个人是只有一个太太的:那就是第一个太太。后来他又另娶了一个，无非是为了烧菜和养孩子罢了。"

在说了这几句话之后，他是多么地悲哀啊！如果她以前肯的话，他们会多么幸福啊！他提起了这番话。他说：

"啊！你从前为什么那么地欺骗我？"

在这清楚地认识她，并在他们共同生活的最后一段时期注意到她是执迷不悟，注意到她老是硬说自己有理的他看来，这真是怪事。她柔和而爽直地回答他：

"你要怎样呢？那时候我要比现在小八岁。一个人年轻的时候总有一股傻劲儿的。"

她很和蔼，正像他们初结婚的那一段时期一样。那时她的心很好，人们老可以利用她的柔软心肠控制她。他问她道：

"你没有对我说过你在这八年之中做些什么啊？"

她回答说：

"我可怜的朋友，你会不愿意我对你讲的。一个离了婚的女子能做些什么，你总很知道吧。"

于是他对她说：

"阿丽思，那使我还不难堪的，就是你并不陷于贫困之境中。"

在咖啡店的桌子的两端，他们是两个很悲哀的好朋友。她向他道歉：

"你走上前来对我说话的时候我得罪了你，这件事请你不要怀恨于我。我摆了摆架子。的确，我还是不回答你好得多。你瞧，我们都错了。现在，在互相想念起来的时候，我们都要不幸了。"

他们没有时间再多谈下去。咖啡店里的钟终于标记着七点半了。她不愿意给他做一个纠葛的主因。她说：

"我不留你了，保罗，你太太会着急了。"

他回答：

"啊！是的，那可怜的女人，如果她知道我今天晚上所想的是什么，那么她真要更着急了。"

他们握着手，好像是两个在生活之中没有机会的可怜的同伴。

斐里泊（Charles-Louis Philippe）生于一八七四年，殁于一九〇九年，是法兰西现代文艺复兴中的中坚分子。他的作品常常是他的生活的历史，永远是他的思想的历史。他出身于贫寒之家，所以他想把贫苦人的写照移到文学中来。这个愿望，我们可以从他的名作《蒙巴拿斯的标标》(*Bubu de Montparnasse*，一九〇〇)，《玛丽·陀拿狄》(*Marie Donadieu*，一九〇四)，《查理·勃朗沙尔》(*Charles Blanchard*)等中看到它的完成。然而他的最好的作品却并不是他的长篇小说，而是回忆和短篇小品这一类不以结构而以文字见长的作品。以冲淡的笔墨写平凡的生活，日常的小欢乐小悲哀，这便是他的能事。《母与子》("La Mere et l'Enfant")，《早晨的故事》("Contes du Matin")等便是这一类的作品。这里的这篇《邂逅》，便是从《早晨的故事》中译出的，读者想能够窥见他的作风吧。

译者附记

旧 事①

路易·艾蒙

脸上带着勉强诚心的微笑，他们从咖啡店的小圆桌上互相望着；虽则他们在相逢的最初的惊讶中，已不假思索地又用了那种"你，你"的亲切称呼，他们却实在也找不出什么可以谈谈的话。

把手搁在分开着的脚膝上，挺直了肚子，谛波漫不经心地说：

"你这老合盖！你瞧！我们又碰头了！"

那个交叉着两腿，耸着背脊，缩在自己的椅子上的合盖，用一种疲倦的声音回答：

---

① 该小说的作者为法国作家路易·艾蒙（Louis Hémon，1880—1913），戴望舒于1934年5月翻译此篇，发表于上海天马书店出版的《法兰西现代短篇集》。
　　——编者注

"是呀……是呀……我们已经有十五年没有见面了,可不是吗？十五年！真长远了！"

当他们说完了这话的时候,他们一齐移开了他们的眼光,凝望着人行道上的过路人。

谛波想着："这家伙的神气好像不是天天吃饱饭似的！"

合盖偷看着他的旧伴侣的饱满的面色,于是他的瘦脸上便不由自主地显出了苦痛的形相。

大街上还有雨水的光闪耀着；可是云却已慢慢地飞散了,露出了一片傍晚的苍白的天空。在那在房屋之间浓厚起来的暗黑的那一边,我们几乎可以用肉眼追随那竭力离开大地的悲哀的表面,而钻到天空里去的消逝的残光。

隔着那张大理石面的小桌子,那两个男子继续交换着那些漫不经心的呼唤：

"你这老合盖！""你这老谛波！"

他们于是又移开了他们的目光。

现在,夜已经降下来了。在咖啡店的热光里,他们无拘无束地,差不多是兴奋地谈着。他们在他们的记忆中把那些他们从前所认识的人,又一个个地勾引起来；每一个共同的回忆使他们格外接近一点,好像他们是一同年轻起来似的。

"某人吗？在某地成了家,立了业……做生意……做官……某人吗？娶了一个有钱的大太,妆奁真不少,和他的岳家住在一起,在都兰……'小东西'吗？也嫁了,不知道是嫁给谁……她的弟弟吗？失踪了。没有人听说过他的消灭……"

"还有那个马家的小姑娘……"谛波说,"你还记得马家的那个小姑娘吗？……丽德……我们在暑假总和她在一起的。她已经死了；你知道这回事吗？"

"我早知道了。"合盖说,于是他们又缄默了。

大理石面的桌上碟子的相碰声,人语声,脚步声,大街上的喧嚣声：这些声音,他们一点也听不见了;他们不复互相看见了。一个回忆已把一切都扫除得干干净净;这是一个那么真实那么动人的回忆;从这回忆走出来的时候,人们便像走出一个梦似地伸着懒腰。一个大花园的,一个有孩子们在玩着的,浴着日光围着树木的草地的回忆……在那片草地上,有时他们有许多孩子,一大群的孩子,男孩子女孩子都有;有时却只有他们两三个人。可是那个丽德,那个小丽德,都老是在着的。丽德不在场的那些日子,是决不值得回想起的……

谛波机械地拂着他膝上的灰尘说道:

"马家在那边的那个别墅真美丽。他们总是在七月十三日从巴黎到来,到十月里才回去的。你呢,你常在巴黎看见他们! 可是我们这种乡下人呢,我们只每年看见他们三个月。

"现在什么也都卖掉了,而且改变得连你认也认不出来了。当丽德死的时候,可不是吗,什么都弄得颠颠倒倒的了。在她嫁了人以后,你恐怕没有看见她过吧,因为她住到南方去了。她变得那么快,她从前是那么地漂亮的,可是当她最后一次来到那里的时候……"

"别说啦!"合盖突然做了一个手势说,"我……我宁愿不知道好……"

在他往日的伴侣的惊愕的目光之下,他的苍白的脸儿上稍稍起了一点儿红晕。

"总是那么一回事。"他说,"我们从前所认识的女人们,小姑娘或是少女,而后来又看见她们嫁了人,或许生了儿女,那当然是完全改变了的。如果是别一个人,那是与我毫不相干的,可是丽德……我从来没有再看见她一次过,我宁愿不知道好。"

谛波继续凝看着他,于是,在他的胖胖的脸儿上,那惊愕的神色渐渐地消隐下去,把地位让给了另一种差不多是悲痛的表情。

"是的!"他低声说,"那倒是真的,她和别人不同,那丽德! 她有点儿……"

这两个人静默地坐着,回到他们的回忆中去了。

那花园! ……那灰色的石屋;后面的那两棵大树,和在那两棵大树之间的草地！草地上的草很长,从来没有人去剪。人们在那草地上追斑鸠。
还有那太阳！在这时候那里是老有着太阳的。孩子们从沿着屋子的那条
小路去到那花园里去,或是小心又急促地一级一级地走下阶坡,然后使劲
地跑到那片草地上去。一到了那边,便百无禁忌了。人们好像走进了一
个四面都有墙、树和那似乎在自己旁边的各种神仙等等所守护着的仙国
中,便呼喊起来,奔跑起来;这是一种庆祝自由和太阳的沉醉的舞蹈,接着
丽德站住了,认真地说：

"现在,我们来玩！"

丽德……她戴着一顶大草帽;这大草帽在她的眼睛上投着一个影子,
而当人们对她说话,对她说那些似乎是非常重要的孩子话的时候,人们便
走到她身边去,走得很近,稍稍把身子弯倒一点,又伸长了脖子,这样可以
把她的那张遮在影子里的脸儿看得清楚一点。当她突然严肃起来的时
候,便呆住了,向她伸出手去,看她是不是真的发了脾气;而当她笑起来的
时候,她便有了一个预备做叫人喜从天降的事的仙子的又有点儿神秘又
温柔的神气。

人们玩着种种的好玩的游戏;那游戏中有公主和王后,而那公主或王
后,那当然是丽德。她终于不再推拒地接受了人们老送给她的那称号。
她围着一大群的宫女;为怕那些宫女们嫉妒起见,她非常宠幸她们。有时
候她柔和地强迫那些男孩子去玩那些"女孩子"的游戏,他们所轻蔑的循
环舞和唱歌。起初,他们手挽着手转着圈子,脸上显出不乐意和嘲笑的神
气。可是,因为尽望着那站在圈子中央的丽德,望着她的大草帽的影子中
的皎白的脸儿,她柔和地发着光的眼睛,她的好像噘嘴似地在唱着古歌的
嘴唇,他们便慢慢地停止了他们的嘲笑,一边盯住她看,一边也唱着：

> 我们不再到树林里去
>
> 月桂树已经砍了,
>
> 那里的美人儿……

他们分散了,他们老去了,他们之中有许多人没有重逢过。可是,那

在许多年以后重逢到的人们,却只要说一个名字,就可以一同勾引起那些逝去的年华和他们的青春的扑鼻的香味,就可以重新见到那个在屋子和幽暗的大树之间,在映着阳光的草地上朝见群臣的,妙目玲珑的小姑娘。

谛波叹了一口气,好像对自己说话似地低声说:

"人类的心真是一个怪东西!你瞧我,现在我已结了婚,做了家长!呃!在我想起了我们都还年轻的时代的那个小姑娘的时候,我便一下子又会想起了人们在十六岁的时候想起的那些傻事情:伟大的感情,堂皇的字眼,只有在书里看得到的那些故事。这些都是没有意思的;可是,只要一想到她,那便好像看见了她,于是那些东西便又回到你的头脑里来,简直好像是了不起的东西似的!"

他缄默了一会儿,好奇地望着他的伴侣说道:

"你!你准比我看见她的次数多,我可以打赌说那时候你有点恋爱她。是吗?"

合盖把肘子搁在膝上,身子向桌子弯过去,望着他的杯子的底。沉默了一会儿之后,他慢慢地回答:

"我既没有结婚,也没有做家长,你十六岁时所常常想起,而明智的人们接着便忘记了的那些事情,我却永远也没有忘记。

"是的,正如你所说似的,我曾经恋爱过丽德。现在,就是别人知道也不要紧了。别人所永远不会知道的,便是以前这事对于我的意义,以及它现在对于我的意义。在她只是一个小女孩子而我也只是一个小男孩的时候,我恋爱她;我们的父母一定是猜出这情形而当笑话讲。在她变成一个少女而我也变成了一个少年的时候,我恋爱她;可是那时却一个人也不知道。以后,在这些年头中,一直到她去世和她死后,我还那么地恋爱她;如果我要说出这种话来,人们是会弄得莫名其妙的。

"孩子的恋爱只能算是开玩笑,少年的热情的恋爱也不能当真。一个如世人一样的男子从那里经过,受一点苦,老一点,接着终于把那些事丢开了,而认真地踏进了人生之路。但是并不完全和世人一样的男子却也有,他并不走得很远。对于这种人,儿时和少年的小小的恋爱事件,却永远不变成人们所笑的那些东西:那是些镶嵌在他们生活之中的雕像,像龛子里的圣像一样,像涂着柔和的颜色的圣人的雕像一样;当人们沿着悲哀的大墙什么也找不到的时候,他们以后便又加到那里去。

"我以前老是远远地,胆怯地,怕见人地爱着丽德。在她嫁了人又走了的时候,这在我总之是毫无改变。我的生活那时只不过刚开始,那是一个艰苦的生活:我应该奋斗挣扎,我没有回忆的时间。再则,我那时还很年轻,我期待在未来会有各种神奇的事物……好多年过去了……我听到了她去世的消息……又是几年过去了,于是有一天我懂得了我从前所期待的东西,是永远不会来了;我懂得我所能希望的一切,只不过是另一些悲哀而艰苦的刻板的岁月而已:一种没有光荣,没有欢乐,没有任何高贵或温柔的东西的,长期而凄凉的战斗;只是混饭而已;而我却把我的整个青春,把几乎一切的生气,都虚掷在那骚乱中了。

"我感觉到我以后永远也不会恋爱了。在生活下去的时候,我只剩了一颗可怜的心了;就是这颗心,也还一天天地紧闭下去。你所说的那些伟大的情感,堂皇的字眼,许多人们所一点也没有遗憾任其死去的那一切东西,我觉得它们也渐渐地离开我;这便是最艰难的。我回想着往日的我,回想着我往日所期望的东西,我往日所相信的东西;想到这些都已经完了,想到不久我或许甚至回忆也不能回忆了,那简直就像是一个在第二次的死以前很长久的,第一次的可憎的死。我感觉到我以后永远也不会再恋爱……

"在那个时候,丽德的记忆才回到我心头来;那个戴着遮住眼睛的大草帽的,很幼小的丽德;那个和我们一起在那草地上玩耍的,态度像一个温柔的郡主的丽德;接着是那个长大了,成人了,温柔淑雅,而又保持着显得她永远怀着童心的那种态度的丽德。于是我对我自己说,我至少在许久以前曾经恋爱过一次,在我能回想起这些来的时候,我总还可以算得没有虚度此生。

"她属于我,像属于任何人一样,因为她已经死了!我退了回来,我重新再走往日的旧路,又拾起那些已经消逝的回忆,我对于她的一切回忆——许许多多的小事情，如果我把这些小事情说出来，人们是会当笑话的——而每晚当我独自的时候，我便一件件地重温着，只怕忘记了一件。我差不多记得她的每一个动作和每一句话，我记得她的手的接触，我记得她的被一阵风吹来而拂在我脸上的头发，我记得只有我们两人而我们互相讲着故事的那一天；我记得她的贴对着我的形影，她的神秘的声音。

"我晚间回家去；我坐在我的桌子边，手捧着头；我把她的名字念了五六遍，于是她便来了……有时候，我所看见的是一个少女，她的脸儿，她的眼睛，她微笑着伸出手来用一种很轻的声音慢慢地说'日安'的那种态度……有时候是一个小姑娘，在花园里和我们一起玩耍的那个小姑娘；这小姑娘使人预感到人生是一件阳光灿烂的东西，世界是一个光荣而温柔的仙境，因为她是这世界上的一分子，因为人们在循环舞中和她携手……

"可是，不论是小姑娘或是少女，她一到来，便什么也都改变了，在对于她的记忆的面前，我又发现了我往日的战栗，怀在胸头的崇高的烧炙，使人热烈地去生活的灵视的大饥饿，和那也变成宝贵了的可笑而动人的一切小弱点，岁月消逝了，鳞甲脱落了，我的活泼的青春回了转来，心的整个火热的生活重新开始了。

"有时她姗姗来迟，于是我便起了一个大恐怖。我对自己说：这可完了！ 我太老了；我的生活太丑太艰苦，我现在一点什么也不剩了。我还能回忆她，可是我不再看见她……

"于是我用手托着头，闭了眼睛，我对我自己唱着那老旧的循环舞曲：

> 我们不再到树林里去
>
> 月桂树已经砍了，
>
> 那里的美人儿……

"如果别人听到了，他们真会笑倒了呢！ 可是那'那里的美人儿'却懂得我，她却不笑。她懂得我，小小的手里握着我的青春，从神魔的过去中走了出来。"

路易·艾蒙(Louis Hémon)于一八八〇年生于勃莱斯特(Brest)。一九〇三年至一九一一年,他旅居在英国。接着他到加拿大去,在蒙特富阿尔(Montréal)和贝特彭加(Péribonka)住了两年。在一九一三年,他在翁达留(Ontario)小城的车站中为火车轧死,享年三十有三。

使他在法国文坛上一举成名的是他的以加拿大生活为题材的长篇小说《玛丽亚·沙德莱纳》(Maria Chapdelaine),然而,这已是他身后之事了。这篇小说先是在《时报》(Le Temps)上逐日发表的(一九一四年),起初并不受人注意,及至在格拉赛书店(Bernard Grasset)印成单行本出版后,始声誉鹊起,行销至六十余万册之多,造成法国出版界的一个空前的记录。

除了 Maria Chapdelaine 以外,他的作品尚有《那里的美人》(La belle que voilà),《拳师猛马龙》(Battling malone pugiliste),《捉迷藏》(Colin Maillard),《里波及其奈美西思》(M. Ripl's et sa Nemesis)等等,均有名。惜乎早丧,否则在今日法国文坛,必占首要地位。

《旧事》原名 "La belle que voilà",系自同名的短篇小说集中译出。收在 La belle que voilà 这一个集子中的,都是艾蒙旅居英国时所写的短篇小说(一九〇四—一九一一),大都以伦敦生活为题材;《旧事》一篇独异,背景、人物、手法均是法国性的,故特译出。

译者附记

五

西班牙

醉男醉女①
维桑岱·勃拉思戈·伊巴涅思

一

在伐朗西亚的整个平原上,从古莱拉到刹公特,没有一个村庄上的人不认识他。

他的风笛声一起,孩子们便连蹦带跳地跑过来,妇女们高兴地你喊着我,我喊着你,男子们也离开了酒店。

于是他便鼓起双颊,眼睛漠然地瞪视着天空,在以偶像般的漠不关心的态度来接受的喝彩声中,毫不放松地吹将起来。他的那支完全裂开了的旧风笛,也和他一起分享大众的赞赏;这支风笛只要不滚落在草堆中或小酒店的桌子底下,人们便看见它老是在他的腋下,就像老天爷在过度的

---

① 该小说的作者为西班牙作家维桑岱·勃拉思戈·伊巴涅思(Vicente Blasco Ibáñez,1867—1928)。1928年12月,由戴望舒从法译本《西班牙的爱与死的故事》中选译而出,刊于上海光华书局出版的小说译集《醉男醉女》。该小说又称《提莫尼》。——编者注

音乐癖中给他多创造了一个新的肢体。

妇女们起先嘲笑着这无赖汉，最后觉得他是美好的了。高大，强壮，圆圆的头颅，高高的额角，短短的头发，骄傲地弯曲着的鼻子，使人看了他的平静而又庄严的脸，不由得会想起古罗马的贵族来：当然不是在风俗纯朴时代的，像斯巴达人一样地生活着，还在马尔斯竞技场上锻炼体格的罗马贵族，而是那些衰颓时期的，由于狂饮大嚼而损坏了种族遗传的美点的罗马贵族。

提莫尼是一个酒徒：他的惊人的天才是很出名的（因此他得到了"提莫尼①"这个绰号），可是他的可怕的酗酒却更加出名。

他在一切喜庆场合中都是有份儿的。人们老是看见他静悄悄地来到，昂着头，将风笛挟在腋下，后面跟着一个小鼓手——一个从路上拾来的顽童——他的后脑上的头发已经光秃秃了。因为只要他打鼓稍微打错一点，提莫尼就毫不留情地拔他的头发。等到这个顽童厌倦了这种生活而离开他的师傅，他已经跟他的师傅一样变成了一个酒徒。

提莫尼当然是省里最好的风笛手，可是他一踏进村庄，你就得看守着他，用木棒去威吓他，非等迎神赛会结束不准他进酒店去；或者，假如你拗不过他，你便跟着他，这样可以制止他每次伸出来抢那尖嘴小酒壶倾壶而饮的手臂。这一切的预防往往是无效的；因为事情不只一次了，当提莫尼在教会的旗帜之前挺身严肃地走着的时候，他会在小酒店的橄榄树枝前突然吹起《皇家进行曲》来，冲破了主保圣人②的像回寺院时的悲哀的 De Profundis③，来引坏那些信徒。

这个改变不好的流浪人的自由散漫作风却很得人们的欢心。一大群儿童翻着筋斗拥在他周围。那些老孩子取笑他在总司铎的十字架前行走时的那副神气：他们远远地拿一杯酒给他看，他总用一种狡猾的眯眼来回

---

① 提莫尼 Dimoni 是从 demonio（魔鬼）一字变化出来，用作一个音乐家的绰号，说他奏乐之妙，如被魔法。——译者注
② 主保圣人是天主教里保护某一地区的守护神。——译者注
③ De Profundis 是为死者所祈祷的哀歌。——译者注

答这种盛情,这种眹眼似乎在说:留着"等会儿"来喝。

这"等会儿"在提莫尼是一个好时光,因为那时赛会已经完毕,他已从一切监视中解放出来,最后可以享受他的自由了。他大模大样地坐在酒店里,在漆成暗红颜色的小桶边,在铅皮桌子间。他快乐地闻嗅着在柜台上很脏的木棚后面放着的油,大蒜,鳖鱼,油煎沙丁鱼的香味,贪馋地看着挂在梁上的一串串的香肠,一串串停着苍蝇的熏过的腊肠,还有灌肠和那些洒着粗红胡椒粉的火腿。

酒店女主人对于一个有那样多的赞赏者跟着她,使她斟酒都忙不过来的主顾是十分欢迎的。一股很浓的粗羊毛和汗水的气味散布在空气中,而且在冒着黑烟的煤油灯的光线里,人们可以看见有很大的一大堆人:有的坐在矮凳上,有的蹲在地上,用有力的手掌托着他们的似乎要笑脱了骱的大下巴。

大众的目光都盯在提莫尼的身上:"老婆子! 吹个老婆子!"于是他便用风笛模仿起两个老妇人的带着鼻音的对话来;他吹得那么滑稽,使得笑声不绝地震动着墙壁,把邻院的马也惊得嘶鸣起来,凑合这一场喧闹。

人们随后要求他模仿"醉女",那个从这村走到那村,出卖手帕,而将她的收入都花在烧酒上的"一无所有"的女子。最有趣的乃是她逢场必到,而且第一个爆发出笑来的也总是她。

滑稽节目完毕以后,提莫尼便在他的沉默而惊服的群众面前任意地吹弄,模仿着瓦雀的啁啾声,微风下麦子的低语声,遥远的钟鸣声,以及他前一夜酒醉之后不知怎样竟睡在旷野里,当下午醒来时,一切打动他的想象力的声音。

这个天才的流浪人是一个沉默的人,他从来不谈起他自己。人们只有从大众的传闻中知道他是倍尼各法尔人,他在那儿有一所破屋子,因为连四个铜子的价钱都没有人肯出,他还将那所破屋子保留着没卖掉;人们还知道他在几年中喝完了他母亲的遗产:两条驴子,一辆货车和六块地。工作呢? 完全用不着! 在有风笛的日子里,他是永不会缺少面包的! 当赛会完毕,吹过乐器又喝了一个通夜后,他便像一堆烂泥似的倒在酒店角落里,或是在田野中的一堆干草上;他睡得像一个王子一样;而且他的无赖的小鼓手,也喝得像他一样地醉,像一头好狗似的睡在他脚边。

二

从来没有人知道那遇合是怎样发生的;但是可以肯定的是的确有这么回事。一个晚上,这两个漂泊在酒精的烟雾中的星宿,提莫尼和那醉女遇到一块了……

他们的酒徒的友情最后变成了爱情,于是他们便将自己的幸福藏到倍尼各法尔那座破旧的屋子里去;那里他们在夜间贴地而卧,他们从长着野草的屋顶的破洞中窥望着星星在狡猾地眨眼。大风雨的夜间,他们不得不逃避了,像在旷野上似的,他们给雨从这个房间赶到那个房间,最后才在牲口棚里找到一个小小的角落,在尘埃和蛛网之间,产生了他们的爱情的春天。

从儿童时代起,提莫尼只爱酒和他的风笛;忽然到了二十八岁的时候,他失去了没有感觉的酒徒所特有的操守,在那醉女,在那个可怕而肮脏的,虽然被燃烧着她的酒精弄得又干又黑,却像一条紧张的琴弦般地热情而颤动的丑妇人的怀中,尝到了从前没有尝过的乐趣! 他们从此不离开了;在大路上,他们也纯朴地像狗一样公然互相抚爱着;而且有好多次,他们到举行赛会的村庄去的时候,他们逃到田野里,恰巧在那紧要关头,被几个车夫所瞥见而围绕着他们狂呼大笑起来。酒和爱情养胖了提莫尼;他吃得饱饱的,穿得暖暖的,平静而满意地在那醉女的身边走着。可是她呢,却越来越干,越来越黑了,一心只想着服侍他,到处伴着他。人们甚至看见她在迎神赛会的行列前也在他的身边;她不怕冷言冷语,她向着所有的妇女射出敌对的眼光。

有一天,在一个迎神赛会中,人们看见醉女的肚子大了,他们不禁笑倒了。提莫尼凯旋似地走着,昂着头,风笛高高矗起,像一个极大的鼻子;在他的身边,顽童打着鼓,在另一边,醉女得意洋洋地映着肚子蹒跚着,她那很大的肚子就像第二面小鼓；大肚子的重量使她行走缓慢，还使她步履蹒跚，而且她的裙子也不敬地往前翘了起来，露出了她那双在旧鞋子里摆动着的肿胀的脚，和两条漆黑、干瘦而又肮脏的腿，正像一副打动着的鼓槌。

这是一件丑事，一件渎神的事！……村庄里的教士劝告这位音乐家道：

"可是，大魔鬼，既然这个女流氓甚至在迎神赛会中也固执着要跟你一起走，你们至少也得结个婚吧。我们可以负责供给你必要的证书。"

他嘴里老是说着"是"，可是心里却给它个置之不理。结婚！那才滑稽呢！大伙儿见了可要笑坏了！不行，还是维持老样子吧。

随他怎样顽固，人们总不把他从赛会中除名，因为他是本地最好的，又是取价最低廉的风笛手；可是人们却剥夺了他的一切与职业有关的光荣：人家不准他再在教堂执事的桌上进食了，也不准他再领圣体，还禁止他们这一对邪教的男女走进教堂。

三

醉女没有做成母亲。人们得从她的发烧的肚子里把婴儿一块块地取出来；随后那可怜的不幸者便在提莫尼的惊恐的眼前死去。他看着她既没有痛苦，也没有痉挛地死去，不知道自己的伴侣是永远地去了呢或者只是刚睡着了，如同空酒瓶滚在她脚边的时候一样。

这件事情传了出去；倍尼各法尔的那些好管闲事的妇女都聚集在那所破屋门前，远远地观望那躺在穷人的棺材里的醉女和那在她旁边的，蹲在地上号哭着，像一头沉郁的牛似的低倒了头的提莫尼。

村庄上任何人都不屑进去。在死人的家里只看见六个提莫尼的朋友——衣服褴褛的乞丐，像他一样的酒鬼，还有那个倍尼各法尔的掘墓工人。

他们守着死人过夜，每隔两点钟轮流着去敲酒店的门，盛满一个很大的酒器。当阳光从屋顶的裂缝照进来的时候,他们一齐在死人的周围醒了过来,大家都直挺在地上,正像他们在礼拜日的夜间从酒店里出来倒卧在草堆上的时候一样。

大家一齐恸哭着。想想看,那个可怜的女子在穷人的棺材中平静得好像睡熟了一般,再不能起来要求她自己的一份儿了吧! 哦,生命是多么不值钱啊! 这也就是我们大家的下场啊。他们哭得那么长久,甚至在他们伴着死者到墓地去的时候,他们的悲哀和醉意都还没有消失。

全村的人都来远远地参加这个葬仪。有些人瞧着这么滑稽的场面而狂笑。提莫尼的朋友们肩上扛了棺材走着,耸呀耸的使那木盒子狂暴地摆动得像一只折了桅杆的破船。提莫尼跟在后面走着,腋下挟着他那离不开的乐器,看他的神色老是像一条因为头上刚受到了狠狠的一击,而快要死去的牛。

那些顽童在棺材的周围叫呀跳的,仿佛这是一个节日似的;有些人在暗笑,断定那养孩子的故事是个笑话,而醉女之死也只是为了烧酒喝得太多的缘故。

提莫尼的大滴的眼泪也使人发笑,啊! 这个该死的流氓! 他隔夜的酒意还没有消失,而他的眼泪也无非是从他眼睛里流出来的酒……

人们看见他从墓地回来(为了可怜他,才准他在那里埋葬这“女流氓”),然后陪他的朋友们和掘墓工人一道走进酒店去……

从此以后提莫尼不再是从前的那个人了:他变得消瘦,褴褛,污秽,又渐渐地给烧酒淘坏了身子……

永别了,那些光荣的行旅,酒店中的凯旋,广场上的良夜幽情曲,迎神赛会中的激昂的音乐! 他不愿再走出倍尼各法尔,或是在赛会中吹笛了;最后连他的鼓手也给打发走啦,因为一看见他就有气。

也许在他的凄郁的梦中,看见那个怀孕的醉女的时候,他曾经想到以后会有一个生着无赖汉的头脑的顽童,一个小提莫尼,打着一面小鼓,合着他风笛的颤动的音阶吧?……可是现在,只剩下他一个人了! 他认识过爱情而重又坠入了一个更坏的境遇;他认识过幸福而又认识了失望;这是他在未认识醉女前所不知道的两样东西。

在有日光照耀的时候,他像一只猫头鹰似的躲在家里。在暮色降临时,他像小偷似的溜出村庄,从一个墙缺口溜进墓地,当那些迟归的农夫荷着锄头回家的时候,他们听到一缕微细、温柔而又缠绵的音乐,这缕音乐似乎是从坟墓里出来的。

"提莫尼,是你吗?……"

这位音乐家听到那些以向他问讯来消除自己的恐怖的迷信者的喊声后,便默不作声了。

过后,等到脚步走远而夜的沉寂又重来统治的时候,音乐又响了,悲哀得好像一阵惨哭,好像一个孩子的呜咽,在呼唤他的永远不会回来的母亲的时候那样……

十足的男子①

盖尔·德·乌拿莫诺

鸠利的出众的美丽,在南娜达古城附近,几乎是远近皆知了;鸠利可以说是这城里的一件公有物,是这都会的建筑上的宝藏之外的特有的名胜,新鲜而充满生命。"我要到南娜达去,"人们常说,"去看教堂和鸠利·严耐兹。"在这位美丽的女子的眼睛深处,似乎存着一种未来的悲剧的预兆。她的举止使望着她的人充满一种不安。当老人们看见她独自走过,引起路人所有的目光时,他们就要叹息;当年轻的人看见她时,他们夜间就要比平常睡迟。她完全晓得自己的魔力,她自己也觉出有一个悲惨的将来,悬在她的眼前。一个从她的良心里发出来的亲近而秘密的声音,仿佛常常对她说:"你的美丽将要成为你自己的大害!"因此,她便想各种的

---

① 该小说的作者为西班牙作家盖尔·德·乌拿莫诺(Miguel de Unamuno,1864—1936)。戴望舒于 1936 年 9 月翻译此篇,刊于上海商务印书馆初版的《西班牙短篇小说集》。——编者注

方法使她的心避开这恶兆。

这位地方美人的父亲维克多林诺·严耐兹,以前很有些不清楚的名誉,但他竟把他的经济的挽救的最后的希望,完全放在他的女儿身上了。他很爱做生意,但这些经营总是愈来愈糟。他的女儿就是他的最后的财政上的希望——他的最后的一张牌。他也有一个儿子,但他已经有很久的日子没有听见他的消息了,因此只好认命罢了。

"鸠利现在是我们最后所剩的了,"他常爱这样对他的妻子说,"一切都要靠她所做的或我们替她安排的这次结婚了。假如她要蹈一个愚蠢的自误,我们就完了,我非常怕她这样。"

"你所说的'愚蠢的自误'是什么意思?"

"真是蠢话。我告诉你罢,安娜克莱达,你简直一点常识都没有……"

"这也不是我的错处啊,维克多林诺。你既是这家里的唯一有见识的人,你就得时时指示我才行。"

"哼,现在最要紧的,我已经告诉你一百遍了,就是必须监视着鸠利,警告她不要坠入那愚蠢的恋爱——本地有许多年轻的姑娘,都是在这上面失去她们的时间、面子,甚至健康。你应该禁止她和那些无聊的学生们吊膀子。"

"但是我应该怎样办呢?"

"真的,你可以叫她明白,我们的将来,我们的双方的幸福,甚至我们的脸面,你听见了没有,都要靠……"

"是的,我明白了。"

"不,你明白! 我们的自尊心啊。你听见了没有? 全家的声誉都要靠她的结婚。她必须使她自己受人敬爱才行。"

"可怜的孩子! 现在绝对必要的,就是叫她不要把她自己投在那些一无所长的求爱者的怀里,叫她不要再读那些纯想象的小说,它们只会扰乱她的梦,激起她的想象。"

"但是你要我怎样办呢?"

"我们必须把一切都加以镇静的考虑,使她的美丽有正常的用处。"

"我在她这样的年纪时……"

"算了罢,安娜克莱达,蠢话够多的了! 你一开口就只会胡说。你在她这样的年纪时……你在她这样的年纪时……真的! 你忘记了我是在……之后才认识你。"

"是的,不幸地……"

这位美丽的姑娘的父母的谈话,于是便到此为止,第二天总是又照样地从头来一遍。

可怜的鸠利完全明白她父亲这种打算的意义,因之非常苦痛。"他想拍卖我,"她常对自己说,"为的好救济他那经营糟了的生意,也许为的好使他不至于入狱。"这是绝对的真情。

凭着一种反抗的本能,鸠利便向一个最先向她表示爱慕的人表示容纳。

"看老天爷的面上,小心点吧,我的孩子,"她母亲说,"我完全晓得你们现在是在做什么。我已经看见他在我们的房子四周逗留,并且给你做手势。我知道他曾给你写了一封信,而且你还回了信……"

"这有什么呢,母亲? 我必须像一个囚犯似地过着,一直等有一个土耳其王来,让我父亲卖给他吗?"

"千万别说这样的话,我的孩子……"

"我不能像别人一样地有一个求爱者吗?"

"当然能够,但他必须是个好人……"

"我们怎么知道他好不好呢? 先得有开头才行呀。最要紧的,我们必须先互相熟识,才能互相真爱。"

"相爱……爱……"

"好吧,我一心等着我的买主吧。"

"同你们简直没办法,你和你父亲。所有姓严耐兹的人都是一个模子造出来的。唉! 当我想到我结婚的那时候……"

"这正是我不愿意在将来说的话。"

决定了牺牲一切,鸠利便鼓着勇气走到楼下来,从一个店铺似的窗子里和她的爱人说话。"假如我们被我父亲发现，"她自己想，"我真不知道他会怎样办。但这样倒好些，这样人家就可以知道我是被牺牲的，知道他要拍卖我。"于是她便站在窗前，在这个初次的会面里，把关于她的家庭生活的所有的悲惨的不幸都告诉了亨利——一个眼高的乡村的唐璜。他是来立意要救她，要偿她的身价的。

但是，亨利呢，虽然他爱慕这位美丽的姑娘，却觉得他的热情消灭了。"这个小家伙要闹出悲剧呢，"他对自己说，"她大概整天光读些感伤的小说。"等到全南娜达城都晓得这位著名的本地的美人已经允许他挨近她的窗柱的时候，他便开始设法要脱开这个讨厌的地位了。法子不久便找到了。有一天早晨，鸠利狼狈地走下楼来，两只眼哭得通红，对他说：

"亨利，现在的事情实在不可忍了。这里已不是家庭，简直是个地狱。我的父亲已经晓得了我们的事情。想想吧，只为了我想辩护我的行为，他竟打了我一夜！"

"真是个畜生！"

"你还不知道他是怎样一个畜生呢。他说他还要同你谈谈……"

"让他来吧！在那之后……"但是在另一方面他却对自己说，"这把戏真该结束了；那妖怪会做出残暴的事的，假使他看见他的宝藏被人拿走的时候；而且，我既没有能力救济他的困难。……"

"亨利，你爱我吗？"

"问得真好！"

"回答我，你爱我吗？"

"我用整个的心和灵魂爱你，愚傻的小姑娘！"

"你有把握吗？"

"十分，十分地有把握！"

"你愿意为我做一切的事吗？"

"是的，愿意做一切的事！"

"那么，好吧，带我离开这里。我们必须逃走，而且，我们必须逃得远远的，使我父亲捉不到我们。"

"你可曾把这事仔细地考虑过一遍吗?"

"不,不,带我走吧,带我走吧。假如你爱我,就把我父亲的这件宝藏偷去,使他不能把它卖掉吧! 我不要被人卖!"

说完了这个,他们便考虑怎样逃走。

但是到了第二天——他们决定了这天逃走——当鸠利,带了她的随身的小包裹,预备着动身而等候着那辆密订的马车来到时,亨利竟不露面了。"他是个懦夫! 比懦夫还不如! 他是多么卑陋啊!"可怜的鸠利往床上一倒,愤怒地咬着枕头,呜咽着说,"他还假装爱我! 不,他并没有爱过我;他是崇拜我的美丽。真的,连这个都没有! 他的惟一的欲望就是要在全南娜达城的人们面前吹吹,说我——鸠利·严耐兹——有名的我——已经认他做未婚夫了。现在他又要告诉每一个人说,我要和他逃走呢。啊! 你是一个下贱的匪棍啊! 简直同我父亲一样地怯懦,同一切男子一样地怯懦!"于是她被一个不可安慰的失望罩住了。

"我的孩子,"她母亲说,"我知道这事情已经过去了,我真感谢上帝。但是你的父亲说得很对:如果你这样做下去,你会弄坏你自己的名誉的。"

"如果我怎样做?"

"如果每一个向你求婚的你都允许他,你会得一个荡妇的名声,并且……"

"那也不错,母亲,那也不错。结果别人就可以不来了,尤其是在上帝所给我的这副容貌未尝失去以前。"

"唉,唉! 你简直同你父亲一般一样。"

果然,过了不久,她又接受了一个求爱者。她一点不少地把同样的事告诉了他,用吓亨利的法子吓了他。但是彼尔却是个比较老实的人。

末了,在同样的情形下,她又提出她的逃走的愿望。

"听着,鸠利,"彼尔回答,"我并不反对我们一同逃走,完全相反地,你知道我是高兴的。但是在我们逃走之后,我们到什么地方去呢,我们怎样办呢?"

"以后有的是时间决定。"

"不行,我们不能在那时决定。我们必须现在来考虑。在我,这目下以及未来的某种时间内,我是没有钱来供给你的。我知道我的家里不能接受我们。而你的父亲呢……"

"什么! 你意思要把我所说的一切完全取消吗?"

"但是我们将怎么办呢?"

"你不是个懦夫,是不是?"

"告诉我我们应该怎样办。"

"唔……自杀!"

"鸠利,你疯了!"

"是的,我疯了;被失望和厌恶逼疯了,被这个要卖我的父亲逼疯了……假如你也疯了,而且是发狂地爱着我,你一定愿意和我一同自杀。"

"留心这句话吧,鸠利;你说你愿意我如此发狂地爱你,以致甘愿和你一同自杀。然而你并不是因为发狂地爱我而自杀,而是因为由于厌恶你的父亲和家庭而自杀啊。这并不是同样的事呢。"

"啊! 你把它论断得多么好啊! 爱情是不能论断的!"

于是他们也断了他们的友谊。鸠利不住地对自己说:"他也不爱我,正如那个一样,他们都是迷于我的美丽,不是迷于我,我都瞧不起他们!"说完,她便悲伤地哭起来。

"你看是不是,我的孩子,"她母亲说,"我没告诉你吗? 再来一个吧!"

"一百个,母亲,一百个,一直等我找到一个——一个救我脱离你们俩的——为止。你们俩都是想卖我的!"

"把这话对你父亲去说吧。"

说完了,安娜克莱达夫人便跑到自己的房里痛哭了一顿。

末了,她的父亲对她说:"听着,我的女儿,我对这两件事都没有采用我所应该采用的办法。但是我要警告你,我已不能再忍受这种谬举了。"

"唔,我已经又犯了一点这种谬举呢。"直直地望着她父亲的眼睛,鸠利带一种反讥的调子喊。

"什么?"父亲威胁地叫。

"我又有了一个未婚夫。"

"又有一个！谁？"

"你不能猜猜吗？"

"不要拿我开玩笑,老这样不回答。你使我急了。"

"是谁吗？还不是亚巴多先生吗！"

"多么可怕呀！"她的母亲叫。

维克多林诺先生的脸变白了,一个字也说不出来了。亚巴多先生是个非常富的地主,淫荡而且好女色,听说凡是他看中的女人,都不惜用各种法子得来。他结了婚,但又和他的妻子离开。他已经结了两次婚了。

"你对这事以为怎么样,父亲？"

"我以为你是疯了。"

"我既没疯,也没做梦。他沿着我们的窗子下面走,围着我们的房子下面转,可要我告诉他,叫他来同你接洽吗？"

"我得离开这屋子,否则我和她的谈话就要有不幸的结局。"父亲出去了。

"唉,我的可怜的孩子哟！我的可怜的孩子哟！"她的母亲呻吟道。

"母亲,我敢担保这个提议在他看来并不是这样可怕;我告诉你,他一定会把我卖给亚巴多先生的。"

这位可怜的姑娘的反抗渐渐减消了。她觉得即使是一个买卖的成交,在她也是一种赎罪。最要紧的就是,无论用什么法子,离开这个家庭和她的父亲。

在这时候有一个印第安人①亚历山大·高麦兹,在南娜达城的边境上买了一块最富最大的田产。没有人知道他的来历,也没有人曾听见他讲过他的父母,他的原籍,和他的幼时。关于他,大家所知道的只是,他的父母曾在他很小的时候把他带到古巴,后来他又到了墨西哥,在那里——没有人知道是怎样——他发了一笔大得使人难信的财(据说有几百万元)。

---

① 在美国致富的西班牙人。——译者注

到了三十四岁,他便回到西班牙来,预备在这里住下。据说他是一个来历不明的鳏夫。

关于他,有许多极荒谬的故事,在人们中间传说着。和他来往的人,都觉得他是个野心家,充满巨大的计划,处处都是非常精细,非常果决,非常自信。他似乎非常自傲他自己的粗鄙。

"一个人有钱什么都可以办到。"他常说。

"不是永远可以,不是每个人都可以。"有人回答他说。

"不是每个人都可以,是的,但是那些自己有能力赚钱的人们可以。自然,一个无聊的富公子——一个糖做的伯爵或公爵——无论他有几百万也是无用的;但是我啊!我呢?用我自己的臂力致富的我呢?"

你真应该听他怎样说这个"我"字。他的全人格仿佛都聚在这个自信的字眼上了。

"凡我立意要做的事,我从来没有失败过。假使我愿意,我可以做美国的国务卿,但是我不愿意。"

亚历山大听见人们说到鸠利,南娜达城的最美丽的宝贝。"我们必须去看看。"他对他自己说。在他看见她之后,他说:"我们必须把她弄来!"

有一天,鸠利对她的父亲说:"你知道那奇怪的亚历山大吗——那许多日子以来人们整天讲的——那买迦巴颉都田庄的……"

"是的,是的。他怎么样?"

"你知道他也整天在我四周逗留吗?"

"鸠利,你打算骗我吗?"

"我说的正经话。"

"我告诉你不要拿我开心……"

她从她的胸衣里取出一封信,粗鲁地把它丢给她父亲。

"那么你要怎样办呢?"他问她。

"真的!我有什么要办的呢?我必须告诉他叫他同你去接洽,让你定价目吗?"

维克多林诺先生严厉地瞪了他的女儿一眼,一句话不说地离开了屋子,有好几天的工夫,全家都布满一种可怕的寂静和隐恨的空气。鸠利复了她这位求婚者一封充满了讥刺和恨恶的信。过了不久,她便接到了一封回信,上面写着这几个字,用重大、清楚,而多角的字写着,用重的底线画着:"你终究是要属于我的。亚历山大·高麦兹知道怎样去得他要得的东西。"读着这封信,鸠利想:"他是个真正的男子,他会救我吗? 他会救我吗?"几天以后,维克多林诺先生走到他女儿房里,眼睛里含着泪,几乎要跪在她面前,对她说:

"听着,我的孩子,一切都靠你的决定了;我们所有的前途和我的声誉,都到了千钧一发的时候了,假如你不肯接受亚历山大的请求,我的破产,我的各种的密事,甚至我的……不久就都要暴露了。"

"不要告诉我这个。"

"不,我不要再隐瞒什么了。我的限期已经近了。他们将把我扔进监狱里去。在这以前,我曾尽了我的力量敷衍下去……为了你的原故,也是用了你的名字,'可怜的小姑娘',他们常说。"

"那么假如我接受了呢?"

"让我现在把整个的事实告诉你吧。他查明了我的地位,晓得了一切事情。现在,感激他,我已经非常自由而舒服了。他结束了我所有的暧昧的账目,也偿还了我的……"

"是的,我知道,不要告诉我吧,但是现在怎样办呢?"

"现在我是完全在靠着他,我们都是;我是受着他的恩惠生活,即使你也是在靠着他。"

"换一句话说,你已经把我卖给他了?"

"不,他把我们全买了。"

"这样说,无论我愿意不愿意,我都是属于他了?"

"他并没说一定。他什么都不求,什么都不要……"

"好慷慨!"

"鸠利!"

"好了,我完全明白了。去告诉他吧,说在我这方面说,他爱几时来就几时来吧。"

刚说完这句话，她便开始抖战起来。刚才说话的是谁呢？她自己吗？不是，恐怕另有一个东西常常藏在她的身上，常常使她恐惧。

"谢谢你，我的孩子，谢谢你！"

父亲站起身来拥抱他的女儿，但是她却用手推开他喊：

"不要污染了我的衣服！"

"但是，我的孩子……"

"去吻你的那些文件去吧！或者不如去吻那些要把你扔到狱里的人们去吧。"

"鸠利，我没有告诉你亚历山大·高麦兹知道怎样去得他要得的东西吗？人们还想去告诉我什么事不可能吗？告诉我。"

这是那位年轻的印第安人见了维克多林诺的女儿的第一句话。这位年轻的姑娘听见这句话立刻打了一个战。她平生第一次觉到她是立在一个真正的男子的面前。她觉得这个人比她所想象的更老实，更没有那样粗野。

在第三次来访之后，父母便让他们两人单独留在房里了。鸠利抖战着。亚历山大沉默着。这抖战和沉默支持了很久的工夫。

"鸠利，你仿佛有病似的。"他说。

"不，不，我很好。"

"那么你为什么这样抖战呢？因为冷，也许？"

"不，因为我害怕。"

"害怕！害怕什么？害怕我？……"

"我为什么要害怕你呢？"

"但是你确是害怕我呢。"

听见了这句话，她的恐惧便挣开了它的捆束，变成了眼泪。她从她的灵魂的深处哭了——用她的整个的心哭了。她的呜咽窒塞了她，使她不能呼吸。

"我是个食人鬼吗？"亚历山大低声说。

"他们已经卖了我了！他们已经卖了我了！他们拍卖了我的美丽！他们拿我做了交易！"

"谁说的这个？"

"我，我说的！但那是不行的，我是不肯跟你的，一直到死，我都不能属于你。"

"你是要属于我的，鸠利；你要跟我而且爱我……你的意见是你不肯爱我！我？这真是不可能的事！"

这"我"字的声调把鸠利的眼泪立刻打断，她的心脏似乎停止了跳动。于是，一面望着这个男子，一个声音似乎对她说："这是个真正的男子。"

"你要怎样用我就怎样用我吧。"她说。

"你这句话什么意思？"他问，说话时仍旧毫不拘束。

"我不知道……我不知道这句话什么意思……"

"你为什么说我要怎样用你就怎样用你呢？"

"因为你的确能够……"

"我所要的……我所要的(他的"我"字总是又清楚，又得意)是要叫你做我的妻子。"

鸠利忍不住大叫了一声。她那美丽的大眼睛里充满了恐惧。她凝视着这位男子，他一面微笑着，一面向他自己说："我要得全西班牙最美的妻子。"

"你以前又以为我要你什么呢？"他问。

"我以前以为……以前以为……"

她又开始窒塞地呜咽起来。接着她便感到一个嘴唇压在她的嘴唇上，还有一个声音向她说："是的，我的妻子……我自己的妻子……完全属于我的……当然是我的合法的妻子。法律将批准我的意志……否则我的意志便要批准法律！"

"是的，我是属于你的……"

她完全被征服了。于是他们便定了结婚的日子。

在这个粗硬而秘密的人的身上，那一方面使她迷恋，一方面又使她害怕的是什么呢？最可笑的事就是他使她感到一种奇异的爱情。因为鸠利是不想爱这位冒险家的，因为他之所以把一个最美丽的女子弄来做妻子，不过是要借她显夸他的富有罢了。但是，虽然她不情愿爱他，她总觉得自己是被一种热情似的东西战败了。它与一个高傲的胜利者打进一个被掳的女子的心里的那种爱情非常相近。他的确不是买了她，简直完全征服了她。

"但是，"鸠利对自己说，"他真爱我吗？他爱我吗？真正爱'我'吗？像他所说（他怎样说这个字哟！）他是真的为我自己而爱我，而不为夸耀我的美丽吗？对于他，我果然较胜于一件罕有的非常值钱的装饰品吗？他是诚恳地倾心于我吗？但是他现在要做我的丈夫了，我也要离开这个可咒诅的家庭，脱离我的父亲了。因为我父亲一定是不能和我们住在一块的。我们将送给他一笔津贴，让他继续去侮辱我母亲，继续去和使女们鬼混。我们将禁止他再干那些靠不住的买卖。至于我，我可以有钱了——大大地有钱了。"

然而，她并不是完全满意。她知道全城的人都羡妒她；她知道她这无限的幸运已经做了众人的谈资，人们都说她的美丽已得了一切能得的东西。但是这个人真爱她吗？

"我一定要获得他的爱，"她对自己说，"我需要他真爱我。我不能做他的妻子而他毫不爱我，因为那不是好事情。但是，真的，我真爱他吗？"当她同他在一块时，她总是被一种惊讶笼罩着，同时一种神秘的声音从她的灵魂的深处跑出来说："这是个真正的男子。"每次亚历山大说"我"的时候，她总要抖战。她是被爱情制得抖战了，虽然她也许以为是为了别的原因，或者完全不晓得。

他们结了婚，搬到京城去住。感谢他的财富，亚历山大有许多相识和朋友；但他们都多少地有点好奇。鸠利以为常到他们家里来的人——其中还有不少的贵族——都是她丈夫的债户，他们都用了很好的抵押品从她丈夫手里借了钱。但是在事实上她却一点也不知道他的事情，他也从来不对她提起它们。鸠利没有一件东西没有，她愿意怎样就怎样。但是她却渴望一件东西,这件东西也是她愿意得的。她并不是渴望这个征服了她,甚至迷住了她的人的爱情,乃是要知道他是否绝对的确地爱她。"他是爱我还是不爱我呢?"她常问她自己,"他时时对我留心,他用极大的敬意待我,有点仿佛我是个放纵的孩子似的;他甚至娇养我。但是,虽然如此——他真爱我吗?"和这人讲爱情或伤感的温存,简直是不可能的事。

"只有蠢货才讲这些东西。"他常说,"什么我的美丽的人儿呀……我的情人呀……我爱呀……想和我讲这些东西! 通通是伤感的罗曼斯。我知道你常爱读小说……"

"我现在还爱……"

"那么你就读去吧。假使你喜欢的话,我就在我们旁边的那块空地上筑一个小楼,把从亚当一直到现在所有的小说,通通放在里面。"

"你总爱说这些大话!"

亚历山大的衣服永远是穿得极朴素,极平常。并不是因为他穿着这种衣服就可以没有人注意他,只是他有一种特别的粗俗的习惯罢了。他不欢喜换衣服,老爱穿着他所常穿的一件。你简直可以说,无论什么时候他换上一身新衣服,他总要把它在墙上磨擦,直到它样子破烂为止,在另一方面,他又坚持着要他妻子极端典丽,穿得可以充分地显出她的美丽。他从来不怕用钱,他最爱付的,就是衣服店和时装店的账,和鸠利买奢侈品的钱。

他常爱和她一同出去,为的是使人们注意他们俩的服装和举动间的差别。他很喜欢注意人们停住脚步望他的妻子;假如她有时故意卖弄地去引人,他便不去注意,或者也可以说假装不去注意。他似乎时时都在对那些带着肉感的欲望望着她的人们说:"她使你高兴吗? 我非常喜欢,但是她是属于我的,单单属于我的。请你息念吧!"她感到了这种意思,想道:"这个人是爱我还是不爱我呢?"因为她永远把他看做"这个人"——看做她的。她是做了这个人的女人。渐渐地,她的心灵便变成了一个宫奴的心灵,一个受宠的,无匹的宫奴——但是,虽然如此,也就如此而已。

他们中间从来没有生过密腻。她猜不出什么是她丈夫所好的。有几次她曾冒着险问到他的家族的事。

"我的家族?"亚历山大便说,"我现在除了你没有别的家族。我的家族就是我,还有属于我的你。"

"但是你的父母呢?"

"对你自己说吧,我没有。我的家族自我起。我创造出我自己。"

"我想问你点别的事,亚历山大,但是我不敢。"

"你不敢? 我会吃你吗? 我可曾对你的说话生过气吗?"

"不,从来没有,我不抱怨。"

"好啊!"

"我不抱怨,但是……"

"说吧,要问我什么就问什么,让我们把它弄完。"

"不。我不问你了。"

"问我,我说!"

他是带着这样一种声调和这样一种自我主义来说这句话,使她不禁充满恐惧和爱——一个受宠的宫奴的帖服的爱——而抖战地回答了。

"那么,告诉我你是不是个鳏夫?"

一个轻微的皱眉像一个影子似地在亚历山大的额上闪过,同时他回答:

"是的,我是个鳏夫。"

"你的第一个妻子到什么地方去了?"

"人们曾对你讲过些事情。"

"怎么,没有啊。"

"人们曾对你讲过些事情;讲到的是什么?"

"啊,是的,我听他们说……"

"那么你相信了吗? ……"

"不,我没相信。"

"自然你不能——不去相信是你的责任。"

"我也没相信。"

"这是非常自然的事。凡像你这样爱我的,凡像你这样属于我的,是不会相信这些谣言的。"

"实在的,我爱你……"

当她说这句话时,她本希望可以在他身上激起一种同样坦白的感情。

"我已经告诉过你我不喜欢那些从小说里取出来的句子。我们对一个人愈少说到爱愈好!"

略停了一会儿,他接着说:

"他们一定会告诉你我在年轻的时候在墨西哥和一个年纪比我很大的女人——一个年老的富家女——结了婚,后来我强迫她立我做她的承继人,立了之后我便杀了她。这是他们告诉你的,是不是?"

"是的,这是他们告诉我的。"

"那么你相信不相信呢?"

"不,我不相信。我不能相信你能杀你的妻子。"

"我知道你比我预料的还聪明得多。我怎么能杀我的妻子呢——一个属于我的东西?"

鸠利开始抖战着,却不晓得自己的抖战乃是他把"东西"两个字用在他的前妻的身上。

"可是世界上仍旧有许多丈夫杀他们的妻子。"鸠利大胆地说。

"因为什么?"

"因为他们妒忌或他们的妻子不忠实……"

"胡说,只有痴子才去妒忌,因为只有痴子才让他们的妻子对他们不忠实呢。但是我啊!我的妻子就不会骗我。我的前妻不能骗我,你也不能骗我!"

"不要这样说话,让我们说点别的吧。"

"为什么?"

"听见你说这些事我就难过。仿佛我的脑子里会有欺骗你的念头呢,即使在我的梦里也不……"

"我知道,你不用告诉我我就知道。我知道你永远不会对我不忠实!

欺骗我！我自己的妻子！不可能,至于她,我的前妻,她的死也不是我杀死的。"

亚历山大和他的妻子谈得最久的就是这次。她一直都是沉思着,抖战着。这个人是爱她还是不爱她呢?

可怜的鸠利！她这个新家简直就像她父亲的家一样可怕。她是自由的,绝对地自由。她爱怎样就怎样,爱出去就出去,爱进来就进来,爱接待什么男女朋友就接待什么男女朋友。但是她的夫君和主公——他爱她吗?这种疑虑便使她成了这个门窗大开着的富丽的土牢中的囚犯。

一线清晨的日光透入了她的女奴的灵魂的黑暗和乌云:她有孕了。"我终于可以知道他爱我不爱我了。"她说。

当对她的丈夫宣布了这个消息之后,他说:

"这正是我所料的,现在我有了后嗣,我将把他造就成人——一个像我一样的人。我料到他来。"

"假使他不来怎样办呢?"她问。

"他一定要来,你必须替我生个孩子——替我!"

"世界上也有许多人结了婚而没有孩子呢?"

"别人也许如此。我却不然！我必须有一个孩子。"

"因为什么呢?"

"因为你是一定会替我生一个孩子的。"

孩子生下来了,但父亲却仍旧像以前一样顽硬。他只坚持着不许他的妻子奶那孩子。

"我并不怀疑你有十足的健康和力量;但是奶孩子的母亲是要身子吃大亏的,我不愿意你的身体受影响。我要把你的青春保持得愈长久愈好。"

一直到医生对他说,鸠利奶她的孩子不但于她的身子没有损失,她的美丽反会增加,他才把他的决定取消。

这位父亲从来不高兴吻他的儿子。"这种温柔的蠢动作,有时反叫他们难受。"他常解释说,有时他也许把他抱起来,用很久的工夫来端详他。

"你有一次不是问到我的家族吗？"亚历山大有一天对他的妻子说，"那么，就在这里。现在我已经有一个家族，有一个承继我的财产和我的事业的人了。"

鸠利很想问她的丈夫什么是他的事业，但是她不敢。"我的事业！"真的，这个人的事业是什么呢？在另一个时候，她也听见他表示过同样的意思。

在常到他们家里来的人中，有一位是波尔达维拉伯爵，这位伯爵与亚历山大有事业上的关系，后者曾用重利借给了他一笔很重要的款子——伯爵常常和鸠利在一块下棋，她很爱这种游戏——同时也常常把他的不幸的家务事，对他的朋友——他的债主的妻——发泄。波尔达维拉伯爵的家庭生活简直是个小地狱，并且是没有多少火焰的地狱。伯爵和伯爵夫人是完全合不到一块。他们也不相爱。两个人各人找各人的快乐，伯爵夫人更是谣言四出。有人曾为她造出这个小谜语："谁是波尔达维拉伯爵的河东狮子？"因此伯爵便到美丽的鸠利家里来，想找别人的堕落安慰他自己的堕落。

"伯爵今天又来了吗？"亚历山大总问他的妻子。

"伯爵……伯爵……你说的是哪个伯爵？"

"算了吧！伯爵啊！这里只有一个伯爵，一个侯爵，一个公爵……他们在我仿佛都是一样，仿佛都是用一种原料做出来的。"

"啊，是的，他来过了。"

"如果他使你高兴，那也不错。他就会这一点把戏——可怜的傻子。"

"我以为他是个很聪明的人，有知识，很知礼，而且很富同情心。"

"唔，如果你高兴……"

"他也真可怜呢。"

"呸！那是他自己的错。"

"为什么？"

"因为他是个痴子。他所遭遇的一切都是完全自然的。像伯爵这样的笨货，受他妻子的欺骗是很自然的事。你能称他为男子吗？我真不知一个人怎么会嫁给他这样一个东西。再说,她嫁的也不是他——而是他的爵衔。我倒要看看哪个女人会像她待这个不幸的人一样地待我!"

鸠利望了一下她的丈夫,忽然毫不自觉地脱口说:

"假使我来呢?假使你的妻子像他的妻子对他一样的对你呢?"

"胡说。"亚历山大哈哈地笑起来,"你总想把书里取出来的盐来加在我们的家庭生活里。但是如果你想试验我的妒忌,你就错了。我不是那种人。尽管和那个傻子玩去吧。"

"这人果然一点都不会妒忌吗?"鸠利问她自己。

"他看见伯爵常到我们家里来,并且拉拢我,难道就不动心吗?这是他由于信任我的忠实和我的爱吗?再不然这是由于他信任他对我的势力吗?这是不关心吗?他是爱我还是不爱我呢?"她渐渐有点愤怒了。她的夫君和主公使她的心受着苦痛。

这位不幸的女人一心一意地要激起她丈夫的妒忌,仿佛这就是她的爱情的关键似的;但仍旧没有用。

"你肯陪我到伯爵家里去吗?"她常问。

"做什么?"

"去吃茶。"

"我没有胃病。在我们那里,我们只在有胃病的时候才吃这种泥水。好好地去吃吧,竭力安慰安慰那位可怜的伯爵吧。伯爵夫人今天一定也要和你的好友在一块的。一桌好客,真的!"

可是伯爵仍旧继续包围着鸠利,他假装感受家庭的不幸的苦痛,为的是引起他的朋友的同情,由同情把她引到爱他,同时他又设法叫她明白他也晓得她的家庭里的小苦恼。

"是的,鸠利,是真的;我的家是个十足的地狱。唉!假使我们早一点相识就好了!在我没有把自己陷入不幸之前,在你……"

"在我也未陷入我的不幸之前吗,你的意思说?"

"不,不,这不是我的意思……"

"那么,你要说的是什么呢,伯爵?"

"在你未委身于这个人,你的丈夫之……"

"那么你以为我那时就可以委身于你吗?"

"唔,可能的!可能的!……"

"多么胡说,你以为你对我有不能抵拒的魔力吗?"

"你能让我向你说一句话吗,鸠利?"

"你爱说什么就请说出来吧。"

"有不能抵拒的魔力的不是我,乃是我的爱。是的,我的爱!"

"你忘记了我是恋爱着我的丈夫……"

"啊!至于那个…

"你敢怀疑吗?是的,我是恋爱着他,正如我所告诉你的——我是挚诚地恋爱着我的丈夫……"

"但是——在他那方面……"

"你这话什么意思?谁告诉你他不爱我?"

"你自己。"

"我?我什么时候告诉你亚历山大不爱我的?"

"你用你的眼睛,你的动作,你的态度……"

"留心一点,伯爵,别使这次做你最末次的拜访吧。"

"可怜我吧,鸠利,让我一言不发地来拜访你吧。只让我看看你,只让我对着你来晒干我心里的泪……"

"多么好听啊!"

"至于我那仿佛使你这样生气的话……"

"仿佛?它真使我生气……"

"我果然真会使你生气吗?我只对你说了一件事:说假使我们在——我在落入我妻子的手里之前,你在你落入你丈夫的手里之前——相遇,我就可以像我现在一样地爱你了。允许我袒开我的心吧!那时我的爱就可以获得你的爱了。鸠利,我不是那些想用他们的个人事业来征服女人占有女人的人,那些——虽然他们都是这样——只要受人家爱而不去爱人家的人。你在我的脸上是找不到这种自傲的。"

鸠利觉得她自己已经慢慢地受了毒了。

"世界上有许多人,"伯爵说,"他们不会爱人,但是他们却要被人家爱,以为他们有权利得那些委身于他们的可怜的女人的绝对的爱情。他为使自己光荣起见,就要选一个以美丽出名的女人,把她像只驯服的母狮子似地带在身边。'看看我们的母狮子,'他们大声说,'你可看见她对我是多么服从吗?'"

"伯爵,伯爵!你谈得太远了……"

波尔达维拉伯爵把身子移近一点,用他那战颤的呼吸吹着那藏在赤褐色的卷发里的红的耳朵小声说:

"鸠利,我已经打进了你的良心了。"

这种言语的亲腻使那只耳朵红起来了。

鸠利的胸部像一个风雨将近的海洋一样地开始起伏了。

"不要吵我吧,看上天的面上,不要吵我吧!假如他进来怎么办呢?"

"他不会进来。他对你做的任何事都不关心。假使他这样不来理你,那是因为他不爱你……是的,是的,他不爱你,鸠利,他不爱你!"

"那是因为他对我有绝对的信任……"

"对你?不,对他自己。他对他自己有一种绝对的,盲目的信念!他以为他——因为他是他——亚历山大·高麦兹——一个自己创业的人——我不愿意说他是怎样创的——他不相信一个女人会欺骗他。至于我,我很晓得他常骂我……"

"是的,他常骂你……"

"我早知道!但是他也常像骂我一样地骂你。"

"看老天爷的面上,不要说了吧,你简直在杀死我……"

"要叫你死的人是他——他——你的丈夫。而且你还不是第一个呢。"

"这是一个毁谤——伯爵,一个毁谤!请离开此地;请离开此地,永远不要回来!"

"我走,但是我还要回来,总有一天你将温柔地对我说话的。"

说着,他便走了,留下她的心受着创伤。

"这个人的话是真的吗?"她问自己道,"这是实情吗? 他把我自己不敢承认的事揭露了。他果然骂我吗? 他果然不爱我吗?"

关于鸠利和波尔达维拉伯爵的关系的谣言渐渐传遍了。亚历山大一点也没听到,至少他也是装做这样。他把一个朋友的告密打断说:"我知道你要对我说什么话。算了吧,这些故事都是无聊的闲话。一个人必须叫一个浪漫的女人有趣一点才行。"他说这句话可是因为他是一个懦夫吗?

但是,有一天在俱乐部里,有一个人在他面前说了一句双关的笑话,他立刻拾起了一个瓶子摔在他的头上。这立刻引起了一个可怕的毁谤。

"这种蠢笨的玩笑敢和我开! 和我!"他用最抑扬的音调嚷,"就仿佛我不明白它们的意义似的! 就仿佛我不晓得四周关于我的妻子的浪漫的行动的那些蠢话似的! 我非把这些无根的故事除尽不可……"

"但也不是用这种法子,亚历山大先生。"有一个人冒险对他说。

"告诉我用什么法子吧。"

"你不如除净那引起这些故事的主因。"

"啊! 真的。不许伯爵到我家里来吗?"

"这是漂亮的办法。"

"但是那就要更使那些造谣家得意了。再说,我又不是个暴君。假如这个木偶似的伯爵能娱乐我那可怜的妻子,我就能只因为别的蠢货说这道那,而不叫她享受这个蠢货——我敢发誓,他只是个以唐焕自居的十足的痴子,无害的废物——的消遣吗? 得啦! 想跟我开玩笑! 跟我! 你们完全不明白我。"

"但是,亚历山大先生,在面子上……怎么办呢?"

"使我生存的是实际,不是面子。"

第二天,两个相貌庄严的绅士走到亚历山大的家里,为那被侮辱的人要求圆满的答复。

"叫他把他的医生和外科医生的账单送来吧!"他向他们说,"我答应把它结清,也答应赔偿一切损失。"

"但是,亚历山大先生……"

"你们要怎么样?"

"我们什么都不要。但被辱的方面要求偿补……要求圆满的答复……要求一个高尚的解释……"

"我不明白……也可以说我不愿意明白。"

"那么,这意思就是决斗。"

"很好。他想在什么时候就在什么时候。但是你们却无需乎顾到什么手续。我们用不着证人。只消叫他在脑袋干净之后——这就是说,当他那瓶伤复原之后——通知我一声好了;他爱到什么地方我们就到什么地方,关在一间房子里,只凭我们的拳头就可以把事情做个正当的解决。除了拳头之外什么武器我都不干,那时他就知道亚历山大·高麦兹是谁了。"

"你在拿我们开玩笑!"证人中的一个喊道。

"没有的事。你们代表你们的社会,我代表我的社会。你们出身于显贵的父母——贵族的门阀……我呢,我只有我自己手创的一个家庭。我没有出身,我也不愿意听你们那所谓'名法'的瞎话。我已经警告你们了。"

两个证人立起身来,其中的一个——态度严肃,精力充足,但还不算完全傲慢(因为这个人也是个很有势力的富翁,而且是家族不明)——开口说:

"那么,亚历山大·高麦兹先生,我就要说……"

"你爱说什么就说什么,不过请小心一点,因为我这里还有一个瓶子。"

"这样,亚历山大·高麦兹先生,"他扬起喉咙来喊道,"你就不是一个真正的绅士了。"

"当然不是,当然我不是个绅士。我?我什么时候做过绅士呀?算了吧,算了吧……"

"是的,让我们走吧。"另一个证人说,"我们在这里没事可做了。至于你,亚历山大·高麦兹先生,你对于你那卑贱的举动一定要得相当的结果的。"

"一点不错,这正是我所希望的。至于那位——那位被我打破脑袋的多话的先生——请你们告诉他,我再说一遍吧,叫他把他的医生账单送来,叫他以后说话小心一点。至于你们两位——世界上的事是说不定的——假使你们有一天用得着我这个不懂名法的野富翁的时候,你们可以来找我帮忙,我也一定肯替你们效力,正如我替别的绅士们效力一样。"

"这种情形简直不能再忍受了!让我们走吧。"

说完这话,两个证人便跑出来了。

在同日晚上,亚历山大把他和这两个证人间的吵嘴告诉了他的妻子,又把掷瓶子的事给她解释了一番。他非常高兴地把他的冒险说出来。她惊愕地听着他的话。

"我!——一个绅士!亚历山大·高麦兹!没的事!我只是一个人,然而却是一个真正的人——十足的男子。"

"我呢?"她反问了一句,为的好说话。

"你吗?你是个真正的女人,一个爱读小说的真正的女人。至于那个和你下棋的小伯爵——他只是一个废物,比废物还废物。我为什么不禁止你和一个哈吧狗玩而禁止你和他玩呢?假使你去买一个哈吧狗,一个山羊,或一个小猴子回来,摸它,吻它——我就必须抓起那个狗,猫或小猴子,把它丢到窗子外面去吗?那真要成一件漂亮的事呢;假使它落在什么路过的人的头上,那就更妙了!"

"但是,亚历山大,他们的话对了,你应该禁止这个人到我们家里来……"

"这个人吗,你说?"

"随便你吧。无论如何,你应该禁止波尔达维拉伯爵到我们家里来。"

"那是你的事。假使你不这样办,那就是因为这个人并没有夺得你的心。真的,假使你开始对他关心,你一定要把他送走,为的好保护你免受危险。"

"假如我开始对他关心怎么样呢?"

"真的! 我们的话又说回来了。你想叫我妒忌。我! 你什么时候才能明白我是和别人不同的哟?"

鸠利愈来愈不能了解她的丈夫,但是她却愈迷醉于他,愈想知道他爱不爱她。在另一方面,亚历山大虽然能相信他妻子的忠实,或者,也可以说,相信他的妻子——亚历山大的妻子! ——欺骗他——一个真正的人! ——是不可能的。他开始对自己说:"这种都城里的生活和她所读的那些小说,把我这位小夫人的头已经弄昏了。"于是他便决定把她带到乡下去住,于是他们便搬到一个他们的田庄里去。

"在乡下住几天一定对你有很大的好处。"他对她说,"这可以使人安神。再说,假如你觉得没有你那小猴子便要无聊,你也可以邀他和我们同去。"

但是鸠利的焦急到了那里却更增大起来。她苦闷得要命。她的丈夫什么东西都不许她读。

"我把你带到这里来,是为的使你离开那些书,治好你那忧郁病,免得它重起来。"

"我的忧郁病?"

"当然,你罩满了忧郁的思想。它们都是从你那些书上来的。"

"那么我以后不再看它们就是了。"

"我并不要对你有这么大的要求……我什么都不要求。我是暴君吗?我曾对你有过什么苛求吗?"

"没有,你甚至不来求我爱你。"

"自然不来。那是一件求不可得的东西! 再说,我知道你爱我,你不会爱别人……因为你已经明白一个真正的男子是什么样子,所以即使你勉强自己爱别的人,你也办不到。让我们不要再谈这种浪漫的话吧,我已经告诉过你我不喜欢这个。这只是合于在同那小伯爵吃茶的时候来说无聊话。"

当鸠利发现她的丈夫和一个连漂亮都不漂亮的使女有染时,她更苦痛了。有一晚上,饭后没有别人,鸠利忽然对他说:

"你别以为我不晓得你和西蒙的……"

"我一点都没打算隐藏,但是这也不是什么要紧的事。即使最好的菜……"

"这话什么意思?"

"你太可爱了,我不能每天占有你。"

他的妻子抖战了,这是第一次她的丈夫说她可爱。他真爱她吗?

"但是,"鸠利说,"怎样和这样一个贱东西呢?"

"当然啊,她的下贱正合我的脾气。你不要忘记,我是从猪圈里长大的,我的朋友们说我专爱下贱的东西,一点都不错。尝了一次这种粗野的开胃品,我就可以更能鉴赏你的美丽,典雅和高尚。"

"我真不知道你是在捧我还是在骂我。"

"你看!你的忧郁病又来了!我还以为你已经好了呢!"

"自然,你们男子,你们可以任意而行,欺骗我们……"

"谁欺骗了你?这就叫欺骗你吗?呸!书上的玩艺儿……书上的。我连一个针都不会给西蒙……"

"自然不会。她在你不过是个小狗,小猫,小猴子罢了!"

"是的,一个小猴子,正对。只是一个小猴子罢了!她最像这个!你给她起的名字真好:一个小猴子!但这能表示我不是你的丈夫吗?"

"你意思说,我并没因为这件事而失去做你的妻子……"

"你的病好得多了……"

"一个人慢慢地什么事都可以办得到。"

"办得到也恐怕是因为同我在一块,不是同你那个小猴子。"

"自然——同你在一块。"

"好。我不相信我这次粗野的戏竟会使你忌妒。你——会忌妒!我的妻子!为了那个母猴子!至于她,我要给她一点嫁奁,叫她开步走。"

"自然——只要一个人有钱……"

"她将用这点嫁奁立刻嫁人,把嫁奁和一个男孩带给她的丈夫。假如这孩子像他的父亲——一个十足的男子——那位未婚夫就要人财两得了,"

"不要说了吧! 不要说了吧!"可怜的鸠利忍不住哭起来了。

"我还以为乡村生活已医好了你的忧郁病呢。"亚历山大结论说,"当心不要让它加重吧!"

过了两天,他们便回到了他们的城里的住宅。

鸠利又恢复了她的长久的,苦痛的,不安的生活,波尔达维拉伯爵也恢复了他的拜访,虽则更加了小心。末了,鸠利绝望起来,便开始在她丈夫面前故意注意伯爵对她献的殷勤。他看见便说:"我们必须再回到乡下给你治治病才行。"

有一天,绝望得不能忍,鸠利跑到她丈夫面前叫:

"你不是真正的男子,亚历山大,不,你不是真正的男子!"

"什么! 我? 为什么不是?"

"不,你不是真正的男子。"

"说清楚一点。"

"我知道你不爱我,我知道你不关心我,我知道你并不把我看作你的孩子的母亲,我知道你娶我不过为要展览我,不过要以我的容貌自骄……"

"真的! 又是文章。我为什么不是个真正的男子呢?"

"现在我已经知道你并不爱我。"

"好,怎么样呢?"

"你允许伯爵——那个猴子,照你的称呼——愿意什么时候来就什么时候来。"

"是你答应的啊!"

"我为什么不答应呢,他是我的爱人! 你听见了没有? 他是我的爱人。"

亚历山大不动声色地望着他的妻子,鸠利预料他一定勃然大怒,于是便更兴奋地吼道：

"怎么样吧！现在你不是要像杀死那个女人一样地杀死我吗？"

"我杀那个女人并不是真事，那个猴子是你的爱人也不是真事。你对我扯谎不过为的激动我。你想把我变作一个俄代罗①，然而我的家却不是一个剧场。再说，如果你这样下去，你就完了，因为你将变为一个痴子，我必须把你关起来。"

"痴子？我——痴子吗？"

"完全是。你想，竟到了相信自己有爱人的地步了！这就是说——竟要我相信！想叫我对你用那些只适于伯爵的茶桌的小说里的字句，这种野心却是不能实现的。我的家不是一个剧场。"

"懦夫，懦夫，你是懦夫！"鸠利忘情地叫。

"我们不久就应该更加特别的小心了。"她的丈夫回答。

在这场吵架之后两天——在这期间他曾把他的妻子严禁起来——亚历山大把他的妻子传到他的书室里。可怜的鸠利完全失去了力量，只好服从了这命令。到了那里，她看见她的丈夫正在那里等着她，此外还有波尔达维拉伯爵和两个别的绅士。

"听着，鸠利，"亚历山大带一种可怕的镇静说，"这两位先生是两个神经病家，我特别把他们请来查看你的病，为的好想法子医治。你的脑筋不大好；在你神志清白的时候，你一定也自己知道。"

"你在这里做什么，我亲爱的约翰？"鸠利问，也不理她的丈夫。

"你们看见没有？"后者转向两个医生说，"她总不肯放弃她的幻想。她固执地以为这位先生是……"

"我的爱人！"她插口说，"如果这不是实在的，那么让他否认吧。"

伯爵俯视着地板。

"你看，伯爵，她是怎么坚持她的疯病啊！"亚历山大对波尔达维拉说，"你实在没有——你实在不会和我的妻子有这种关系……"

———————

① 即 Othello，莎士比亚剧中人物。——译者注

"当然没有。"伯爵叫道。

"你们看见没有?"亚历山大继续对着医生们说。

"你也敢,约翰,也敢否认我是属于你的吗?"鸠利叫。

伯爵在亚历山大的冷然的视线下战抖了。他回答:

"自克一点吧,夫人,你十分知道这些话是不确实的。你知道,如果我常到府上来,那不过是因为我是你的丈夫的朋友,也是因为我,波尔达维拉伯爵,开罪不起……"

"我这样的一个朋友,"亚历山大插口说,"我!我?亚历山大·高麦兹!没有什么伯爵能开罪我,我的妻子也不能对我不忠实。你看,先生,这个可怜的女人完全痴了。"

"你也是呢,约翰,"她叫,"懦夫——你这个懦夫!"

她的神经突然一紧,她昏过去了。

"现在,亲爱的先生,"亚历山大对伯爵说,"我们出去吧,让这两位高明的医生完结他们的诊断。"

伯爵随着他走出。他们离开书室之后,亚历山大对他说:

"现在我们先讲明白,伯爵,一条路是宣告我妻痴狂,一条路是把你的脑袋劈为两半——连你的带她的——随便你决定吧。"

"我应该做的是把我欠你的通通还清,省得再和你有什么来往。"

"你欠我的是闭上你的嘴。因此我们的结论就是:我的妻子是疯子,你是蠢货中的蠢货。并且——请小心这个!"他抽出一支手枪。

几分钟以后,当两个神经病家离开书室的时候,他们商量道:

"这是一幕可怕的悲剧,我们怎么办呢?"

"我们除了宣布她疯痴之外还有什么别的办法呢?否则这个人就会把她和那个可怜的伯爵都杀死的。"

"但是我们的职业的责任呢?"

"我们目下的责任乃是阻止一个更大的犯罪。"

"我们宣布这个人疯狂不好吗?"

"他并不疯。他有别的毛病。"

"'十足的男子'——照他说。"

"可怜的女人！听她说起来真可怕。我所怕的是她终于会真变成疯子。可是,这样宣布她我们或者还可以救她。无论怎样我们得赶快离开这个房子才好。"

他们果然宣告她发了痴。于是,因为他们的宣告,她的丈夫便把她送入了一个疗养院。

当鸠利发现自己做了这疗养院的囚犯时,一块浓重的,忧郁的,失望的岑云仿佛压在她的头上。她所得的惟一的安慰就是他们差不多每天把她的孩子给她带来一次。她总是紧紧地把他抱在怀里,让她的眼泪流满了他的小脸。那可怜的小东西,虽然不明白,也总和她一块哭。

"唉！我的孩子,我的小孩子!"她常这样对他说,"如果我能把在你身上你父亲的血液吸尽就是了！因为他真是你的父啊！"

因为孤独,这可怜的女人渐渐觉得自己真有要疯的趋势了,常常对自己说:"我这样岂不是真要在这里变成疯子吗？我和那无耻的伯爵的事情岂不真要作为幻想吗？唉！懦夫,是的,他是懦夫啊！他竟敢这样把我丢下,让我被禁在这里！啊！小猴子——小猴子！这是多么对啊！那么亚历山大为什么不把我们俩都杀死呢？他这种报复的法子是更可怕啊！他为什么要去杀这个怯懦的猴子呢！不,真的,压迫他,逼他说谎话,那好多了。他见了我的丈夫就抖战——他在他面前抖战。这是因为我的丈夫是个真正的男子！那么他为什么不杀我呢？若是俄代罗,他早把我杀了！但是亚历山大不是个俄代罗,他不是俄代罗那样的凶汉。俄代罗是个凶暴的摩尔人——但是他却不大聪明。亚历山大有一副有力的脑筋和一副可怕的自骄,这人的确用不着杀他的第一个妻子,他只消逼她自己死就够了。一看见他她就会起一种纯粹的恐惧。我呢？……他真爱我吗？"

于是,在这里,在这疯人院里,她又开始用这个苦痛的问题搅扰她的心灵了:"他爱我吗——或是他不爱我吗？"接着又对她自己说:"至于我——我简直盲目地爱他!"

末了,为免得发狂,她便假装自己的病已被治好,对院里的人说她和波尔达维拉的恋爱只是她自己的幻想。于是他们便通知了她的丈夫。

有一天他们把她叫到客厅里,她的丈夫正在那里候着她。她伏到她丈夫的脚下,呜咽道:

"饶恕我,亚历山大,饶恕我!"

"起来,鸠利。"他把她扶起道。

"饶恕我吧!"

"饶恕你? 饶恕你什么? 他们对我说你已经好了,你已经没有那些幻觉了……"

鸠利恐惧地感到她丈夫的冷而射人的目光。她觉得她自己充满一种盲目的,无理的爱情,同时杂着同样盲目的恐怖。

"你说对了,亚历山大,你说对了。我疯了——绝对地疯了。为了使你忌妒——只为了使你忌妒,我造出了这些故事。它们不过是谎话罢了。真的,我怎么能欺骗你呢! 告诉我你相信我!"

"有一天,鸠利,你问我杀了我的前妻是不是真的,"她的丈夫用一种冰似的声调说,"我反过来问你相信不相信。你回答的是什么?"

"我说我不信。叫我信那种话是不可能的。"

"好,那么,现在我就对你说:我不曾相信——我也不会相信你会委身于这个小猴子。这样够了吗?"

她开始战抖了,感到自己已经临近疯狂的边界,是一种混合着恐惧和爱的疯狂。

"那么,现在,"这可怜的女人吻着她丈夫,对着他的耳朵细声说,"现在,亚历山大,你肯告诉我——你爱我吗?"

这时她在他身上第一次看到一件她从没有见过的东西:她窥见了这位有钱的,创业的人所妒忌似的隐藏着的可怕的,紧密的内在的灵魂。她就仿佛一个危险的电光突然在他的孤独的灵魂的湖上闪过,使他的湖面起了皱纹;因为,在这个人的冷利若剑的两眼上,现在已滴出了两滴眼泪。接着他便对她叫喊着说:

"我爱你吗,我亲爱的孩子——我爱你吗! 我用我的全灵魂爱你,用我的所有的血和我身上的一切爱你。我爱你甚于我的生命！起初当我们结婚的时候，我并不爱你。但是现在呢？现在我简直盲目地爱你——发痴地爱你，我属于你胜于属于我。"

接着，用一种兽似的愤怒，发烧地，狂野地，疯子一样地吻着她，他继续地叫着："鸠利！鸠利！——我的神——我的一切！"

看见了她丈夫的赤裸的灵魂，她觉得她要疯了。

"这是我愿意死的时候了，亚历山大。"她把头靠在他的肩膀上，在他的耳边小声说。

听见了这句话，这人仿佛立刻惊醒起来，把自己的梦摆脱，接着，就仿佛他的眼睛——这时又变成了冷然的射人的样子——已经把他们的眼泪吞了下去似的。他说：

"什么都没有，鸠利。这不是真的吗？你现在一切都知道了；但是我刚才的话并不是我真心要说的……忘掉它吧。"

"忘掉它？"

"好，那么就记住它吧，但是你必须像没有听见它一样地过下去。"

"我只把它留在心里好了。"

"你也可以对你自己背诵它。"

"我只把它留在心里，但是……"

"那就够了。"

"但是，凭老天爷的名字，亚历山大，让我继续一会儿吧……只消一刹那……你是为我的自身而爱我，为我的灵魂而爱我呢——即使我是属于另一个人——还是因为我是一件属于你的东西而爱我呢？"

"我已经对你说过，你必须把我刚才告诉你的话忘掉。如果你再要多求，我就不得不把你丢在这里了。我是来把你带走的，但是你必须完全痊愈才行。"

"我的确完全痊愈了！"他的妻子感情勃然地断言道。

于是亚历山大便把她带到他的家里。

在鸠利从疗养院释放出来不多几天，波尔达维拉伯爵便接到亚历山大的一封半邀请半命令的信，叫他去同他吃饭。信上写道：

"如你所知，我的妻子已经完全痊愈地出了医院；这位不幸的女人曾在她的疯狂中重重地触犯了你——虽然并没有一点意思要害你——诬控你犯一件像你这样的绅士所不会犯的坏名的事；我请你在下星期四同我们吃晚饭，因为我非常想使你这样的一个绅士，有一个应得的赔罪。我的妻子求你来，我也要你来。因为如果你不在这定明的时候来接受这些赔罪和解释，你就要有某种结果。再说，你也知道我做得出来的是什么。亚历山大·高麦兹。"

波尔达维拉伯爵接受了这个邀请，面孔青着，身子战着，畏畏缩缩地来到他们家里，晚饭是带着最沮丧的谈话吃的。他们谈了无数的小事情——当着仆人们——其中杂着亚历山大的轻率而动人的笑话，吃完最后的一道菜之后，亚历山大转身向一个仆人吩咐道："拿茶来。"

"茶！"伯爵冒险地惊讶了一声。

"自然哪，我亲爱的伯爵。"家主回答，"并不是因为我有胃病，不过是合合规矩罢了。在两个十全的绅士有什么解释的时候，吃茶是很合适的……"

接着他便转向仆人说："现在你们可以出去了。"

屋子里只剩下了他们三个，伯爵抖战着。他连茶都不敢尝。

"先给我倒上，鸠利。"她的丈夫说，"让我先喝，伯爵，证明一个人可以完全放胆地在我家里吃茶。"

"但是我……"

"不，伯爵，虽然我不是一个真正的绅士，或甚至比这还不如，我还不至于用这种手段。现在，我的妻子要向你解释几句。"

亚历山大向鸠利望了一眼，于是很慢地，她开始用一种鬼似的声音说了。她是辉焕地美丽。她的眼睛发着光。她的字句清冷而平稳地泄着，但是一个人可以测到一个吞人的火焰正在它们底下烧着：

"我叫我的丈夫请你来到这里，伯爵，"鸠利开始说，"因为我曾重重地触犯了你，应该向你解释。"

"我吗,鸠利?"

"不要叫我鸠利。是的,你,当我最初发狂时——当我像发狂地倾心于我的丈夫而想找出他是否爱我的时候——我曾打算借你引起我丈夫的妒忌,于是,由于我的疯狂,我竟诬控你败坏了我。不是真的吗,伯爵?"

"的确,的确,鸠利夫人……"

"高麦兹夫人。"亚历山大改正道。

"你必须饶恕我在和我丈夫叫你'小猴子'的时候所诬控你的事。"

"我原谅你。"

"我那时诬控你的是一个卑陋而下贱的行为,完全配不上你这样的一个绅士。"

"这个句子用得正合适,"亚历山大加上说,"正合适'一个卑陋而下贱的行为,配不上一位绅士'。"

"我要再说一遍——虽然我是可以而且必须因为我那时的景况而被原谅,我仍旧要要求你的原谅。你肯给我吗?"

"是的,是的,我给你,夫人;我给你们两个人。"伯爵半死不活地呻吟,恨不得愈快愈好地逃出这个房子。

"给我们两个人?"亚历山大插嘴说,"我用不着你原谅。"

"的确的……的确的!"

"算了,算了,请镇静镇静吧。"丈夫说,"我看你非常不自在。再吃一杯茶吧。鸠利,给伯爵倒上。你愿意在里面加点菩提汁吗?"

"不,不……"

"好,现在我的妻子已经把她应对你说的话说完,你也饶恕了她的疯狂,让我求你以后常常光临我的家里吧。既发生了这种事情,你当然明白,如果我们断了友谊,那是一件最无趣味的事。现在我的妻子——感谢我给她的关心——已经完全痊愈了,你来这里也不会有什么危险了。为向你证明我对我妻子的痊愈的信心起见,我现在要把你们俩留在这里,恐怕她也有什么不敢当着我面前说的——我也不愿意听的——话对你说。"

亚历山大离开了屋子,使他们俩坐在那里面面相对,同样地被他这举动吓住。

"怎样一个人啊!"

"这才是个真正的男子呢!"鸠利对她自己说。

一个压人的寂静跟着他的走出进来了。鸠利和伯爵谁都不敢抬起头来互相望一眼。波尔达维拉用眼向鸠利的丈夫走出的门那边瞟着。

"不要那样望着那门。"鸠利说,"你不知道我丈夫的为人,他不会藏在门后面窃听我们的话。"

"我怎么知道他不会呢? 他还许带证人一齐来呢。"

"你为什么说这个话,伯爵?"

"你以为我已经忘记他把两个医生带来,千方百计地逼辱我,并且宣布你发疯的那天了吗!"

"但是那是实情呢。假如我那时没有疯,我是永远不会说你是我的爱人的。"

"但是……"

"但是什么……伯爵?"

"你是要宣布我发狂吗? 你的意思,鸠利,是要否认……"

"请你用鸠利夫人或高麦兹夫人好不好!"

"你的意思是说,高麦兹夫人,为了某种原故,你没有真接受我的进行——不但是进行,而且我的爱?"

"伯爵!"

"其实你后来不但接受了它们,而且还做了它们的鼓励者。"

"我已经告诉了你,伯爵,我那时发了痴。我必须要再说一遍吗?"

"你否认我曾是你的爱人吗?"

"我再对你说一遍:我那时发了痴。"

"我一分钟也不能再在这里坐了! 再见吧!"

伯爵把他的手伸出来,预料着她一定拒绝。但是她却用她的手握住它,对他说:

"你大概已经晓得我的丈夫所说的话了吧? 你愿意什么时候来就可

以来……"

"但是,鸠利!"

"什么! 你又要开始吗? 我既然告诉你我那时发了痴……"

"我简直被你和你的丈夫逼得要疯了……"

"你? 逼得你要疯! 我觉得这倒不是一件容易事呢……"

"但是这是事实呀! 你叫我'小猴子'。"

鸠利哈哈地笑了。又羞又愤,伯爵抱着不再回来的决心离开了这所房子。

这层层的波折震摇了可怜的鸠利的生活,她很重地病了:神经错乱。这时她仿佛真要疯了。她时时被一种发热的昏乱迷住,在昏乱中总是用最热烈的,最多情的字眼呼着她的丈夫。每到他妻子的这种苦痛的病发作时,他总是不顾一切地跑来竭力镇定她。"我是属于你的,属于你的,完全属于你的。"他总是这样在她的耳边重复说,同时她总是把全身吊在他的颈子上,仿佛要把他扼死似的。

他把她搬到他的一个田庄上去,希望乡村生活能够对她有好处,但是这病却渐渐地夺去了她的生命,这可怕的病症已经深入膏肓了。

当这富人末了感到死神将要把他的妻子从他手里夺去的时候,他全身充满了一种可怕的镇静和顽固的愤怒。他把所有的最好的医生都叫了来。"完全没有希望。"他们总这样对他说。

"替我救活她吧。"他总是这样对医生说。

"那是完全不可能的,亚历山大先生,完全不可能的。"

"救活她,我告诉你! 我愿意牺牲我所有的财产,所有的金钱来救她的命!"

"那是完全不可能的,亚历山大先生。"

"那么我就为她舍我的生命! 你不会做一个借血的手术吗? 把我所有的血取出来给她吧。来,把我所有的血吸出来吧。"

"那是完全不可能的,亚历山大先生,不可能的。"

"你这话什么意思——不可能? 我要把我所有的血给她,我说!"

"只有上帝能救活她。"

"上帝！上帝在哪里？我从来没想到过他。"

接着,把身子向鸠利——他的妻子——她的脸苍白得可怕,但是却从来没有比这时更美丽了——带着临死的时候的美丽——转过去,他对她说:

"鸠利——上帝在哪里?"于是她便把她那大而出神的眼睛向上一动,好像说:

"他在那里……"

亚历山大审视那悬在床头的十字架,接着便把它拿下来,握在手里大叫:"把她救活,把我所有的财产,所有的血……所有的一切都取了去吧……"鸠利总是望着他微笑。她丈夫的盲目的愤怒使她充满一种温柔的光明。她终于得到真的快乐了！她怎么竟会怀疑这个人不爱她呢?

生命一点一点地从她的身上流尽了。她渐渐地变得冰冷而像石头一样。于是这位丈夫便躺在她的身旁热情地吻她。他想把他所有的温度传在她的身上,补上她所失去的温度。他甚至想把自己的呼吸给她。他好像一个疯狂到一百分的人。同时她总是继续对他微笑着。

"我要死了,亚历山大,我要死了。"

"不,你不死。"他总是对她说,"你绝对不会死。"

"你的妻子是不会死的,是吗?"

"对了,我的妻子不会死。我宁肯自己死。来吧,让死来吧。向我来！让死向我来吧！让它来吧！"

"啊！我现在知道我的苦痛并不是白受了！你想想吧,我竟怀疑过你的爱呢！"

"不,我并没有爱你。我已经对你说过一千遍了,鸠利,说那些愚傻的情话只是那些文章上的胡说乱道罢了。不,我并没有爱你。爱！爱！想想吧,那些坏东西们,那些懦汉们口里讲着爱,却让他们的妻子死去！不,那不是爱。我不爱你……"

"你说什么?"她重被以前的恐惧所占,用一种最软弱的声音问。

"不,我不爱你……我……简直没有适当的字!"接着他便发出一阵长久而无泪的呜咽,仿佛死人的叹息。这是一种苦痛而蛮野的爱情的苦吟。

"亚历山大!"

这个薄弱的呼唤包含着最后的胜利的可怜的欢呼。

"你不能死! 你绝对不会死;我不让你死! 鸠利,杀了我吧,但你却必须活着!"

"我要死了……"

"我同你一齐死!"

"孩子怎么办呢,亚历山大?"

"他也必须死! 没有你为什么爱他呢?"

"啊,上帝! 亚历山大,你疯了……"

"是的,我是惟一的痴子,我曾做了许久的疯子——我是惟一的疯子……杀死我吧,带我跟你一同去!"

"假如我能够……"

"不,不! 杀死我,但你却是要活着的。为你的自满而活着吧。"

"你怎么办呢?"

"我吗? 如果我要不是属于你的,就给我死吧!"

他把她抱得更紧了,仿佛要阻止她离开似的。

"现在你肯告诉我你是谁吗,亚历山大?"鸠利在他的耳边轻声说。

"我吗? 不过是一个人罢了——然而是属于你的;一个你造成的人。"

这个字就仿佛是一个墓中的低语似的——就仿佛是人类的船筏驶入那神秘的黑水时从生命之岸发出来的一样。

亚历山大觉得他的强壮的两臂只是抱着一个没有气息的人体了。他的心里仿佛感到一种将死之夜的死似的冷气。他立起身子,望着那僵硬而没有气息的美人。他从来没有见过她比今天更美丽。她好像是浴在那死后的永久的黎明的光辉里。比回忆着这个冷僵的尸体更大地,他感到他的一生像薄云一样地在他的眼前过着——他那曾瞒了一切人,甚至他自己的一生,他甚至一直想到他那些可怕的童年——想到他在那称为他父亲的人的无情的鞭挞之下抖战的时候；想到他诅咒自己的时候——想到有一天晚上，绝望得不能复忍，他曾在他的小乡村的教堂里向一个基督像挥拳示威。

末了他离开了屋子——把门关上，跑出去找他的孩子，这个小男孩刚刚只有三岁，他的父亲把他抱起来，同他一起走进屋子。他开始狂暴地吻他的孩子，孩子因为不惯于他父亲的吻法，也因为从来没有受过他一个吻，更许是因为已经猜出那在他胸中荡动着的野蛮的热情，便开始哭起来了。

"不要做声，我的孩子，不要做声。你肯饶恕我要做的事吗？你肯饶恕我吗？"

孩子被他吓住，便止住了哭。他望着他的父亲——他正在从他的眼睛，口，头发上寻找他的失去的鸠利的眼睛，口，头发。

"饶恕我，我的孩子，饶恕我！"

他自己又到别的屋子里逗留了一会儿，为的好写下他的遗嘱，接着他便回到他的妻子——或者可以说曾经做他的妻子的东西——的身边。

"我把我的血给你。"亚历山大向她说，仿佛她能听见似的，"死把你夺走了，现在我要去追上你！"一时之间他觉得他已经看见他的妻子微笑了，眼动了，他开始拥抱她，叫她，对她用小声说了无数的可怕的温存话，但是她仍旧非常冷。

过了些时，当他们把停尸的屋子的门打开时，他们看见他正用手臂抱着他的妻子。他是又白又冷，浸在那完全从他身上流出的血泊里。

六

爱尔兰

不幸的躯体[①]

唐珊南

"你为甚不来和我们跳舞,不来和我们寻欢作乐啊?"他们向某个躯体说。于是这躯体将它的苦恼诉了出来了。它说:"我是与一个狂暴的灵魂相结合,他是绝对地暴虐而不肯使我休息,不使我和我的亲属跳舞,却使我从事于他的可憎的工作;他还不愿我去做些会使我所爱的人快乐的琐事,但只是专心于当他利用过我而遗我于蠕虫之后的后世的满意;他时时刻刻作着要我讨那在我近旁的人的欢喜的无理的要求,而且他是骄慢得甚至短了他一些所要求的就理也不理,因此那些应当对我和好的人也怨恨我了。"于是这不幸的躯体便眼泪纵横了。

他们便说:"有感觉的躯体都不经意于它的灵魂的。灵魂是一个微物,不能管领躯体。你尽可以去喝酒吸烟直到他不来叨扰你的时候为止。"但这躯体只是饮泣着说:"我所有的是一个可怕的灵魂。我曾经用喝酒的方法将他来赶开一些时。但他不久便会回来了。哦,他不久便会回

---

① 该小说的作者为爱尔兰作家唐珊南(Lord Dunsany,1878—1957),戴望舒于1929年1月翻译此篇,刊于《文学周报》第326—350期。——编者注

来了！"

于是这躯体上床去想安息，因为它沉醉欲眠了。但睡眠刚走近它的时候，他向上一望，看见窗台上坐着它的灵魂，一片迷雾的幽光，在看着街上。

"来啊，"这暴虐的灵魂说，"看着街上。"

"我要睡了。"躯体说。

"但是这街道是个好看的东西，"这灵魂狂暴地说，"多多少少的人在那里做梦。"

"我为缺乏休息而病了。"躯体说。

"这个不要紧，"灵魂对它说，"世界上有成千成万像你一样的，而到那儿去的比成千成万的还要多。人类的梦是在漫游彷徨着；他们经过仙海仙山，由他们灵魂的引导，穿过错综的鸟道；他们来到那响着千万钟声的金碧的寺院；他们走上那点着纸灯笼的峻峭的街路，那边的门户是青绿而狭小的；他们知道到女巫的房屋和魔堡的道路；他们知道那引他们到那沿着象牙山的栈道的咒语——在一方面望下去，他们看见他们青春的田野；在那一方面，伸张着未来的光辉的平原。起来写出那人们所梦着的东西啊。"

"有什么报酬给我，"躯体说，"假如我照你吩咐的写下来？"

"没有报酬。"灵魂说。

"那么我要睡了。"躯体说。

灵魂便开始哼着一支懒洋洋的歌儿，这是一个在寓言的国土里的青年所唱的，当时他经过一座金城（那里站着凶猛的哨兵），他知道他的妻子是在城中，虽然她还只是个小孩子，他由预言而知道那还没有从远处和不知名的山中升起来的狂怒的战争，会在他重来此城以前，用他们的尘和渴包卷住他。——这少年在走过门前的时候歌唱着，而如今已和他的妻子死去一千年了。

"听了这个可憎的歌儿，我不能睡去。"躯体向灵魂说。

"那么你照我吩咐的做去。"灵魂回答。于是躯体疲倦地重新握起一枝笔来。灵魂向窗外望去,便快乐地说了:"有一座山,峭然高耸于伦敦上,一部分是琉璃,一部分是烟云。当市声消隐了的时候,梦人们便到那儿去。起初他们难以成梦,因为市声喧闹;但这喧声在午夜前就带着它一切破损的东西停歇了,回转去,退下去了。于是那些梦人们起来攀登那光辉闪耀的山,在山巅找到那梦的帆船。从那儿有的向东航,有的向西航,有的到往昔,有的到未来,因为帆船航过年岁正像航过空间一样,他们大半却向往昔和古港进发,因为那儿人们的叹息大都转了方向,而梦舟走在他们前方,正如商船在贸易风前向亚非利加海岸去一般。就是现在我还看见那帆船一只只在起锭;那星儿在他们旁边发光;他们溜出了幽夜;他们的船头在记忆的幽光中闪耀,幽夜就远了,一片黑云低低地挂着,淡淡地闪着星光,远看好像是闪着港火的港口和低地的海岸。"

那灵魂坐在窗下把梦一个个地讲出来。他讲着那些不能而永不要逃出伦敦的不幸的人们所见的理想的森林——那因为飞向不知名的幽境去,而唱着一支不知名的歌儿的鸟儿的歌声突然显出幽奇的森林。他看见过老人们轻盈地依着鬼笛之音跳舞——杂着豪华的少女的妙舞——整夜在这月光临照的虚幻的山上;他远远地听见那灿烂的春天的音乐;他看见到三十年后才凋残的林檎花的娟丽;他听见旧时的声音——旧时的眼泪亮晶晶地回了转来;Romance 披着袍加着冕在南山上坐着,而灵魂是认识他的。

他一个个地讲那在这条街中睡着的人的梦。有时候他停了讲,呵责那躯体,因为它做得又坏又慢。它的冰透了的手指尽它们所能地急写着,可是灵魂却一点也不关心。幽夜这样的消逝过去,直到那灵魂听到东天远远的早晨的夐然的足音。

"现在你看,"灵魂说,"那梦人所怕的曙色罢。光明的帆已在那些不可破的帆船上发着惨白色了;把行船的舟人都逃遁到寓言与神话中去了;别个海上,那贸易风如今在它的退潮中回转,快要隐藏起它的幽灰的残片,要在波涛中挟着喧声飘浮着回来。日光已闪耀在世界的东方的后面的海湾中;诸神已从他们在日出上建起的幽朦的宫宇中望见了它;当它流过他们光耀的穹窿而未到世界的时候,他们在他烈炎中暖着手。一切已有和将有的诸神都在那方;他们在清晨中坐在那边,歌颂祝赞着人。"

"为缺少睡眠,我已麻木而冰冷了。"躯体说。

"我将给你几世纪的睡眠,"灵魂说,"可是你现在却不许睡,因为我看见了那湿原带着紫色的花,高大又奇异地飘摇在光耀的草上,和一群纯白的野牛在那边跳跃取乐,还有一条奔流着的小河上面驰着一只明耀的帆船,完全是金的,它从一个不知名的内地航到海中一个不知名的岛上去,从山上之王那里带了一支曲儿到迢遥之后那里去。

"我要将那支曲儿唱着你听,你可应当写下来。"

"我为你劳役多年了,"躯体说,"现在请给我一夜的安息,因为我疲倦极了。"

"哦,去安息罢,我厌倦你。我去了。"灵魂说。

他便站起来走去了,我们不知道到什么地方。可是这个躯体呢,他们把它安置在尘土中。在第二夜半夜时分,那已死者的幽灵们从他们的墓中飘出来,祝贺这躯体。

"你要知道,这里你自由了。"他们对他们的新侣伴说。

"如今我可以安息了。"躯体说。

七

苏　联

第九十六个女人①

梭罗维也夫

沙捷克·霍甲也夫,巧拉克乡苏维埃的民团员,穿得光光彩彩,胸前交叉着皮带,登登地走着,走进团长的办公室,去听第五次的训斥。

这间小小的办公室他是熟极的了:布告,肖像,那两柄从前属于"巴斯马契"②的大头目,而现在却交叉着挂在墙上的嵌金宝刀,暗淡无光的锌制电话机,一大堆的文件和杂色的衬衫,以及那团长本人——肥胖而有疲倦之色,圆圆的头颅上留着灰色的短发,脸上有一条微青色的深深的伤疤,从前额画过眉梢,一直通过耳边。

沙捷克在团长面前立正致敬。

"你的报告一点也没有叫我满意,霍甲也夫同志,"那团长说了(他是帕米尔人,字尾总是拉长了念的。),"这在你是可耻的,霍甲也夫同志,再可耻也没有了! 你的那些报告全像白杨的苦叶子一样。你什么时候才可

---

① 该小说的作者为苏联作家梭罗维也夫(СоловьёвВладимирСергеевич,1853—1900),戴望舒于1946—1947年翻译此篇,刊于《涛声》复1—2期。——编者注
② Basmatche,俄国内战时中亚细亚的反革命匪徒。——译者注

以送一张葡萄叶子来给我呢？”

训斥就慢慢地很有礼貌地开始了。沙捷夫趁着一个停一停的当儿，请求容他辩解几句。

"团长同志，"他很从容地说，"我们的'季希拉克'①有九十五个女人，都是戴面幕的。我怎样从那'巴朗加'②下面去辨认出那第九十六个女人来呢？我们在市集上同一个摊子上买饼。在路上呢，要是我们碰到了，我就得退避，等我走过去了的时候，大家就远远地望着我；我呢，像一个瞎子一样，隔着一层面幕，我什么也看不出！团长同志，你是知道我的，在许多次战斗中，我总是追随着你的，可是这儿，我有什么办法呢？……"

"镇静一点，霍甲也夫同志，"团长打断他的话，露着发着湿光的金牙齿说，"镇静而坚决……你的尽职和勇敢我是很清楚的，可是在现在的这个情形之中，你却不能胜任。在那里，就在你身边，就在这个'季希拉克'中，住着苏维埃政权的最大的敌人，他安安逸逸地生活着，就好像在自己家里一样，简直不把民团放在眼里！这是多么可耻，霍甲也夫同志！"

这一场谈话的对象是顽强的匪徒阿里·保尔房——强盗而又是杀人犯，"巴斯马契"党徒的组织者；从前，他是著名的"库尔技希"③莫爱亭的右手。他的活动可以密密地写在一百十二页：在各集体农场里偷盗，抢劫，放火，杀共产党员，少共青年团员，各乡苏维埃的主席；而人们一直到现在也还没有法子捕获他，叫他来当庭对簿，据法受刑。人们捉拿阿里·保尔房是已经捉拿了两年了，可是还一点结果也没有。最近一次，一分队的民团曾经把他围住在克苏峡谷中，互相开战，一半的匪党都死在枪弹和肉搏之中，另一半匪党投降了，可是他呢，他居然又脱逃了，只留下一点踪迹：那就是民团团长头上的那条微青色的深深的伤疤。八个月之后，人们打听到他改扮做女人，戴上了面幕，躲在巧拉克那个山村之中，又在那里重

---

① Kichlak，中亚细亚对于村子的名称。——译者注
② Parandja，中亚细亚妇女用以遮面的马鬃面幕。——译者注
③ Kourbacpi，意为匪首。——译者注

组新党。沙捷克·霍甲也夫,因为是巧拉村人,所以就被派去捉拿阿里·保尔房。

"去吧,霍甲也夫同志,"那团长终于说,"我希望你下一次的报告里有更好的消息。"

沙捷克向后转,就走了出去。出去之后,他接连骑了八小时的马。他的马的蹄踏在沙丘的热沙里,乱踢草原上的卵石,在山脚边的岩石上得得地响着,沉沉地拍着急流中的流沙。他什么也没有注意的,却愁眉不展地思索着,简直好像在对整个世界发脾气。

在傍晚,他来到了巧拉克。迎接着他的是白杨树叶上的残阳,呼唤老人们去祈祷教士的尖声,和那从山间吹来的,饱和着松脂香和雪的,那么熟稔的又凉又湿的风。

他在茶坊里拣了一个安适的位子,坐了下来,脸儿朝着街路,可以看过路的人们。他一点也不注意那些男子们;反之,他钉住了那些妇女们不放,可是她们却从头到脚全身都裹在厚厚的布里。马鬃毛的面幕遮住了她们的脸:妇女们在她们的围着厚厚的墙壁,沿街一扇窗也没有的家里,是很难接近的,可是在路上呢,她是比在家中更难于接近。那第九十六个女人,也许就是坐在桥上哼着,伸手求布施的那个吧;也许就是头上顶着一篮饼的那个吧,或者就是急急忙忙带着一个水桶去汲水的那个吧,或者就是拥挤着向乌士贝克托的铺子,向那陈列架上的光彩的印花布走过去的那个吧。

沙捷克孤零零地一直坐到黄昏。那个放在他面前的饰影的茶炊是已经冷了。那位像那茶炊一样地鼓着肚子的茶坊老板走了过来。

"你出了什么事儿吗? 可敬的沙捷克。你连茶杯也没有碰一下过。也许他绿茶已经喝厌了,那么我替你泡红茶吧。"

"谢谢你,我很喜欢你的茶,泡得好,又香,又不怎么浓,我心里有一件烦闷的事,不幸我不能说出来,可敬的朱拉,在我的……"

沙捷克突然停住了,他忽然起了一阵痉挛,身子好像上了弹簧似地耸了起来,叫那茶坊老板看得惊呆了。他伸长了脖子,兴奋得发抖,拼命向路上注视着。在路上,在那渐渐浓密起来的黑暗之中,一点微弱的火光从一个暗黑的面幕中透露了出来。"抽纸烟!"沙捷克忽然想到了,他的呼吸停止了。摸着手枪袋,他轻轻地走上前去,不使那人觉得。那个面幕中的火光灭熄了,可是沙捷克已辨白出那个戴面幕的侧影的模糊的轮廓来。他加紧了脚步,可是那人已经觉察到危险,突然向旁边一闪,走到那有许多女人在那儿拥挤着一边争论咒骂的,挂着一盏发着散漫的黄光的灯笼的衣铺边去。

"站住!"沙捷克喊,跳过去拦住那人的去路,可是已经太迟了:那人已经很快地溜进那一大群的妇女们之中去,立刻和她们混成一片,看不见了,沙捷克挥动着他的手枪,一跳跳了过去,分开了这一群看不见脸儿的群众。骚乱起来了,接着是呼喊,叫号,接着那些灰色的影子就四散奔走了……捉谁呢? 最后,在沉静之中突然升起了那店员的战颤颤的声音。

"可敬的沙捷克,你怎么了啊?"

那个站在柜台后面脸色发着青的店员,一只手拿着一秤钟,别一只手挥一根钢尺,好像是挥着剑似的。这是一个好店员,别人交给他卖的货物,他是愿意流尽他最后一滴血去保护的。

"两个女人没有付钱就跑了,还有一个呢,我还来不及找钱给她。"他放下他那挥钢尺的手臂,一边悲哀地说,"明天我一定要跑一整天,去一家一家地找出这些女人来。"

"这些女人,"沙捷克说,喉咙也哑了,一边把他的手枪放回到手枪袋里去,"这些女人全不配公民这个高尚的称呼! 一个男人走到店里来买火柴,而她们却吓成个样子,全跑了! 她们一点也没有组织和纪律的精神。她们戴着她们的蠢面幕,只有妨碍苏维埃政权,妨碍民团的工作! 我不懂中央的人在想些什么,我不懂他们为什么到今天还没有下一道命令! 给我一盒火柴。"

沙捷克非常气愤地回家去,他胸头对于妇女非戴面幕不可的那条古法的愤怒,是比任何情郎都还厉害。而那店员呢,在关好了店门之后,就走到茶坊里去,在那里和茶坊老板交头接耳地谈了好久,一边谈一边茫然地摇着他们的光头。

……沙捷克开始过度那些凄暗的,充满了警觉和情感的日子了。他觉得每一个面幕都是可以怀疑的。在街路上碰到一个女人走得快一点,步子跨得大一点,他就走上去以法令的名义请那女人揭开面幕来,接着就去向那女人的丈夫道歉。在倍克拿沙院,他曾经被集体农女从事员奥东比比的有点嚷音的粗嗓子所引起注意,而叫她揭开面幕来,因而做了大众取笑的目的。他曾经把确切而秘密的指令通知那卖印花布的店员:留心注视一切女顾客的手,要是见到大手,粗手或甚至有毛的手,就立刻捉住那个顾客。这些指令对于那店员和沙捷克,也同样地引了许多麻烦。

弄到没有办法了,沙捷克就躲在自己家里,送了一份绝望的报告去给他的团长,同时请求准许辞职。

那团长却不准他辞职;在报告书上,他用蓝铅笔批着:"我知道这件事难办。我也不派人来帮你的忙,因为我调来一个新人会惊动你的工作的目的物。反之,我诚恳地向你握手,并奉上三包从列宁格拉得来的三包好纸烟。你不匆不忙的抽抽这些纸烟,再想想办法……我劝你做筹备功夫要非常谨慎,在执行时要大胆而有决断;此外,还需要民众帮忙,这是很紧要的,还需民众帮忙。"

沙捷克照着他的团长的劝告做,他抽了两天烟,不慌不忙地思索着,找寻着一条可以一下子把问题解决了的妙计。他的嘴又干又发苦,他的下额上胡须也长了,可是那妙计还是没有走进他的脑子去。在他的房间里,纸烟的烟成了一片沈重的灰色的雾,氲氲不散。沙捷克把他的团长的批语重读了十遍。民众的帮忙!民众在什么方面能够帮他的忙呢?茶坊的老板,店员,灌水管理员,邮差,骑兵,集体农场从事者,这些人对于那些蒙着脸儿的娘子军,可不是像他一样地毫无办法吗?这社会的大敌在村子里有九十五个帮手,九十五个窝家——她们都学着她们的黑面幕,安然反抗苏维埃政府的法令。

在第三天的早晨,沙捷克闷闷地下了决心走出门去。新鲜的空气,明亮的太阳,枣树花的香味迎着他,使得他不知所措了。那时是春天,而在春天这个季节,不要说是三天,就是每一小时地面也会变得更美丽的。在那些凝着白雪的山峰上,厚厚的白雪伸展开来,露出了后面更高的山。

沙捷克去找到了集体农场的主任,对他说道:

"你是一个共产党员,我认识你已经长久了,我是很相信你的。你应该帮助我。可是不要对任何人露一句口风。事情是又严重又秘密的。你留心听我说。"

那位主任听着,下额越听越重下去了。

"啊!这倒真是一件了不得的事!"他终于说了。"沙捷克,你为什么不早点告诉我呢?我早就可以派三个看守人去管马房了。他一直到现在为止还没有偷过我们的马,真是不幸中的大幸!我立刻要派三个,不,四个看守人到马房去!"

"用不着,"沙捷克回答。"今天晚上,我要抓住他了。在工作完毕之后,在七点钟光景,你把全体妇女都召集到茶坊里去,全体,一个也不能例外!你对他们说,"他轻鄙地说下去,"要预先分发蚕丝的钱:她们一听到有钱到手,便都会立刻赶来了。那个家伙也会到会集中来,他不会不到,他不敢留在家里,他知道什么地方对于他危险少一点。可是这一次他可错了。"

"正是啊!"那主任说。"这一次他可错了,这办法真亏你想出来,沙捷克!我们那时就派武装同志把茶坊团团围住,然后对那些妇女们说……"

"对她们说吗?"沙捷克喊着。"对她们?对那些女人们!主任,你糊涂了!那时他们就立刻会哄起来!不成,主任,你呢,你不要来管这一套。你把那些女人召集拢来,其余的事我来办。我知道应该怎样说。今天晚上,我可要强迫阿里·保尔房公开地决斗一下。"

他有意地把他的手放在他的手枪上。

那主任缄默了好一会儿,接着,他眼睛并不望着沙捷克,问他道:

"那么要开火了吗?"

"可能的事,"沙捷克回答。"他是一个有决断的人。他知道他自己的罪名:无论如何,他是要被枪毙的。是的,要开火。"

"这样不大好。"那主任说。

"有什么办法呢?"沙捷克回答。"你不要担心。不会有人吃到枪子儿的。我要设法使得我后面没有别的人。要是他打不中,弹子就会打在墙上,槽糕的是,"沙捷克补说下去,"一定是他第一个开枪;他是一个出色的射手,人们在民团里早已告诉过我了。"

他用靴尖儿踢着路上的灰尘,眯着眼望了一眼太阳又望了一眼那位主任,还想说点什么话,可是没有说出来。

那位主任懂了他的思想。

"沙捷克,他要把你打死呢。"

"闭嘴!"他大声说,突然恼怒起来了。"这不管你的事! 你替我在七点钟的时候把那些女人召集起来就是了。"

他突然转身走了,在他的皮带的擦得灿亮的铜环上,他把太阳的闪闪金光带了去。

他不能够留在他家,也不能够走到茶坊里去;他走到了那被野草町侵的路上,向花园走过去。春天的灌溉已经完结了;花园里是静悄悄地一个人也没有。黄莺儿带着一种清脆而悲凉的声音啼着。从那划着一条条的暗影和嫩草的地上,升起了一片潮湿的气味。在上面,在那些树木上,一整片轻盈的树叶子在阳光中呈着透明之色。沙捷克越走离开路越远,一直走进清凉的密荫之中去。他碰到了一头长耳的沉思着的骡子,是别人用马鬃绳系在一棵树上的,他把他的手放在那骡子的毛茸茸的鼻子上,骡子忽然莫名其妙地把头摇了一摇,喷了一口气,把涎沫溅了这民团员满身。沙捷克抓住了那骡子的又软又温暖的耳根子,轻轻地拉了一下,骂它道:"傻瓜,别再喷了!"接着,他立刻自言自语道:"他一定会第一个开枪。这不好。要是他打不中,这样的距离就没有危险了……"那头骡子一声也不响,一动也不动;沙捷克的手是遗忌在它的灰色的长长的头上,在它的温暖的耳朵边。蜜蜂在阳光之中漫飞着。

"好,"沙捷克对那头骡子说,一边叹了一口长气。"好,吃你的草吧。"

沙捷克并不害怕,一点也不。他只不过没有习惯于单独作战,而别使他不乐意的,就是一定是阿里·保尔房先开枪;这是他大大地不乐意的。他皱着他的浓浓的黑眉毛,回想着往日的战斗:他觉得当时和他的团体们,在一起真是惬意。他怀着想起了那些妇女们。全是她们的不是!要是没有这些蠢面幕,谁知道先开枪的是谁呢?那时至少机会是均等的……

"可是,嘿!这可也受够了!"他说着一边再望了一眼青碧而晴朗的天,好像他要把天的颜色雕刻在心中似地;他望了一眼在太阳里鲜亮而透明的树叶子,摇着耳朵赶苍蝇的骡子,然后踏着散漫但却坚实的步子,回到村子里去,同时在潮湿的地上留下他的脚根的深深的印迹。

现在我们要说这个至今全费尔加拿还盛传的奇特的集会的故事了。那集体农场的主任亲自一家一家地前去,把这次集会是如何非常重要告诉每一个妇女,还说这是全区都必到的。

在七点钟光景,妇女们渐渐地到来了。好像是影子似地,她们不声不响地溜进茶坊去,选着最暗黑的角隅等着。可是那肥胖老板却老是把灯一盏一盏地点起来。妇女们惊奇,笑着问什么要这样灯烛辉煌。

"这是节庆啊,这是大节庆啊,"那老板开着玩笑说,"中央发命令下来,说村子里顶漂亮的女人给奖金一千卢布;还算漂亮的给奖五百卢布;老太婆呢,每人罚出二十五个卢布。"

年青的妇女们笑着,年老的妇女们也笑着,一边对那老板嚷道;

"可不是中央还下了一道命令,说大肚子的男人也要罚钱吗?"

"是的,"那老板笑嘻嘻地拍着自己的肚子说:"是的,的确中央有一道命令,可是首领却来不及签字。他就要签字了,而那时我也瘦下去了。靠近桌子来啊,我的诸位美人儿;你们为什么这样乱七八糟地耽在那儿啊?"

那老板是早就受了吩咐的。他开着玩笑笑着,一排一排地把那些女人排列起来。让沙捷克计算起来可以容易一点。

"五十,五十一,"沙捷克暗暗地计算着。他是严肃而镇定;在全场之中,只有他一个人在等待吃枪子儿。这个念头使他有这一种感觉,觉得自己两样了,把他的细小的特点和他的习惯都摆脱了。他虽则远还没有做出什么事来,但他却已预先感到了他将做出来的一切行为的正确性。望着那些妇女们,他想:"不,今天我可不愿意尊重你们的蠢面幕了!"当然的,在今天,也许是他一生中的最后半时,他是有权不顾旧例揭开这些面幕来的,因为他预备为了那更宝贵有前途的国家,而牺牲自己的生命。

妇女们等得不耐烦了,大家都嚷将起来:"时候到了!"她们是并排地坐着,互相挤得很紧,好像是在防御一个隐秘的敌人似的;她们的面幕混成黑色的一片,"她们在等着预支茧金!"沙捷克想,恼怒得气也喘不过来了,如果他有权,他会一个也不例外地把这些女人全都拘捕起来,罪名是和私藏强盗并其同谋。而现在呢,他却不得不静静地等待着,等待着吃一枪!那将要向他开枪的第九十六个女人是那一个呢?

"猎兵已经在乡苏维埃集合了,"那主任轻轻地对他说。"我们可以开始了吧?"

"还早着呢,"沙捷克回答。"九十二,九十三……他就要来了……啊!啊!九十四,九十五。他一定已经在那儿了。可是我们不妨等最后一个人到来吧。"

正在这个时候,那第九十六个女人走了进来。她用一种年青的清脆的声音高声说:

"哦,那么许多人! 苏尔斐姐姐,你在那里?"

"妹妹,我在这里!"苏尔斐用同样年青而清脆的声音回答。

这第九十六个女人就坐到她旁边去。

"又要开会!"她埋怨着。"多么热!"

那主任跑去找猎兵。沙捷克把铃摇了一下。妇女们不响了,而他呢,他忽然把自己所要说的话都忘说了。他舌僵口滞,感到沉重,连一句话也说不出来。妇女们看出了他的窘态,哈哈地笑起来,又互相耳语着。

"诸位女公民,"沙捷克说"我请你们庄重一点。你们不要忘记,你们是在民……这就是说,是在集会之中。"

他自己的声音的严厉使他有了勇气。他整理了一下胸前的皮带,分开了脚,咬着自己的髭须。

"诸位妇女同志,关于预发苴金的问题是搁起了。今天的议事日程是关于面幕问题,我请你们,诸位妇女同志,立刻除去了你们的面幕!打倒面幕!在这个集会中,你们应该全使露出你们的脸儿来,当着我面前!这是正式命令,为了什么?谁问了什么?我既然说了,就应该这样做!"

整个茶坊骚动着,先是一片嘈杂的声音,接着又静下来。

"谁反对这个提议?"沙捷克问。"没有人反对吗?这是一致通过了。我们现在要开始了,诸位妇女同志,按着名单。第一个是阿黑麦加诺华·阿尔齐比皮。"

一片深深的沉静。于是他向前走了一步。他的背脊上起了一阵寒噤,好像在战斗之中似的。

"阿黑麦加诺华·阿尔齐比皮!把你的脸儿露出来啊!"

有人在呻吟,轻轻地喊了一声,接着就呜咽起来了。沙捷克听见一个声音从第一排上发出来:

"我们呢,我们不愿意。"

"女同志!你不要忘记……"

另一个声音打断了他的话:

"法令在那里?……你拿法令给我们看!这条法令是没有的……你自己造出来的!"

"拿法令给我们看!"全体的妇女们同声喊着,这个茶坊里就飘动着面幕的一片黑色的波浪了。

"静下来!"沙捷克喊着。

奥东·比比从人群中站了起来。从她的身裁和她的声音,人们立刻认出了她。她用她的粗嗓子大声说:

"静下来!不要开口!我来对他说。"

她身上裹着一块长长的布,好像是一个石像,又慢慢沉重地向沙捷克转身过去:

"你在这儿发什么命令?"她问。带着威胁的口气。"回到你的民团里去命令什么强盗和匪徒。我们是集体农场的女从事员!你钉住女人朝她们面幕下面看,也已经够长久了!在贝克拿沙院里,你也曾找过我!"

"不要骚扰!"沙捷克大声说。"我认识你,你是奥东·比比。"

"多谢你!我做过五百工,人人都认得我,也不只是你一个人!我以前在五月一日很自愿除下我的面幕来,可是现在呢,我却决不除,故意要逗逗你,我不除!到你的老婆那儿去吧,叫她露出脸儿来给你看,还露出她的随便什么东西都好!"

沙捷克忍不住了。

"女同志,我预先通知你……"

奥东·比比的粗嗓子很容易地掩盖住了他的声音:

"女人们,我们为什么还要留在这儿听这讨厌东西胡诌?为什么主任一点处置也没有?他躲到那儿去了?女人们,我们离开这儿吧。让他们自己去开他们的会!我们呢!"她转身对沙捷克说,"我们自己要召集一次我们的会,我们要向省里上诉。"

她急急地向门口走过去,她的衣边带住了坐着的那些女人。于是,好像得到一个信号似地,一排一排的女人都站了起来跟着她。沙捷克觉得自己血脉里的血冰冻起来了,一种不安侵扰着他。就在这一分钟,那敌人,就要和妇女们一起走了;明天,他就要远远地在群山之中了。一个可羞的思想像一道闪电似地涌了出来:"让他走了吧!"可是这思想立刻就消失了。沙捷克急忙赶到门边去,赶上了奥东·比比两步。

"我不让你出去!"

"你发疯了!"她怒喊着。"这里又不是监牢!你懂我的话吗?这里是自由的集体农场!立刻让我走出去!"

"我不能够……可敬的奥东·比比,你听说……"

"流氓!"她骂着、便在大怒之中用尽全力向沙捷克撞过去,差一把沙捷克撞翻压扁。"流氓!我的孩子们也比你年纪大了。我就是跑到塔西肯特去,别人也认得我,在苏维埃联邦之中,我找个人来叫你吃吃亏也不难。"

他呢,他气急败坏地说着话。趁看奥东比比的喊声稍停的时候。他急急地说：

"等一会儿……我承认我的错处，你懂得我吗？奥东比比，我承认我的错处，向后退，奥东比比，向后退。我要对你们解释，我立刻对你们解释……我要求你们，我坚执地要求你们……等一会儿！不要走得太近……"

奥东比比是一个容易发脾气的女人，可是就是在大发雷霆之中，她也不会失去冷静头脑。在她的苍白脸色之中，又起了一种真正的惊讶和深深的不安的表情。

"说吧，讨厌东西，不过要快一点，静下来，你们！"她对她的那一片幕面的娘子军吩咐。

"诸位妇女同志："沙捷克的声音是因为感动而嘶哑了，"镇静一点，向后退，奥东比比！诸位女同志，不要骚动，我相信你们都是有点见识的，奥东比比，我请你不要离开我太近。事情是非常地严里。巧拉克一共有九十五个妇女，而在这里，在这会场，却有九十六个。多一个人。而这第九十六个女人，就是阿里保尔房这强盗，残杀你们的丈夫和你们的弟兄的人。他现在是在你们之间，在这茶坊里，躲在一个面幕下面。"

一片巨大的叹息声似乎凝住在茶坊的又沉重又不洁的空气之中，没有一个人向门口走过去。沙捷克用手拭着他的满是冷汗的前额。

"他逃不掉！诸位妇女同志，镇静一点！他不能逃走，茶坊已被武装同志们围着了。诸位妇女同志，你们一点也不用害怕！你瞧，我是远远地站在一边，要是他向我开枪，子弹是打不到你们的。凭着苏维埃政权的名义，我请求你们帮我的忙。我并不强迫任何人除下面幕，可是你们要晓得，要是戴着面幕出去，就会把那强盗也带了出去！"

在外面，在门边和窗口，猎兵们板动着枪机，轧轧地发出声音来，沙捷克再走开得远一点，把身子靠在墙上，脸色有点发青，打开了他的手枪盒。

"也许他是躲在这个面幕后面吧，"他随便指着一个面幕说。

那女人向前走上了一步，一边愤然很快地揭开了她的面幕。

"我不是一个强盗，"她说："我是一个集体农场从事员！"

沙捷克看到了一张生着棕色的眼睛和弯弯的眉毛的美丽的脸儿。

"谢谢你！你去吧！让她走！"他向半开的门喊。

那女人并不遮上面幕走出去，一响枪声开了出来。"没有打中"这个迅速的思想传到沙捷克脑海中。而在这个时候，那女人踉跄着倒在奥东比比的怀里，其余的人都在愣住了：没有一个动作，没有一个声音，沙捷克仿佛觉得自己后颈上的皮冰结住了，皱起来了，而且提动着他的小帽。

"打死了吗？"他终于惨然地问。

"颈子上受了伤。"奥东比比回答。

场子上是那么地沉静，好像只有他们两个是在这宽大的茶坊中。

"你向妇女开枪！"沙捷克用一种沙哑的声音大声喊。"向妇女开枪！你为什么不向我开枪呢？"

他气也喘不过来了。他撕开了他的上衣的扭扣。

"诸位妇女同志，你们回去吧。不要揭开你们的面幕来。他会再开枪的。我们今天让他去了吧。我从来也不会想到会敢向一个妇女开枪！你们去吧，我们今天让他逃走这一次，可是我这里当着大家面前对你说，阿里·保尔房，我们后会有期哪。我们两人之中总有一个人要死，不是你就是我！"

"不，我们不让他走！"

奥东比比用着她整个肥大的身体拦住了门。

"我们不让他走！这畜生，让他向我开枪吧！女人们，我们不让他走！"

她丢开了自己的面幕。她的红得发紫的颊儿发着抖，一点一点的汗珠凝留在她的眉毛上和她的生着浓毛的上唇上。

"遮上你的脸！"沙捷克很吃惊，大声地喊。"遮上你的面幕，他要开枪了！我命令你！遮上你的面幕，我命令你！"

她呢，在激昂兴奋之中，她什么话也不听，在那儿破口大骂，大声叫喊，真像一个泼妇，群众扰动着，发着一种严重而威胁的声音，好像是从一个喉咙里发出来的。

"停止！你们在那儿干什么？"沙捷克喊,脸色也发青了。

在这茶坊中,好像起了一阵黑色的风似地,把一切的面幕都揭了起来。

一响枪声,接着又是一响枪声,都是向着沙捷克开出去的,可是都没有打中。

"他在这里了!"

一个裹着灰色的布的身体孤单地靠在墙上,就是那个强盗! 沙捷克举起他的手枪,可是他还来不及开枪,十来只女人的手已抓住了那强盗,拉掉他的面幕,而当沙捷克好容易排开众人的时候,那强盗已满脸伤痕血迹。倒在地上,手枪也丢在一旁了。妇女们按住了他的手和脚,奥东比比整个身体坐在他的胸上。猎兵们赶来了把那强盗绑缚起来,解他到乡苏维埃去。他像一个喝醉了的人似地跟跄地走着,褐色的胡须一直碰到衬衫。妇女们呢,他们默默地抬着他们的受伤的同伴走。

这里,我们可以作一个结束了。我讲这个故事,一点也没有增加。一点也没有改,目的是在于解释给读者听,为什么沙捷克·霍甲也夫在受了五次训斥之后,忽然地升了级,以及为什么巧拉克村中全体妇女九十五人。现在都不戴面幕。我还得提起:那个受了伤的女人名叫沙阿达特这几个字的意思就是"幸福"。在一个月之后,她居然出了医院,而回到她的乡村中去,接受了党委员会和乡苏维埃执行委员会的无数礼物。至于阿里·保尔房那强盗呢,他是在高刚特被执行枪决了。

八

比利时

孤独者[①]

西里艾尔·皮思

濮佛尔的小屋子是孤立在莽原之中……涂着赭黄色的粉的,凸凹龟裂的四面小小的破墙;一个半坍的,在西边遮着一片幽暗的长春藤的,灰色的破屋顶;有青色的小扉板倒悬着的两扇小玻璃窗;一扇为青苔所蚀的苍青色的低低的门;便是我们在那凄凉而寂静的旷野中所见到的这所小屋子……在那无穷的高天的穹窿之下,这所耸立在那起伏于天涯的树林的辽远而幽暗的曲线上的小屋子,便格外显得渺小了。它在那儿耸立着,在一种异常忧郁的孤独之中,在那刮着平原的秋天的寒冷而灰色的大风之下。

那认识他或只听别人讲起过他的几个人,称他为"濮佛尔"。没有一个人记得他的真姓名。他过着一种完全的隐遁生活,离开有人烟之处有十二英里,离最近的村子有十六英里。人们所知道的,只是他和他的父母

[①] 该小说的作者为比利时作家西里艾尔·皮思(Cyriel Buysse,1859—1932),戴望舒于 1935 年 6 月翻译此篇,刊于上海商务印书馆初版的《比利时短篇小说集》。——编者注

一同住到那个地方去,那已经是很长远的事了,那时树林一直延伸到他的孤独的茅舍边。他的父亲是做一个有钱人的猎地看守人而住到那里去的。可是那有钱人因为穷了,便把一大部分的树林砍伐了变卖。只有那个不值钱的小屋子,却还留在那里。濮佛尔的父母在那小屋中一直住到死,在父母死后,他还一个人住在那儿,因为他已习惯于这一类的生活,他并没有其他欲望,因为他已不复能想象另一种生活了。

他有几只给他生蛋的母鸡,一只他所渐渐饲肥的小猪,一只他用来牵手车的狗,一只给他捕鼠的猫。他也有一只关在小笼中在晨曦之中快乐地唱歌的金丝雀,和一只猫头鹰——这是一位阴郁的怪客人,它整天一动也不动地躲在一个阴暗的巢里,只在黄昏的时候出来,张大了它的又大又圆的猫眼睛,满脸含怒地飞到小玻璃窗边去,等濮佛尔把它的食料放到它的爪间去:田蛙,瓦雀,耗子。

此外,他周围便一个生物也没有了。在他亲自开垦的荒地的一角上,他种了马铃薯,麦子,蔬菜;他到很远的树林中去打柴生火。一大堆由四块粗木板支维着的干草和枯叶,便算是他的床。他的衣衫是泥土色的。

他的身材不大也不小,微微有点佝偻,手臂异常地长。他的胡须和头发是又硬又黑,他的颧骨凸出的瘦瘦的颊儿,呈着一种鲜明的酡红色,而在他的鲜灰色的眼睛中,有着一种狞猛和不安的表情。

永远没有——或几乎永远没有一个人走到他住所的附近去;如果不意有一个到来的时候,濮佛尔便胆小地躲在屋子里不敢出来,好像怕中了别人的咒语似的。这样,他竟可以说失去了说话的习惯了;他只用几个单字唤他的牲口的名字。他的狗名叫杜克,他的猫头鹰名叫库白,他的猫名叫咪,他的金丝雀名叫芬琪。在他的心灵中,思想是稀少而模糊的,永远限制在他的孤独生活的狭窄的范围中。他想着他的母鸡,他的猪,他的马铃薯,他的麦子,他的工作,他的狗,他的猫,他的猫头鹰。在夏天的平静的晚间,他毫无思想地蹲在他门前的沙土上,眼光漠然不动地望着远处,抽着他的烟斗。在冬天,他只呆看着炉火,陷入一种完全的无思无想的状态中。他有时长久地望着那缩成一团打着鼾的猫,有时在那从小窗中穿进来的苍茫的夕照中坐到那猫头鹰旁边去,看它吞食着田蛙和小鸟儿。

他没有钱,他甚至连钱的颜色也没有看见过,可是每当他的猪肥胖得差不多了的时候,或是他的鸡太多了的时候(这是每隔四五个月会有一次的事),他便把它们带到一个很远的村子里去,去换各种的食物。他很怕这种跋涉,因为他一到的时候,那平时很平静的村子顿时热闹起来了。

顽童们远远地看见他带着那牵着装满了东西的小车的狗到来的时候,便立刻大嚷着:"濮佛尔来了,濮佛尔来了!"于是他们便喧嚷着成群结队地跟在他后面,有的人学着他的犬吠,有的人学着他的猪叫,有的人学着他的鸡鸣。那时濮佛尔又害羞又害怕,红着脸儿,加紧了步子,眼睛斜望着别人;他跑得那么地快,以致他手车的轮子碰到了他的狗的尾巴,而使它哀鸣起来。他尽可能快地穿过了一排追逐着他的顽童,和一排站在门口的嘲笑他的乡民,赶紧跑到猪肉杂货铺去躲避。

在那里,他躲过了残酷的嘲弄。人们称他的猪,人们和他论猪价,接着他便用他的猪价换了各种的货物:第一是一只他可以重新饲养大起来的小猪,其次是猪油和香料,内衣或其他的东西,牛油,面粉,咖啡,烟草,一切他长期的孤独中所需要的东西。此外,杂货铺的老板和老板娘还请他喝一大杯咖啡,吃白面包饼和干酪,然后送他到门口,祝他平安(话语之间却不免也混着一点冷嘲)。接着,喜剧便又开始了:濮佛尔刚托起了他的手车的扶柄,开口赶他的狗的时候,站在路对面的那些游手好闲的人们便哄然笑起来了。有一个游手好闲的人在车轮下放了一块砖头,因此他怎样拉也不能把车拉动;他愚蠢地微笑着,摇着他的头,好像这每次都是一般无二的恶作剧,还很使他惊讶似的;接着他放下了扶柄,费劲儿搬开了砖石。然后动身上路,不久又像初到时似地跑起来,身后跟着一大群的顽童,一直到离村子很远的地方才没人跟他。

他这样地在一种完全的孤独中度过了许多年单调的生活,一直到一个奇特而混乱的日子,那一向离他很远的人类生活,似乎亲自走近到他身边去。

有一天早晨,许多人在他的寒伧的茅屋附近显身出来。那是一些很忙的人,在荒地上跑来跑去,手中拿着长铁链和红漆的杆子;他们把那些杆子东也插一根,西也插一根,接着他们又很小心地远远望着那些杆子。

那惊惶失措的濮佛尔躲在他的小玻璃窗后面。他一点不懂得那是怎么一回事,可是他不久看见一个穿着城里衣裳的人,后面跟着一个工人,向他的小屋子走过来。立刻,有人敲他的门。

"有人吗?"别人在外面叫。

濮佛尔先是装做听不见,不愿意去开门。

可是外面打门打得愈急了,他只得走出去。

"朋友,"那位先生很客气地说,"你可以给我们设法找几根细木棒吗?我们现在正在测量那要从这里经过的新铁路。"

"啊,可以,先生。"濮佛尔用那他自己也听不清楚的低低的嘎音回答。他到他的小屋后面去找了几根细木棒来交给那工人。

"谢谢你,"那陌生人微笑着说,"你可要抽一根雪茄烟?"

"你太客气了。"濮佛尔用那同样的嘎声回答。

那陌生人拿了几支雪茄烟给他,接着用一种胜利的声音对濮佛尔说,好像他的话会使濮佛尔很快活似的:

"以后这里不会这样荒凉了,我对你说!"

那眼睛苍白,畏人而充满了不安的濮佛尔没有回答。

"我们在此地筑路。"那陌生人补说着,作为上面一句话的解释,同时向那个奇特的人斜看了一眼。

可是濮佛尔还是一句话也不说。于是,说了一声"再见,我们晚上把你的木棒拿来还你",那陌生人便带着他的工人走了。

一条铁路!濮佛尔想着,他害怕起来。这条铁路在尚没有存在以前就深深地使他不安了。

他多么地希望那条铁路不通过来!过着隐遁生活的他,很怕那些老是嘲笑他的人们来临。然而,在他的心中却起了一种好奇的情感,这好奇的情感不久又渐渐地变成了一种热烈的愿望了。他先逃到树林中,可是他的恐惧渐渐地减小下去,竟至不久去看那些人们工作,甚至和那些实在对他无害的陌生人们说起话来。

"呃,濮佛尔,"他们开着玩笑说,"路一筑成之后,这里可要变成很有味儿的了,可不是吗? 那时你便会老看见那些漂亮的火车开过,车里坐着国王们,王子们,公主们。"

"那么附近会有一个车站吗?"濮佛尔问。

"不,这条路只是用来缩短特别快车的路程的。可是,唅,"他们开玩笑说,"只要你用你的手帕打一个号,火车便随时会停下来。"

"我从来也没有见过火车。"濮佛尔回答。

于是他便沉思般地回到辽远的树林那边去。

他不久看见火车来到了:那是一些小小的机车,叫起来声音很尖锐,曳着一长列的没顶货车。人们从那里卸下一大堆一大堆的沙土,枕木和钢轨。他并不害怕;只是他一点也不懂,又十分惊佩。最使他惊异的是那些沉重的车子那么听话地沿着那两条铁轨走,而永远不翻倒。

"怎样会有这样的事!"濮佛尔想。于是他常常去看,心想那车子随时会闹出一件意外事来。

没有意外事闹出来。成着真线,穿过了荒地和树林,那条路线不久便从这一端地平线通到那一端地平线,最后竟可以通行华丽的大火车了。

行落成典礼的时候,濮佛尔也在场。

他是在铁路的路堤下面,和几个筑铁路的工人在一起。在那铁路迤逦而去的天涯,有一件像是一头喘息着的黑色小牲口似的东西在动着,又似乎异常匆忙地赶来;接着,它好像被怒气所胀大了似地一点点地大了起来,飞快地跑上前来,它不久变成了一个怪物,把火吐在地上,把烟喷到空中,像一个骚响的大水柱似的经过,带着一片蒸气和铁的震耳欲聋的声音,简直像是一个大炸弹。

濮佛尔喊了一声,腿也软下去了;他张开了他的臂膊,好像受了致命伤似的,晕倒在地上。

那些做着手势,向那经过的火车高声欢呼着的铁路工人们,嘲笑着那不幸的濮佛尔。

"什么都没有碰碎吗？你还活着吗？"

那害羞的濮佛尔一声也不响地站了起来，蹒跚地向他的小屋子走过去。

那些几个月以来在那个地方工作和生活的人们，现在都已经走了。濮佛尔又恢复了他的完全的孤独，只有每天四次，早晨两次和下午两次，受着那从两面开来的国际大列车骚扰。而那不久已克制住自己的最初的恐惧的濮佛尔，常常去看它们有规则地经过。在那大怪物要出现的时候，他既不能留在荒地中，又不能留在他的茅屋中。他走到路堤上去，望着天涯，俯卧在地上，耳朵贴着铁轨，于是他便听到铁轨歌唱着，它们为他而唱着神奇的歌。它们唱着一个濮佛尔所没有到过，也永远不会插足的荒诞的世界，一个广大无穷的世界。它们永远一动也不动地躺着，唱着它们的温柔而哀怨的歌；可是当火车走近来的时候，它们的歌便变成生硬而格外有力了，好像它们突然被从它们永恒的梦的温柔中赶了出来一样。它们不久便战栗起来，发出了苦痛，暴怒和复仇的尖锐的呼声。火车已在那边了。黑斑点也在天涯现出来了。那是永远像第一次一样的：一头喘息着的小小的黑色的牲口，像被自己的怒气所鼓胀起似的，动着而渐渐地大起来，大到像一个巨大的怪物，像雷霆一样地滚着，用它的尖锐的声音撕裂了空间，接着便隐没在一种铁器和蒸气的地狱一般的声响中。

濮佛尔退了十几步，呆望着那种光景。好像在一片闪电中似的，他瞥见了一点火车的生活：人们填进煤去的那怪物的大嘴，张望着天涯的机车手，和在那长长的华丽的列车中的，人类的侧影的手势和姿态：抽着烟的先生们，横在红色的坐垫上的身体，坐在玻璃窗前的先生们和太太们，在吃饭的夫妇们，男的是又红又胖，女的是又纤细又窈窕，穿着鲜艳的衫子，戴着深色的帽子，弯着身体，微笑着。

那些铁轨所歌唱的伟大的生活，他所完全不知道的神奇的生活，便是在那里；他只瞥见了这生活的一闪转瞬即逝的侧影，他永远不能近看它们。哦，他是多么愿望仔细看它们！他是多么愿望这华丽的火车停下来（就只是一次也好），去见识见识那神奇而陌生的生活中的一点儿东西！

这个任何世界的秘密也不知道的人,这个一生在孤独中过去的人,这个从来没有见过一个美丽的妇人的人,这个永远没有见过一个大城市的人,这个永远没有尝过佳肴名菜的人,他是多么地愿望这些啊!……

他因而感到了一种怀乡病之类的心情,一种缠人的病态欲望。他每天早晨,每天下午都在那儿,眼睛里充满了羡望,像是一个乞丐。火车中的办事人员不久认识了他,看见他老是站在同一个地方,在茅屋的附近,便真的把他当作一个乞丐了;有时人们竟从餐车里丢出一点东西来给他,一块面包,一瓶啤酒,或是一些残肴。他老是站在那里,在白昼或黑夜,带着他的什么人也不知道的那么奇异的愿望,他的对于那些华丽的列车,对于那第一次向他显露出来的陌生的伟大的生活的旷野的急流的,怀乡病一般的愿望。

十一月的一个下午,他照常在路堤上等待着,脸儿向着那光线的辽远的闪烁,向着那火车要从而开过来的南方。夜是凉爽而清朗,满天都是星辰。在天涯边,一弯细细的新月把它的微微有点幻梦似的光倾泻在树林的暗黑的梢头。一种平静的和谐的氛围气摇荡着夜。朦胧的天空和树林的幽暗的线条混在一起,不能互相分辨出来,在远处,铁路的闪光和星光交辉着。

濮佛尔蹲在地上,把他的耳朵贴着铁轨。它们正歌唱着它们的微微有点忧郁的歌。他好像觉得这平静的和谐,是不复会被打破,而那无疑已误点了的火车,是不复会再来了。

而那在平时没有时间的观念的濮佛尔,心里想着:今天它那么迟还没有来!于是他感到了一种悲哀和一种苦恼,好像预感到一件灾祸一样。可是在天涯的尽头似乎有一个光在眨动,而那突然唱得更尖锐的铁轨,又似乎在他的耳边呼着:"是的,是的,我到了,我到了……"

那便是火车。在黑暗中,濮佛尔辨不清楚那个喘息着的黑色的小牲口,可是,看见了那突然扩大起来的,好像受了一片飓风的吹打而摇荡着的光,他似乎觉得那火车跑得异乎寻常地快。在车轮的噪音之下,铁轨吼着,土地震动着;那光线变成了一个炯明的火炬,一片猛烈的炭火,四面喷射着火焰和蒸气的舌头；接着，突然发生了一种在地震中的噩梦的幻象：一大堆红色和黑色的东西带着一种骇人的霹雳声倒了下来，一片钢和铁。打碎的声音，木头飞裂的声音，玻璃碎成片片的声音，而在这巨大的声音之间，还夹着人类的声音的绝望的呼声……

像一个梦行人一般地，濮佛尔大喊着逃到荒地那面去；接着他又像一个梦行人一般地走回来，把拳头放在鬓边，眼睛凸出着，在那机关车的震耳欲聋的汽笛声中呼喊着，啼哭着，呜咽着；那机关车躺在那里，陷在泥土中，上面压着破碎的列车，像一头快死的大牲口似地喘着气，吼着。他倒了下去；他站起来，可是接着又跌倒了，浴身在一种温暖而发黏的流质中，被尖锐的破片所刺伤，在烟和火焰中窒息着，在奔逃的人们的呼声中呼喊着，在受伤的人们和垂死的人们的残喘中呼喊着，在机车的继续不断的怕人的汽笛声中呼喊着。

于是他飞也似地奔跑着逃到他的茅屋那里去。

"现在我看见过了，我看见过了！"他喊着。

于是他在他的小屋中又看见了那种情景，他又看见了那些已经被从车中抬出来的垂死的受难者们：男的和女的，躺在地上，下面垫着毛毯和垫子，都富丽地穿着绮罗的衣服，戴着首饰，可是身体却都偻缩着，四肢血淋淋地断折了，眼睛一点光彩也没有，脸儿发着灰色，手绞曲着，嘴唇好像在祈求快点死。隔着小玻璃窗，一片苍白的光照亮了这幕景象。在这灾祸的可怕的混杂中，濮佛尔看见火车燃烧着，好像一片地狱的火似的，红色的火焰从黑色的破片中升了起来；同时，垂死的人尖声呼喊着，机关车不断地鸣着汽笛，像一头受着酷刑的垂死的野兽一般地吼。

"哦哦！……哦！哦！现在我看见过了！现在我看见过了！……"于是濮佛尔从他的小屋子中奔跑出去，他一直穿过荒地逃过去，可是耳中却还不断地听到那可怕的噪音；他跑到了在辽远的那一方的幽暗的树林中。

他呜咽着倒在青苔和干草上；他站了起来又发狂地奔跑着，跑到树林的更深的地方，一直跑到那他不复听见噪声的地方为止。那是一个有树枝遮盖着的洞，是猎场看守人的破茅屋的残迹。他像一头被人追逐的野兽似的爬到那个洞里去。他在那里吓得一点也不响地挨了一个整夜,蜷缩着,一动也不动,发着抖,牙齿打着战,眼睛大张着。他在破晓的时候才爬出来,采了一点桑子吃,因为他饿得很;接着他采折了一些树枝,盖在那个洞上面做屋顶,他又在那洞里用枯叶铺积了一个床。

他整天在树林中徘徊着,饿的时候便吃桑子。他直至日落之后长久才回到他的茅屋那边去。

他的脚膝发着软,他在荒地上蹒跚地走着,不时地停下来摸索黑暗;又准备再奔逃。

可是这一番却什么事也没有。一切都是静悄悄的,死沉沉的。在那已变成漆黑的夜里,他不知不觉地走到了他的茅屋边。

当他看见有一个暗黑的影子突然在他的前面现出来的时候,他的心惊跳着。他用一种嗄音叫道:

"谁在那儿? 有人吗?"

他的狗的凄惨的吠声便是惟一的回答。

"杜克,你在哪里?"他喊着,他在那小屋子四周绕了一圈,那只狗便是永远系在屋后的狗窠边的。在旁边的小牲口房中,他听见那头小猪叫喊着。

他放了杜克,于是那头狗便立刻从洞开着的门走进屋子去。

濮佛尔站在门槛边,发着抖。他听见他的狗用鼻子发着声音来来往往地走着。他取出了一根火柴,预备划它,可是他又不敢划,生怕看见那无疑会呈到他眼前来的景象。

"还有人吗?"他终于用一种发抖的嗄声说。因为一切都很沉静,他便划燃了一根火柴,冒险向前走了一步。已经什么也没有了……一个人也没有……死沉沉的寂静。他看见煤油灯就在眼前,便战栗着把灯点燃了。苍黄色的灯光跳动着反射到那小屋子的赤裸裸的墙上。那在火炉上面的耶稣受难像,似乎在苦痛之中扭曲着腿。在泥地上,有着一大摊一大摊的暗黑而发黏的斑点,那便是血迹;在一摊斑点旁面,他的黑猫安安逸逸地在舔着……他战栗起来,那盏小煤油灯便在他的手中跳动着。他把煤油灯移到火炉那面去,照着灰色的墙,照着屋顶的被烟熏黑的梁。什么也没有了,什么也没有了;一切都已经消隐了……他望着那小鸟笼,那头金丝雀缩成一团在笼中睡着,头躲在羽翼中。他向桌子下面望去,那只狗在桌子下面拉着什么东西。此外还有一个声音呜呜地叫着。于是,他看见在最远的一只桌脚边,他的猫头鹰库白在着,黑色的眼睛含着怒,爪上攫着一个什么血淋淋的东西。

"杜克,这里来!"他拉着他的狗的尾巴喊。

可是他立刻发了一声恐怖的喊声退了开去:库白抓在它的爪中的是一块人的肉。

"来!"濮佛尔对他的狗说。他把它牵到外面把它牵在他的手车上。他把他的简单的用具装在车上,于是便上路到那树林深处的荒弃的洞中去了。

他整夜搬运着他的小小的产业;在天还没有亮的时候,他的小屋子便已经搬空了。最后一次是搬运他的牲口:他把猪放在一个钻了小孔的木箱里,把鸡装在一个篮子里,让金丝雀仍旧在它的笼子里,把猫装在一个袋子里,把猫头鹰关在一个两端用草塞住的火炉的烟囱里。

当晨曦把它的螺钿色的珍珠洒到石南树的桃色的茎上的时候,他已经和他的小屋子永别了。他现在知道了。他已看见过世人在广大的世界中的生活了!

隐遁在被人所遗忘了的深深的树林中,不看见他的同类人,濮佛尔便又变成了那往时怕见人而难驯的"孤独者"。

西里艾尔·皮思(Cyriel Buysse)于一千八百五十六年九月二十日生于东部弗朗特尔之奈佛莱(Kevele),是女诗人和女小说家罗莎丽·洛佛琳(Rosalie Loveling)及维吉妮·洛佛琳(Virginie Loveling)的内侄,曾和维吉妮·洛佛琳合著长篇小说《生活的教训》(Levensleer,一九一二)。

他是《今日与明日》(Van Nu en Straks)杂志的创办人之一,又是 Groot Nederland 的编者。

所著长篇及短篇小说约有四十种，最著名为《穷人们》（"Van arme menschen"，一九〇二），《小驴马》（"Het Ezelken"，一九一〇），《如此如此》（"Zooals het was"，一九二一），《叔母们》（"Tantes"）等。这篇《孤独者》，即从他的短篇集《穷人们》中译出。

译者附记

九

瑞　士

农民的敬礼[①]

拉谬士

本文作者拉谬士（Charles-Ferdinand Ramuz），为当代瑞士名小说家，地方文学派巨子。他用一种新的田园风和史诗风的文章，来描写他故乡的农民，牧人和山间居民；他用一种自然，直接而仍然富有诗情的方法，把那些单淳的人民的单淳的生活表现出来。他的观察和笔触在我们看来是十分新鲜的。勒费佛尔（Frederic Lefevre）说："我们愕然明白了，我们不懂得观察，他呢，却用新的又从不习惯的眼睛去看每一件东西。"这就是我们读他的作品时所得到的第一个印象。

《农民的敬礼》是从同名的集子中选译出来的，是拉谬士作品的一个好例子。主人公是一个青年农民，在林中碰到了一个青年女子而和她爱上了。本篇写他从林中和她分手出来之后的心境。他感到一种幸福的沉醉，他感到一切都改变了，更新了，而一切都和他在林中所遇到的女子混

---

① 该小说的作者为瑞士作家拉谬士（Charles-Ferdinand Ramuz，今译拉缪，1878—1947），戴望舒于 1945 年 5 月 27 日—6 月 10 日翻译此篇，分上、中、下刊登于《华侨日报》副刊《文艺周刊》。——编者注

和在一起。这是全篇的主题。

他迎面碰到的第一棵树,他并没有认出它来。好像他从树林里出来的时候一样。好像他刚刚从那一切其他的树,那些山毛榉树,那些松树,那些橡树的下面走出来的时候一样——在那里,他会和她①一起;而现在来了这棵苹果树,或是来的是一棵李树吧?但是他却认不出它来。

没有关系;我们照样走过去吧。

他说,"没有关系",接着他又说:"敬礼!"他举起他的帽子。"敬礼,树;敬礼,一切!"

他已经不能看见那在他后面的,他遗留下她的那个地方,那个树林中的地方,那里,他曾经和她在一起,抱她,吻她又再吻她,接着她就不在那里了;——但是,这总之好像他还和她在一起,好像她并没有离开他,好像他并没有和她分手,好像她还陪伴着他,他好像还让她挽着自己的手臂,好像她还攀住了他的手臂一样。有着这样的欢乐,这样的活跃。鸟儿②从他直伸着的右手里面飞了出去。他把手直伸在前面,好像是在作一篇演说,而那藏在他内心和头脑中的,也的确是一篇演说:"敬礼!敬礼谁?敬礼,一切……敬礼,树,敬礼草场,敬礼天,全部生命……而且,也敬礼你,唉,敬礼你,特别敬礼你因为曾经抱过你而没有认识你……"

是那边的一个地方,上面有那么许多的又细又小又那么密的松树,而且又有一片那么绿的苔藓,竟至把我们映得很亮了;因为,除了苔藓以外,一点也没有太阳,就是白昼的光也难以进来,然而却是那么地明朗,那么地明朗而碧绿!而在那个时候……呃,在那个时候,收获的人们收获,他们是在打谷场中,在路上或是在田野中;——敬礼!你们,田野,因为我们没有在那里,我们是在那边,而我们已忘记了你们。

当我们在那边的时候,你们是被我们忘记了,这倒是真的,——他举起了他的帽子,——你们是在过工作日,我们却在过星期日;而且,如果我

---

① 指他在林中所遇到的女子。——译者注
② 指欢乐的感觉。——译者注

们能够看见你们,一定的,我们会笑了,因为你们是在过工作日,而那些在夏日的天下面工作着的人们也如此,穿着他们的工作日的衣衫,带着他们的工作日的心……

而这时我们呢,我们却在过星期日,而他们却在做,而我们却在结识①。

于是又是:"……敬礼人们! 敬礼,田野! 敬礼,天! 敬礼,树! 敬礼一切!"

他应该停下来,他应该看一看。他现在应该停卜来,看一看。他知道了,因此他辨认不出了②。他周围已起了一个大变化,因为先是在他心头,而现在又在随便什么地方,在他四周围的空间。虽则这个方向他已走过几千次,现在他却不得不考验一下自己有没有走错方向了。他长久地举目探望着,于是他看见了那些屋脊,但是这些屋脊是什么呢? 他看见了水,但是水说些什么呢? 他看见全部的湖水继续在他右面闪耀着,像往时一样地在他右手那面远远地闪耀着,只是他并不了解。

好像一切都已扩大了。好像他用眼睛推开了所有的隔板③,还个太近的北方和这一道碍人的北方的空气的墙,还有这一道南方的空气的墙,好像在一间太小的房间里似的,麻烦我们,妨碍我们的这个东方,这个西方。

当时是太小了,我们不知道;现在我们认识了,我们就知道了;一种力量来到我们这里。有这些墙壁,他打了一拳过去,他打倒了一道墙,接着又是一道。现在就可以有应有的地位(而第三道也倒下去了),可以容得下我们心头所有的心鲜了,那就是为了我已认识了她;那就是为了我们是在过星期日而不是过工作日;那就是为了我们刚互相开始,我们刚互相再

---

① "我们"指青年农民和女子,"他们"指在田间工作的农夫们。"做"即"工作"。"结识"即"恋爱"。——译者注
② 他用心灵来知道或看一切东西,所以他不认得它们了。自从他和她相爱以来,便觉得一切都是新奇的了。——译者注
③ "隔板""墙"均指可能阻止他感觉或找到幸福的一切东西。在幸福的沉醉之中,他要打倒一切阻碍而使全世界都属于他。——译者注

开始,那就是为了我们正在开始。

所以应该有地位来容这一切:那么倒下去吧!第四道墙倒下去了。

工作日,那就是藐小;那是不美的东西;我们先是很藐小的,现在却变成伟大了,第一应该把一切都扩大,但是现在一切已变成伟大了,因为我们并不缺少力量;于是他又脱了一次帽,并不很了解地,敬礼着这美,敬礼着这清鲜。

好像他从树林里出来时那样;于是敬礼,树,敬礼,你!

他脱下他的帽子:"日安,天;日安,田野;日安,树木!⋯⋯"

他又脱下他的帽子。

于是那只飞去了的鸟儿好像从他的帽子的边檐下面,和他举起帽子同时,飞了出来;那只鸟儿将要停在远一点的一棵梨树的树巅。在他的伸向前面的臂膀下面,田野滑动着。他把头向后一仰:在他的前面,一部份的山从树梢和屋顶,向山峰和天顶升上去。敬礼!再敬礼一切东西,一切东西和那些东西!而特别敬礼你,他想,那边的你。你这分别了而同时又并没有分别了的人——因为你是永远和我在一起。

人们可能相信我们已分别了,呃,没有的事!我们想分别,而我们已不能分别了。

当我们已不再在一起的时候,我们是格外在一起了。你那时是在我身边,现在你却在我身子里面。

所以一切是那么样地格外伟大,那么样地格外美丽,一切都是新鲜,一切都已改变了;当一列火车开过来,一列火车滑驰着,一列火车在他的左面溜过去,带着它的烟,很快地,好像在草场上用一支铅笔划一条直线似地时候;——她呢,她也在这中间,在这草场之间,在这些东西之间来了,深深地弯着身子(这是一种混合)[①];全身不知道什么,好像她是真真在那里一样:嘲讽般的,笑嘻嘻的,啼啼哭哭着,接着又笑起来,带着一缕沿着颊儿流下去,而现在也还流着而不想去拭干的眼泪;哈!不要会哭了!

---

① 指农民的爱和他所看见和感到的一切东西混合在一起。——译者注

难道我弄痛了你还是什么？——接着，因为她向侧边摆动了一下："这里来，这里来，女孩子——不吗？"她点了一点头："不，那么，你不愿意吗？哦，是的，你愿意的……我可并不是那样地恶狠的啊……"

你说呀，——于是那列火车过去了；那边（而且老是这种混合）那边和这里完全一起，——你是不是在听我的说话，你是不是在听我的说话。可是她采起覆盆子来了。她摇头表示不。她哭过了，她笑过了，她说不，她不愿意……接着，肯了，她实在愿意了，因为我叫她再坐下来，而娘儿们就是这个样子的……我们正好选了这个地方。在荆棘丛中，只有一条不过这么宽的小径，而且一定要认识它才知道它在那里。橡树的灰色和白色的树干上有白色的太阳，而它们的叶子，一边是灰尘的颜色，一边是黑色……还有蝴蝶。还有雄蜂。还有蜜蜂。还有马虻，苍蝇，雄蜂。于是我们一切到那里面去。我把手放在她的肩上，我把手放在那个微温的地方，那个圆圆的地方。于是，那就是突然对于一切东西的幸福的开始，那就是心底里的敬礼的开始，因为她已垂倒了头，而在我们前面，有一小块的湖，好像是一块彩色的玻璃似的，在那些松树的枝条之间……

他是在这里，他同时是在那边；他刚走出了树林，他永远是在树林之中：人心的力量要把一切把握在一起：那在后面的，在前面的，那边，和这里，在空间和在时间一样。

那边，那就是当她老是不愿意的时候。那就是当她走开去以及她说不的时侯。她重又摆脱了开去，她用了那些小小的果子随便染污了指尖儿……"哦，露伊丝姑娘……我真想不到你会这样的……"——"露伊丝姑娘，你叫我十分痛苦……"于是她就转过头来，她向咱们转过头来。

于是一下子随人摆布了，突然那么大，那么长；好的，大的，长的露伊丝，大的好的长的温柔的露伊丝；于是她坐着，接着便不仅是坐着而倒过来贴着你了；笑，接着又哭，接着又笑，接着又哭，可是我已经得到允许了。

先抵抗着，后来没有抵抗了；她把嘴微微地张开着，而我的臂膀托住她的后颈。还有那给握住的手，手腕，肩，接着便不仅是肩了，而在他的下颌的侧边,眼泪是微微有点黑色的;当他又走动起来的时候。于是,敬礼,那边的你! 敬礼,温柔而漂亮的人!

他现在辨识出来了,他在路上走着;他转过头去,再瞥见了一次那渐行渐远的小树林;敬礼,树林! 敬礼,你,特别是你,在那边的人。他向前走着,两手插在衣袋里,他要去找寻那个他载在他的那些果园后面的空中的村庄①,用日光集合他的那些房屋,把它们在那却也并不崭新,然而为他打扮得齐齐整整的屋顶下面,再弄得好像崭新;它们也穿着假日的衣衫,这就是一切都从头做起了。

于是,敬礼,也敬礼你们。日安,一切! 敬礼,一切! 还要敬礼,你们这些这里的东西,这里的崭新的老东西,屋子,果园,有树木的地方,没有树木的地方,绿色的地方,灰色的地方;大的,好的,新的东西,那些前来拼合在一起的,受他敬礼的大胡桃树,敬礼,你们;——还敬礼着路那一边的斜坡,敬礼着迎面而来的东西;砂石矿,墓园,桑林,木樨草的黄色的丛簇;敬礼着那在他右面的东西,而在那里,太阳在湖上像挥着一把尖锄似地接连打着,变成白色;——敬礼着那些死者,敬礼着那些生者;——于是,他再一次又把她混和到这一切东西之中去。

他没有办法不如此,因为她是在它们之中,因为它们就是她。

一切都一起前来,一切都合在一起;她在那里,因为一切在那里。

"她是从那里开始的? 世界是在那里终止的? 而我自己呢?"像他对自己所说的那样。

我是在那里终止呢,我;她是从那里开始呢,她?

他重又把那大躯体,那个把持过,认识过,像现在望遍大地的美一样地全部看遮过的大躯体,横陈在他前面——那么那边的那个山岗,可不多份是她的肩吗? 那边的那个美丽的肩,可真的还是一个山岗吗?

这个在我们前面的圆形,可不就是她的臂膀吗? 当她把头弯倒在一

---

① 在他的兴奋之中,他已不再看一切东西,却是带着它们,把它们拉到自己身边来。——译者注

边的时候,当她屈曲了臂膀的时候,她把她的颊儿平贴着她们臂膀。

她弯倒着头,她屈曲着臂膀,于是她的臂就膨涨了:那边,可不就是她的肩吗?

现在把她全身横陈在他前面,把她到处和大地的美混和着;你,你,你,到处是你,这里是你,那里也是你。于是,敬礼,你! 敬礼一切! 这是一般无二的。

你是在那里而你又是谁呢? 湖沼活动起来而做了一个动作,正如当她的胸膛起伏着的时候一样。

一点儿的草飘到草上去,正如她的小小的头发是在她的脖子下面动着的时候一样,而眼睛望在草场上是称心的,眼睛望在草场上是温柔的,正如眼睛望在她身上是温柔的一样。

你是谁? 你在那里? 敬礼,你! 那意思就是一切。

他开始摇摇摆摆地跨着步子,好像喝多了酒的人一样,他似乎觉得要倒下去,没有关系,一尽走过去吧……

他又脱下他的帽子,把它临空举起着;总之还是敬礼!

再也不能够停止了:"敬礼! 敬礼! 敬礼! 敬礼……"

十

俄　国

旗　号[①]

迦尔洵

　　西蒙·伊伐诺夫是一个铁路上的路线夫。从他的小屋，到这一边最近的车站有二十俄里，到那一边的有十俄里。去年在差不多四俄里外开了一家纺织厂，厂里的高烟囱幽黑地背着树林矗起着。可是除了别个路线夫的小屋之外，在他的附近简直没有一个活人。

　　西蒙·伊伐诺夫的康健已渐渐地衰颓下去了。九年之前，他曾经在战场上，当过一个军官的仆役，在战役中他对于这位军官侍候得很不错。他挨过饿，经过太阳的燔炎，受过冻，又在酷热和严寒中走过四十和五十俄里。他曾经在火线下过，可是，多谢上帝！一粒子弹也没有碰到他过。有一次他的联队是在前线上，在那里和土耳其人小战了整整有一星期；俄罗斯人的火线和土耳其人的火线只隔了一道深谷，从早到晚，他们不停地互相射击着。西蒙的军官也在火线上，西蒙每天三次从那谷中联队的厨

①　该小说作者为俄国作家弗谢沃洛德·米哈伊洛维奇·迦尔洵（Всеволод Михайлович Гаршин，1855—1888），戴望舒于 1928 年翻译此篇，刊于 9 月 29 日、10 月 2 日《中央日报》副刊《红与黑》。——编者注

房中拿着一个热腾腾的茶炊和饭去送给他。当他带着茶炊沿着那一无障蔽的地方走去的时候，子弹在他的周围嗡嗡地作响着，又恶毒地击在石上，做出一种使西蒙害怕的样子来。西蒙时常惊呼着，可是依旧前进。军官们都很欢喜他，因为他常常为他们预备着热茶。战役结束后他便回家了，可是在手上和脚上得了一个风湿症。以前他是一点忧愁都没有感受到过的。他回到家里，知道他的父亲，他的年老的母亲都已死了；他的四岁的小儿子也得了喉症死了，这样只剩下西蒙和他的妻子。他们不能做什么事。要用肿胀的手足来耕地是很困难的。他们不能再在他们自己的村庄中住下去了，他们便出发到别的地方去寻生活。西蒙和他的妻子在铁路上找工作，在契尔森和唐司，可是总碰不到运气。于是那妻子便去当差去了，而西蒙呢，像从前一样地旅行着。有一次他坐在一辆机关车上旅行，偶然在一个车站上遇见了一个站长，那站长的脸儿在他似乎是很熟稔的。西蒙看着站长，而站长也看着西蒙，于是他们便互相认出了。他就是西蒙联队里的一个军官。

"你是伊伐诺夫吗？"他说。

"正是，大人；那就是我。"

"你怎样会到这儿来的？"

西蒙全盘都告诉了他。

"现在你上那儿去？"

"我不能告诉你，老爷。"

"你这傻子！怎样你'不能'告诉我？"

"真的，大人，因为我没有地方可以去。我要找工作，老爷。"

那站长看着他。想了一想，便说："好吧，朋友，在站里候一回儿。我想你已结婚了。你的妻子在那儿？"

"对啦，大人，我已经结婚了。我的妻子是在库尔斯克，替一个商人当差。"

"好，写信去叫你的妻子到这儿来。我将为她给你一张免票。我们有一处路线夫的小屋是空着。我将为你到区长那儿去说说瞧。"

"我是一定感恩不尽的,大人。"西蒙回答。

他留在车站上,在站长的厨房里帮着忙,砍着柴,收拾天井,打扫月台。半个月光景他的妻子到了,于是西蒙便坐着一辆手摇车到他的小屋里去。小屋是新的,而且温暖,木柴也要多少有多少。那里有一个小小的菜园子,这是从前的路线夫的遗赐,在路堤的两边还有半俄亩光景的开垦过的地。西蒙是很快活。他便开始想耕种,想买一只母牛和马。

一切必需的物品都给了他——一张绿旗,一张红旗,几盏手灯,一个号角,铁槌,螺丝拔,铁杆,铁锹,扫帚,铁爬子,和铁钉;他们给了他两本规则,和一份火车时刻表。起初,夜间西蒙不能睡觉,把全份时刻表都牢记在心头。在一通火车未来前两小时,他须得要在他的区域中巡行一番,坐在他的小屋前的长凳上,看着又听着铁轨是否在颤动,或是火车的轧轧声音是否能听得到。他甚至连规则也读熟了。虽然他只能慢慢地逐字拼读着……

那正是夏天;工作是并不吃紧;也用不着除雪,而且这条路线上车辆又很稀少。西蒙常常一天两次在他自己的区域中来往着,察看着,随处绞紧螺丝钉,弄平路床,看看水沟,随后回到家里做自己的事去。只有一个障碍——就是随便要做什么事,他必须先禀准那稽查。西蒙和他的妻子甚至厌烦了。

两个月过去了,西蒙便和他的邻人们,他的两边的路线夫们熟悉起来了。一个是年纪很老的人,这人是上司常想更换的。他难得走出他的小屋。他的妻子常代他做一切的工作。那和车站较近一些的另一个路线夫是一个青年人。虽然瘦小,却有筋力。他和西蒙第一次相遇是在两所小屋之间的路线的中间。西蒙脱去了帽子,鞠着躬。"愿你康健,邻舍。"他说。

那邻人斜看着他。"你好吗?"他回答:于是转过身去走了。

后来两个妻子相遇了。西蒙和她的邻人盘桓了一天,但是她并没有说什么话就去了。

有一回西蒙向她说:"嫂子,你的丈夫是不大谈话的。"

那妇人起初一句话也不说,后来回答道:"他有什么可以和你谈呢?各人有各人的事情。走你的路罢,愿上帝保佑你。"

然而,再过了一个月后,他们互相熟稔了。西蒙会和伐西利沿着路线走去,坐在一个水沟的边上,抽着烟,谈着他们的生活。伐西利往往是默着的,可是西蒙却讲着他的村庄,讲着他曾经经过的战役。

"在我的生涯上我没有什么忧愁。"他会说,"天晓得,我没有活得久长。上帝并没有给我快乐,可是随'他'给我什么就得了。就是如此。朋友伐西利·思节巴尼支。"

伐西利·思节巴尼支在铁轨上扣去了他的烟斗中的烟灰,站起来说:"在人生中跟随着我们的不是运气,却是人类。在这个世界上没有一只野兽是比人更凶猛,残忍,恶毒的。狼是不吃狼的,而人却很容易吞人。"

"唅,朋友,不要这样说;狼是吃狼的。"

"话语来到我心上我才说出来。总是这样的,没有比人更残忍的了。假使没有人们的恶行和贪婪,那还可以生活。每一个人想刺到你肉里去,咬碎你,吞了你。"

西蒙考虑了一会。"我不知道,兄弟,"他说,"或许正像你所说的一样,或许这是上帝的意志。"

"那么或许,"伐西利说,"对你谈话是白费我的时间。把一切不快意的事都推到上帝身上,坐着受罪,这就是说不做一个人,却做了一只畜生。这正是我要说的。"于是他连"再会"也不说一声,转身就走了。

西蒙也站了起来。"邻舍,"他喊着,"你为什么发脾气了?"可是他的邻人头也不转地走了。

西蒙目送着他,一直到伐西利转了弯看不见了。他回家去对他的妻子说:"唅,阿丽娜,我们的邻舍是一个坏人,不是一个人。"

然而他们并不口角。他们重新相遇了,而且,正如从前一样地,辩论着同样的老题目。

"啊,朋友,假如没有人,你和我不会坐在那小屋中了。"伐西利偶然说。

"小屋有什么可议论啊？……并不那样坏;在里边还可以生活。"

"在里边还可以生活,真的! ……吓! 你! ……你活得长久而学得少,看得多而见得少。小屋中的可怜人的生活是那一种生活? 这些吃人的人正在将你吞下去。他们在吸你一切生命的血。而且当你年老时,他们将把你丢开去,正如他们对他们用来喂猪吃的穀皮一样。你工钱多少?"

"不多,伐西利·思节巴尼支——十二个卢布。"

"我呢,十三个半卢布,请你允许我问你为什么原故? 照公司的章程,我们都应该有十五个卢布一月,灯火在外。谁决定的你得十二个卢布,或是我得十三个半卢布? 问你自己罢! ……你还说可以生活! 你要懂得这个不是一个半或是三个卢布的问题——即使他们把十五个卢布完全给了我们。上一个月我在车站上,监督经过,因此我看见他……我得到这光荣……他有一节专车,他出来站在月台上,站着……是的,我在这儿不会长久;我要走了。随便那儿,跟着我的鼻子。"

"可是你要上那儿去呢,思节巴尼支? 一个人不要好了再想好。这儿你有一间屋子,温暖,一块小小的地。你的妻子是一个劳动者……"

"地! 你看我那块地罢。上面一根细枝也没有——什么也没有。在春天我种了些菜蔬,正在那个时候,稽查来了。他说:'这是什么? 你为什么没有把这事通报我? 你为什么不得允许就这样做? 把它们掘起来,根和一切。'他是喝醉了。平常他不会说什么的,可是这一次他想到了……'三个卢布的罚金!'……"

伐西利缄默了一会儿,抽着他的烟斗,随后静静地加上一句话:"再利害一点,我要和他拼了。"

"可是,邻舍,你的脾气太燥了。"

"不。我的脾气并不燥,却说出真实又想着。是的。我要给他点颜色看看。我要向区长去告诉他。那时我们看罢!"他竟控诉了。

有一次区长前来视察路线。三天之后有些要人要从圣彼得堡前来,是要经过这条路线的。他们正在那儿检查,因此在他们未到之前,把一切都弄得井井有序是必要的,道石放下了,路床弄平了,枕木小心地验过了,路钉打小了,螺丝钉绞紧了,路牌油漆了,而那把黄沙撒在水平准边的命令也发下了。那邻近的小屋的妇人叫她的老人割草去。西蒙整整地做了一个星期的工。他把什么都弄得井井有条,条补他的卡夫当(是一种较短的外套——译者),把他的黄铜钮弄清洁,又用一块砖石摩擦着,一直到使它灿烂地发出光来。伐西利也工作得很勤。区长坐着一辆手摇车来到了,四个人摇着,杠杆使那六个轮子嗡嗡地响,手摇车一小时走二十俄里,可是轮子轧轧地响着。手摇车到了西蒙的小屋前,西蒙便跑了出来,用一种军人的态度来报告。一切似乎都很顺当。

"你在这儿长久了吗?"区长问。

"从五月二日起的,大人。"

"很好。谢谢你。在一百六十四号小屋里的是谁?"

那稽查(他是和区长同坐在手摇车上的)回答道:"伐西利·思比利道夫。"

"思比利道夫。思比利道夫……啊! 他可就是你去年纪过他一次过的那个人?"

"正就是他。"

"好,我们要去看伐西利·思比利道夫。上去罢!"工人们摇动车柄,手摇车便开下去了。西蒙望着它,想着:"在他们和我的邻舍之间要发生冲突了。"

差不多两小时之后,他出发到他自己区域内去视察。他看见有个人沿着路线从分轨处走来。那人的头上有些白色的东西。西蒙格外当心地看着。这是伐西利;他手里拿着一根手杖,肩上背着一个小包袱,而他的颊是用一块手帕包着。

"你上那儿去,邻舍?"西蒙喊着。

伐西利已来得很近了。他脸色很惨白,白得和铅粉一样,而他的眼睛看去很犷野。差不多是窒息着,他喃喃地说:

"到城里去——到莫斯科去——到总办事处去。"

"总办事处？啊，我猜度你是去控诉的。算了罢！伐西利·思节巴尼支，忘记了罢……"

"不。伙伴，我不会忘记。太迟了。你看！他打在我脸上，打出血来。我活一日，我便一日不忘记……我不肯这样轻容易放过！……"

西蒙携着他的手。"算了罢，思节巴尼支。我诚心地劝你。你占不到便宜的……"

"便宜！我自己也知道我占不到便宜。你对于'命运'说得很真实。在我自己也是不去控诉的好。可是一个人必须为正理抗争的，伙伴。"

"可是告诉我，事情是如何发生的？"

"如何吗？……他什么都察验到，从手摇车上走下来，看到我的小屋。我早知道他要吹毛求疵的，因此把什么都弄得好好地。他正要走的时候我诉说了。他立刻喊出来：'这儿，'他说，'来的是一个政府的检察，而你却向他诉说一件关于菜园的苦。这儿，'他说，'来的是一个枢密大臣，而你却来诉蔬菜的苦！……'我忍不住了便说了几句——并不多，但是已触怒了他，他便打在我脸上……而我却仍旧站着；我什么事也没有做，似乎当他所做的是完全不错的。他们走了；我回复转来，洗了我的脸，便出发了。"

"小屋中怎样呢？"

"我的妻子留在那儿。她会把事情弄得很好。不要关心他们的路罢。"

伐西利站了起来把自己整顿了一下。"再会，伊伐诺夫……我不知道在总办事处中可有人会接受我的话。"

"你当然不是步行去的了？"

"在站上我想上一辆货车去，明天我就可以在莫斯科了。"

这两个邻人们互相告了别。伐西利不到了些时。他的妻子日夜为他工作，她从不睡眠，而且等候她的丈夫等得疲乏极了。第三天上委员到了。一辆机关车，一辆行李车，和二辆头等花车；可是伐西利依然不在那儿。第四天上西蒙看见他的妻子。她的脸是哭肿了，她的眼睛是红着。

"你的丈夫已经回来了吗?"他问。可是那妇人只用手做了一个手势,也不说一句话就走了。

西蒙在孩子的时候,就常会用一种芦苇来做箫。他常把芦干的心子烧去,必要的地方穿了洞。穿通了它们,在芦干的一端做了一个吹口,把它们调和得差不多可以随心所欲地吹出曲子来。他用闲暇的时间来做了许多枝,托他的看守货车的朋友们送到镇上的市场上去。他每一枝得到两个戈贝克。在委员来临那天的第二天,他叫他的妻子留在家里等候六点钟的火车,便拿着一把刀子,到树林里去砍几根芦杆。他来到他的区域的尽头——在这一点上,路线上有一个很急的弯——走下了路堤,走到山下的树林中去。在半俄里光景有一个大沼泽,沼泽的四周长着很好的芦苇,这就是他用来做箫的。他砍了一大捆芦干,便出发回家去。当他穿过树林的时候,太阳已很低了,在死一样的沉静中,只有鸟儿的啁啾声和在脚下的枯枝的爆裂声是可以听得到的,当西蒙轻快而舒适地走着的时候,他仿佛听到铁撞铁的铿铿声,他便加紧了脚步。这个时候在他的区域中没有什么修理。这是什么意思呢? 他奇怪了。从林边出来的时候,铁路的路堤在他的前面高高地站立着;路堤的顶上,有一个人蹲在路床上,忙着在从事于什么事。西蒙开始很快地向他爬上去。他想这是个在撬去那固定铁轨的钉子的人。他看守着,一个人站起来了,手里拿着一根铁杆。他用这根铁杆撬松了一条铁轨,这样它便歪到了一边,一层烟雾来到西蒙的眼前;他要喊出来,但是他不能。这人就是伐西利! ……西蒙爬上了路堤,而伐西利已带着铁杆和螺丝拔匆促地向那边溜下去了。

"伐西利·思节巴尼支! 看……面上……老朋友! 回来! 把铁杆拿给我。我们把铁轨安好了;没有人知道的。回来! 把你的灵魂从这重罪恶里救出来!"

伐西利头也不回,在树林中消隐了。

西蒙站在那个被撬起的铁轨旁边。他丢下了他的那捆芦干。一通火车是要来的;并不是一通货车,却是一通客车。他没有叫火车停止的东西,没有旗子。他不能把铁轨从新安置好,又不能赤手空拳把路钉钉上。

必须要跑路了,绝对要跑到小屋中去拿工具了。"上帝保佑我!"他低语着。

西蒙开始向他的小屋跑去。他气都喘不过来了,但是仍旧跑着,东跌西倒地。他早已把树林收拾干净;到小屋只剩下一百沙幸(俄度名——译者),不过这点点。忽然他听见工厂远远的汽笛声报告着——六点了!两分钟之内七号车是要来了。"主啊!可怜那些无辜的灵魂罢!"西蒙在心中已看见机车的左轮轧在撬松的铁轨上,震动,倾侧,翻倒,又把枕木轧得粉碎——而且正在那个地方有一个弯曲,而且路堤有十一沙幸高,机车会坠到那个下面去——而且三等车里会坐满了客人……小孩子……他们现在都坐在车中,什么危险也没有梦想着过。"主啊!告诉我怎么办呢!……不,要回到小屋去又回转来是万万来不及的。"

西蒙不向小屋跑,却回转身来,比从前跑得格外快了。他差不多是机械地,盲目地跑着;他自己也不知道有什么事要发生了。他一直跑到铁轨被撬松的地方那么远:他的芦干是摊成一推着。他弯身下来,自己也不知道为什么,抢了一根芦干,又跑远去。他似乎觉得火车已经在来了。他听见那远处的汽笛声;他听见那恬静,甚至那铁轨的震动;但是他已经没有气力了;也不能再跑得远些了,便在一个离那可怕的地点差不多有一百沙幸的一个地方停了步。这时有一个念头来到他脑中,正如一道光芒一样。拉下了他的帽子,他从那里拿出一条棉肩巾来,从他的靴子的上部份抽出他的小刀,喃喃地说:"上帝祝福我!"

他将小刀在他的左臂的肘子上切下去;血迸出来了,流成一道热流。他用肩巾濡了血,将它摊平了,缚在芦干上,于是便挂出他的红旗。

他站着摇动着他的旗子,火车是已经看得见了。开车人会看不见他——会开近来,而且一通沉重的火车不能在一百沙幸内停下来。

而他的血在不停地迸流着。西蒙把伤口的两边夹紧了,想合上它,可是血并不减少。当然他把他的手臂割得很深了。他的头昏浮起来了,黑点在他眼前跳舞起来了,随后变成漆黑了。他耳中有铃声响着。他不能看见火车或是听见喧声。他只有一个思想。"我将要站不住了。我将倒下去,丢下旗子;火车将在我身上轧过……帮助我,主啊!……"

在他面前一切都变成深黑的了,他的心变成了一个空白,他丢下了旗子;可是那面赤血染成的旗子没有落在地上。一只手抢住它,将它高高地举起来给来车看。司机人看见它了,停了机器,抑止住了汽。火车停止了。

群众都从车箱里跳出来,聚成一群。看着时,他们看见一个人没有知觉地躺在路上,浸在血泊中,另外一个人在他旁边站着,手里拿着一张缚在芦干上的血染的旗子。

伐西利四面向大家看了一转;于是,低倒了他的头说:"把我绑起来罢;我撬了一条铁轨。"

第三编

散　文

阿索林散文抄[①]

阿索林

山和牧人

当那僧人在窗前眺望着暮色的时候,山上牧人们所烧着的燎火,便开始映耀出来了。从下面的平原上,从深谷和幽壑间,我们看见,在远远的上面,那些牧人底野火。西班牙底山是多美丽啊! 羊群是分为"河岸牧的"和"迁地牧的"两种。那"河岸牧的"照例是少数的羊;我们并不碰到它们从这一个地方到那一个地方地在小径中走着;它们不变地在同一的平原中和旷地上吃草;当夜来了的时候,当星开始闪烁的时候,它们便聚集到村庄底羊栏中去,或是到山麓底"安身处"去。那以"迁地牧的"名的羊群,是成百成百的。它们漫跨着全个西班牙。在平原上,它们扬起了那么大的烟尘,简直像是一队大军。绅士们底精美的衣服和僧人们底哔叽衣料,便是从这些成千成百的羊身上来的。在一八二八年,索里亚底一省加

---

① 阿索林(Azorín,1873—1967,也译作阿左林、阿佐林),原名 José Martínez Ruiz,何塞·马丁内斯·路易斯,西班牙杰出的散文家、文体学家、记者、"1898 派"主要作家。戴望舒在与徐霞村合译的《西万提斯的未婚妻》译本小引中称其"……作风是清淡简洁而新鲜的! 他把西班牙真实的面目描绘给我们看,好像是荷兰派的画";在《记马德里的书市》中,戴称其为"无匹的散文家阿索林"。本书收录的五篇散文分别刊于《文艺月刊》第 3 卷第 5—6 期。——编者注

尔拉斯各沙的马努爱尔·代尔·里奥爷,一位迁徙的羊老板,又是一位受人尊敬的畜牧会底会友,出版了一本题名为《牧人生活》的小书。他开章第一篇就说——"一群有一千一百头羊的羊群,应该有一个首领牧人,一个伙伴,一个帮手,一个额外助理(亦称为附加人),和一个牧童。"但是他还说:——"那些在牧人生活中比山乡人资格老得多的索里亚人,只消用四个牧人便可以管领一个在路上的羊群,那四个牧人他们称为首领牧人,牧童,帮手和小子。"这作者所说着的是西班牙底山,索里亚,古安加,塞各维亚,莱洪的山。他是从索里亚底乡土中来的。在索里亚底山脉中,"在它底名叫奥尔皮洪泽的高山上,便是爱勃罗和杜爱罗那两条丰饶的河底发源的地方,那整个山脉又自南至北地做着各江河的分水界。在夏季底四个月之中,这个山脉底最崎岖最嵯峨的诸部,是被那些美好的迁徙的羊群所占据去了,而且如果不是这样,它们便会不能住人了,那个野兽潜伏的地方。那山脉有几个小镇,如比耐达,凡多沙,金达拿,高伐莱达,和被'车夫们'底隶属于畜牧会的羊群所占据的一切小镇。"

夜是在降落到山上和谷上来了。葛佛多在他的诗篇《梦》里,曾用了一两句话,拿夜底深切的情绪表达了出来。

> ……盲目而寒冷地
>
> 柔软地从群星间堕下的
>
> 是那夜……

夜底暗影像我们可以触到的轻消似地缠着我们。夜已盲目而盲冷地从群星间堕下来了。牧人的燎火开始闪烁着。在各羊栏中,犬吠着,而它们底辽远的吠声,像是愁惨的哀哭。在山间有狼,牝狐,獾,伶鼬。城中的灯火已渐渐地阑珊了,山间的燎火一定照澈了那阴郁的夜了。它们底光辉将维持到黎明。因为猛兽整夜地窥伺着。它们都有光耀的眼睛和一身鲜明的皮毛。当它们被捕住了的时候,人们是欢喜在它们的颈上抚抚,又在它们底不油腻的毛上摸摸的。城市生活从来也没有污染了这些小小的动物。一朝它们底自由是在陷阱中或网罗中失去了,在我们底手下,它们便垂倒了耳朵,把毛茸茸的尾巴夹在它们底后腿间,一声也不响地用它们底澄清的眼睛凝看着我们,好是一半儿害怕一半儿希望地,向我们恳求一点悯怜。

西班牙底天才,如果不把那些在山上和平原上的羊群底来往想起,是不能被了解的。它们底小径,路线,牧地,漫播在全国之中。山丘是披着高原底草木,或是丛林和草莽。把那些表现山野底殊色和特质的字眼想到而使用着,是好的。那些字眼中是有着西班牙底香味。在城市中用得不多,它们生活在村夫们和乡人们之间。在草木一方面,山丘是分为高的和低的两种。低的部分亦称为 ratizo 高的是由 mohedas 组成的。mohedas 是槲树,软木树,山毛榉树,栗树等的浓密的树林。在较低的山腹上,金雀枝——和它底黄色的花——杜松,乳香树,迷迭香等灌木,伸出在斜坡上,形成了小小的丛林;在那些矮树之间,生着拉房达花,百里香,甘松香,野牛膝草,把空气都薰香了。在那树林浓密的地方,它们可以成为那人们所谓"中空的山"。让我们来描画一座松树底"中空的山"吧。树木不受阻碍地笔直地生长上去,什么也不阻挠树干底发展。地上是没有矮树的。从斜坡的下面,由山凹间,我们可以看见那绿色的华盖——绿色而发甜香——,那几百根中圆柱(那就是它们底树干)。那些由松针或松树底须所做成的光滑的软地毯是横铺着,漫披在土地上。四围是因树脂底香味而芬芳了。

在西班牙底山脉中,有着些宁静而神秘的湖沼,渊深的峡谷,小小的草地和长着嫩草的夏季牧地。从披着松树的山巅上,我们可以辨出那些在远方清晰地描映出来的各小镇。空气是轻快的。因为空气稀薄的缘故,嚣声是比下面平原中更轻微。和那在粗糙的童山中的沉默一起,我们欢迎着那在一个罅隙间升起来的一杆奇树。在这些西班牙底山上的一切东西,都指示着一种大无畏的精力;巉崖是崎岖而凸出的;山峰是尖锐而平滑的;那些巨大的圆石头,颇有要滚下斜坡去之势。

光线是鲜明的。香味从迷迭香,拉房达花,百里香,牛膝草传到我们身边。水流晶莹地滑过去。矮树用它们底坚硬的簇叶伤损着人。像西班牙底文学一样,像西班牙底思想一样,整片土地是气势,动力和光亮。索里亚,古安加,莱洪,塞各维亚底山是美丽的。几百队的羊群沿着它们底斜坡和荒冈征旅着。从那些羊身上,将产出那些僧人,农民,兵士和地主所穿的粗糙的衣服和精美的衣服。

在城市底忙碌的织机中,踏板哼着它们底有韵律的骚音。让黄昏来吧,它们便静了。在山上,牧人们是正在烧着他们的底燎火。

戏　剧

戏院是荒凉的了。在这黄昏的时分,戏是刚演完。几年之后,在一六二九年,一位作家——黄·德·萨巴莱达——将描写这散戏的情形:看客们去了,戏院是暗黑而寂寞的,两个妇人在后面踌躇着;在看戏的时候,她们失落了一个钥匙,而现在,她们是把着一枝蜡烛在长椅之间找寻着它。院子是寂寞的,夜是盲目而寒冷地在从群星间堕下来。看客已散了,伶人已走了。不,并不是戏子完全都已回到他们底客店里去了。静默地,穿过了暗黑和寂静,一个男子,一个妇人和一个孩子是静静地走近来了;在散戏之后,他们在化装室里等了一会儿,而现在,他们便慢慢地出发回他们的住所去。这男子是有点肥胖,他的脸色看去是苍白的。他把那孩子的小手儿握在自己底手里。那妇人年纪还轻。他们已从剧场中走了出来,步行向城中的一家客店而去。一到了他们底小房间里,那男子便颓然地倒在一张椅子上。那妇人走过去,吻着他底前额。那男子已把那孩子放在自己底膝上。这个男子是累了,困难地呼吸着。他柔和地把那孩子的头向自己转过来,把那小小的颊儿贴在自己苍白的脸上。那母亲默默地望着他们,心头感动了。这三个人和别的戏子们做着伴儿走遍了全西班牙;他们从格拉拿大到马德里,从马德里到北莱陀,从北莱陀到塞各维亚,从塞各维亚到伐拉道里,从伐拉道里到步尔哥斯。伟大的国剧是在产生着。从诗人底脑筋中发出来的一整个世界,将经过这些人的努力而得到它底形像和姿态。这个疲累而苍白的人,什么时候能够享受片刻的清闲呢？别种艺术家们可以平静地呼吸的家居的甜蜜的本地空气,他是没有份儿的。他的份儿是行路。他底无穷而坚决的义务便是把那快乐底面具装在内心的悲哀之上。戏散之后,在客店的房中,惫倦,为生活所疲累,那戏子把他底孩子抱在膝上。那孩子是底的快乐;没有了那孩子,他便会不能忍受工作底疲倦和漂泊的生涯。带着深切的,不可言说的情绪,在那沉默的母亲身旁,在暗黑降下来的时候,他把那孩子的亮晶晶的颊儿,紧贴在他自己苍白的脸上。

伟大的国剧是在产生着。西班牙的古典剧是什么呢？古典剧是整个西班牙生活的一种综合。自从一种生活和艺术底精神上的大和谐在《西德诗篇》里站定了以来,一切西班牙底艺术以后都要适应这和谐了。这和谐是崇高底,尊严底一种特殊的调子;它猛力地把日常生活底某几种形相摈排出去。在西班牙底生活中,一切都是共鸣而团结的:戏剧,玄秘的气质,风景——加斯谛拉底风景——市民底心情。当你听到人们说起西班牙人底"刚强"的时候,你是可以承认的,但是你必须把那种刚强称为尊严。西班牙人是高贵而庄重的。他的尊严摈绝日常的平庸的琐事闯入。高贵,庄重和严肃,便是他底在《祈祷书》中的写实主义。而戏剧同样也不能容纳日常生活底细小的琐目进去。它是像风景一样地清朗而高贵。编剧家既不需要又不愿意指出上场和退场,同样,他也不觉得俯就那些仔细的说明是必要的。如果在古典的剧曲里他要去俯就那些琐节,全部作品便会自动地从诗人所安置着它的崇高的坛上坠了下去。在风景,市民生活和艺术的幻想之间的类似,便会损坏了。我们且不要在那些伟大的戏曲家底谬误和年代错误上吹毛求疵吧。在那弥漫在戏曲中的热烈的氛围气里,像这一类的粗忽是隐没了。这里的主要的东西,正如在整个伟大的戏曲底泉源《西德诗篇》中一样,是那在日常写实的琐事之上的生活底调子;诗人所借与他的剧中人物的尊严,伟大,崇高底调子。

夜是走近来了。客店中的小房间是差不多暗黑的。那戏子正把那孩子抱在膝上。

旅　人

　　这黄昏的时候,在乡间一处冷落的地方,一个旅人坐在一个路傍的客店的门前。路在门前经过。那旅人的脸儿是隆起的,他的头发是栗色的,他的前额是平滑而无罣碍的。他生着一双明亮的眼睛。而他的鼻子,虽则大小合度,却是像鹰嘴一样地弯曲着。浓大的胡须笼罩在嘴上面。如果他站了起来,我们就可以看出他微微有点伛偻。许多的操劳使他的背弯了。整个夏天,他的脚是不停的,他在乡间漫走着,巡历各农场。他是不得不和那些粗人办交涉,他觉得他是在那不属于他自己的精神环境中活动着。在他的敏感和环绕着他的心灵的氛围气之间,是有一重根深蒂固的隔膜在着。这位旅人曾经出版过几部书。他曾经英雄地参加过一次历史上最大的战争;这次战争使他残废了一只手。而现在,在鄙野的人们之间,从客店到客店,从乡村到乡村,他感到一重内心的悁郁。当我们感到自己是高出于我们的环境,而"必要"却把我们和这环境紧系着的时候,我们的精神便慢慢地集中在一种内心的理想上。我们适应着,是的,物质的世界;我们顺受着生活。我们记得和善便是一切东西,而那从我们心头溢出来的和善,又是可以随时随地显示出来的。可是这种顺从却在内心的梦里找到了它的补偿。是的,世界在我们看来是辛酸的。在我们这样的年纪,我们是已经和希望告别了;现在,世界对于我们是不会改变了。即使我们曾经希望过一点好运,咳,可是那张侥幸的纸牌,那笔横财,那个不虞的机会,总也不前来。所以我们便离开了物质的世界,我们为我们自己,单为我们自己,创造了一个两样的,幻想的世界。于是,我们的整个生活,便重又集中在我们于孤独中宝藏着的这个理想上。如果没有这种空想的救命筏,我们的精神便会沉没到深渊中去了。我们或许会不得不在乡村和客店中来来往往做着交易,像这个旅人一样,我们或许会不得已去和那些粗人办交涉;我们或许会受到厄运;可是在我们的心里,我们的秘密的世界,我们逐日在默想中炼得更纯洁更美丽的一个世界,却常常单为了我们而静静地升了起来。书籍中所找到的思想是有大价值的。但是，在这儿和那儿所读到的书籍中的观念，如果我们心中不存着我们所说过的那种精神的超脱，便仍然是无用的了。读书只是一种对于建筑的，迟缓的进展的帮助。读书只是梦的砥石。

客店的内部传出了呼喊和殴打的声音。那旅人站了起来，走进屋子去。一位武士正在和客店主人争吵着。瘦长，多骨，这位武士的体态好像是从过去的世纪中跨出来的。没有人能懂得他所说的古旧的方言。这场争吵是因他的想保护一个要被客店主人赶出去的穷汉而起的。当那旅人进去的时候，大家都沉默了；在他的目光中，是有着一种指挥的温和的神情。客店主人容忍着；那愁容满面的武士昂然直立着，他的手臂是伸在那乞丐的上面，摆着一个保护的姿势；那乞丐时而望着武士，时而望着那刚进来的旅人。而当那古时游侠之士用奇怪的理论把事情解释过之后，那旅人便露出了一缕微笑——一缕说不出的深情的微笑——走到他身边去，把他紧紧地抱在怀里。他的内心的梦——神奇的冷嘲啊！——已变成现实的了，在外界，在世界上，在一个愚人的身上。

宫廷，废墟

旅人：现在正是休息一会儿的时候。这是旅人会坐下去的白石。在这黄昏的时候，这空旷的乡野是寥寂的。石边长着一丛白杨。在白天的酷热中，那些白杨荫着几处废墟。这里，从前是一所华丽的乡村别墅，是在文艺复兴时代建筑的，现在却只是一带颓垣。在那些曾经巍立在这里的宫墙之间，准曾有过多少快乐的时光啊！在沿路的树下，王侯们的马车准曾迤逦地经过；或许这邸宅中的主妇，曾跨着一匹缓步的小马，快乐而优美地驰来。旅人：现在正是在废墟旁默想的时候。这空旷的乡野是寥寂的。那被夕阳所点染过的，黄色的柔软的光，斜斜地荡在地面上。在几分钟之内，太阳便要在那辽远的小山后面消隐了。绿色的白杨是紧贴着那荒废的颓垣的。这废墟，从前是一所璀璨的宫殿。在十六世纪的时候，这些宫殿都闪耀着新鲜的光彩。那时西班牙充满了壮丽的宫殿。石头是新琢成的。它像雪一样白。那些宫殿的回廊和院子中的花墙,一定显得像是用最白的白纸剪出来的。

泥水匠和雕刻匠,在狭窄的通路和作坊中,用他们的凿子和啄锤作着一种嘹亮而有节奏的喧声。石头是很细心地雕琢出来的。怪兽,贝壳,儿童,鸟雀,天使,果子,花卉,从那从小山上采来,从石场上搬来的大块粗云石中,一个个地走了出来。艺术家会热忱地抚着他刚创造完毕,而还蒙着一片轻尘的这些小小的白色的形像。在壁柱间的空隙上,圆柱上,窗户中,小壁上,圆柱后的壁柱上,一整队美观而变化万端的生物和植物,便很快地现出来了。宫殿是光辉灿烂的。它们是各种手工艺的热忱神奇地结合后的结果——那些手工艺是从泥水匠,石匠,铁匠,镀金匠,画家,雕刻家来的,而现在已经,或许是永远地,在人类中绝迹了。

如果从一个想像的守望塔上,我们能在那时候俯瞰西班牙的诸城,我们的亲爱的城,那么我们准能看见那些漫布在诸城上的白色的宫殿的光辉。旅人,时间是在消逝着,几世纪已经过去了。我们西班牙的这些宫殿,毕竟还是在从前更被人赞赏呢,还是它们现在却更美丽了? 现在,它们是带着时间的温柔绿锈,它们有岁月的忧郁的魅力①。它们的石头现在对我们说着话,它们对我们诉说那迟迟的式微的悲剧,而在从前,却是不会说的。旅人:现在正是在废墟旁默想的时候,而在这孤寂的乡野,这一道从前的宫殿的颓垣,给了我们一个默想的主题。几世纪已经过去了。在岁月中受着打击,宫殿已经崩摧了;然而,在附近,在这废墟的旁边,像一片从永恒传出来的微笑似地,耸立着一群优美的白杨,在垂死的黄昏的轻风中,微微地颤动着它们的叶子。

---

① 原文为"魅叻"。——编者注

深闭着的宫

　　夜降下来了,盲目而寒冷,在牧羊人的茅舍上和王侯的宫殿上是没有分别的。一座宫是像什么呢?一位国王的房间的样子是怎样的呢?圣女黛蕾莎不知道它们像什么。她并不确实地觉得国王的诸房间是称Camarines。"你走进去。"圣女黛蕾莎在 Las Moradas 第六号上写着——"你走进一间国王的或是大贵族的房间里(我相信人们称之为 Camarin),在那里,他们藏着数也数不清的各种杯,壶,和许多别的东西,全排列得井井有序,你一进去就可以一望无遗。"这位圣女还补叙着她自己的这回忆:"有一次我被领到德·阿尔巴公爵夫人屋子中一间这一类的房间里(我路过那里,因为那位贵妇人固邀,便只得依她的话在那里逗留了两天),我在门槛上呆住了,诧异着不知道这一大堆的东西究竟有什么用,接着我便看出,看到了这样许多种类不同的东西,上帝是会被赞颂的,而我现在是快乐的了,因为它们对于我已有用处过了。"

　　那些美丽的宫是文艺复兴时代的艺术家们所建造的。然而文艺复兴在西班牙并没有什么大发展。中世纪继续统治着十五世纪,十六世纪和一部分的十七世纪。中世纪是单淳,感情,虔诚,信仰。中世纪是和抽象相反的具体。文艺复兴既不和西班牙的风景和谐,又不和西班牙人的气质——庄严而端谨的——和谐,更不和他们赓续而猛烈的争斗的传统和谐。《吉诃德》和《祈祷书》是中世纪,正如洛培的著作中的自然而通俗的一部份是中世纪一样在 La Celestina(一部中世纪和文艺复兴的混合物)中,最好的一部份是由中世纪来的那部份,花园中的恋歌,那说着一切东西的脆弱而终于笼罩着全部著作的,父亲的悲剧的挽歌。是的,文艺复兴在西班牙建造了许多宫殿。露台都是熟铁造成的。精细的花墙都是用白石雕缕出来的。可是许多的这些大厦的窗扉,却都紧闭着;它们后面的果园的门也紧闭着;步道上野草蔓生着。这些大厦的主人已到海外去了。在屋子里面,在宽大的房间中,尘埃已渐渐地在家具上铺了一片薄薄的外套。那使圣女黛蕾莎吃惊的"这一大堆的东西",是安然地在碗碟柜里,食器架上和橱里。几世纪会过去。谁会再把这些大厦打开来呢?在三百年,四百年之后,这许多使人看得眼花缭乱的东西,会在什么地方被人发现呢?谁会坐在那张高高的雕皮的圈椅中呢?而这幅画着挂桑谛阿戈的红色的剑,或是在胸前佩圣黄的徽章的绅士的画像,会挂在什么地方呢?这尊贵的城中,有十所,十二所,十五所邸第是紧闭着的;在辽远的国土中,在海的彼岸,在别的星光之下,它们的主人们是在着。而在那些辽远的广袤中,在忧郁的时候,一个对于这些宫殿和这些花园充满了柔情的记忆,当然是会觉醒了的——在花园里那些未经任何人捋撷过的蔷薇,迟迟地让它们的叶子零落在小径上,在春天和秋天。

（自 *Una Hora de España* 译出）

许拜维艾尔论[①]

马赛尔·雷蒙

要数说茹勒·许拜维艾尔(Jules Supervielle)所受的影响的人,可以举出拉福尔格(Laforgue),格罗代尔(Claudel),韩波(Rimbaud),魏特曼(Whitman),罗曼(Romains),里尔格(Rilke)等的名字来。例如他对于里尔格的默考,似乎帮助了他去使那隔离着生和死的墙板,变成尽可能地薄而且透明。然而许拜维艾尔却并不和他的师表中的任何一位相像。他是那么地不能以别人代替的,如果他不存在,如果他并不也对于新诗人起一种甚至比艾吕阿尔(Eluard),茹扶(Jouve)或法尔格(Fargue)更显著的有效的作用,那么人们便已经可以毫无困难地估量出欧战以后的诗歌的缺陷了。

茹勒·许拜维艾尔是轮回,万物变形,神秘的心灵感应的诗人。靠了这些,"同一成为别个",靠了这些,万物在不可见之中起了交感,交换着它们的流体和使信;这样,"从最忠于土地的村庄中",人们听到"珊瑚在海底

---

① 该篇出自瑞士作家、文学评论家马赛尔·雷蒙(Marcel Raymond,1897—1981)的著作《从波德莱尔到超现实主义》第 17 章部分节选。原著出版于 1933 年。戴望舒翻译并在 1936 年 10 月发表于《新诗》第 1 卷第 1 期。——编者注

里成长"①。他是反纳蕤思论者(anti-Narcisse)②,忙于打破"自我"的囚牢,摆脱灵魂底小心的监视;他是"永恒地粗松",无限地粗松,急切地愿望在野兽,水,石之中见到自己;他或许是从南美洲大原野(pampa)的长空中的一片风中,或是面着爆裂着繁星的夜,从南大西洋的一片白浪中生出来的。和那些超现实主义所愿望的相反,在他看来,宇宙是"无限地布着神经"的。他常常起着逃避自己摆脱自身这种愿望,但是并不是要摆脱人世,摆脱宇宙;正相反,他需要空间和时间,过去和未来,生和死,天界的广大的空虚,劫初的星云,以及"在沈默后面"带着一种震耳欲聋的声音织着的一切奇遇。

这种诗的大原动力,便是那对于世界和生存的形而上学的感情,便是形而上学的苦闷。但愿人们现在不要想像这是一种高傲的态度,一种泊罗美德(Prométhée)式的冲动吧。雨果向"绝对"放出去的铁甲骑兵底突击,那名为阿尔都·韩波(Arthur Rimbaud)的"可怕的工作者"底渎神的活动,在一切形式之下的浪漫派的反抗——一直到超现实主义者们的反抗为止——这都和他的性情相差得很远。……③这位诗人——囚徒是无罪的。他虽则会在必要时高声呼唤死者,但他却是柔和,亲密,委宛,谦卑的。他的礼拜动物是蜥蜴。他像它一样一动也不动地等待着,窥伺着一个朕兆,"而人们竟可以说他是以蜥蜴的方法思想着的"。为要拆穿秘密起见,最好是轻轻地走上前去,倾耳听着:

> 在场的人,说得轻一点,
>
> 他们可能听到我们
>
> 而把我卖给死,
>
> 你们把我的脸儿

---

① 《无罪的囚徒》(一九三〇年法兰西新评论社版第八二页)。——译者注
② 见别尔·葛干(Pierre Guéguen)《无罪的囚徒》的介绍,发表在一九三〇年三月八日的《文学新闻》上。——译者注
③ 此处涉及宗教内容,因此略去。——编者注

藏在树枝后面吧，

让他们分不清是我呢

还是世界的影子。①

从许拜维艾尔的初期作品中，就散发出一种南美洲和海洋的大自然底未开拓的情感，一种逐波而进，漂运着海草海花，而终于成为一缕缕细长的水，来到沙滩上静止了的飘渺的诗情。一片波浪，那使海船左右前面颠簸的波浪，已经横贯在他的诗情中了。从那个时候起，许拜维艾尔就从来也没有完全从新找到坚实的土地过；如果他抬起眼睛来，那也不过是看看天心"像一枝樯桅的顶一样"地飘摇而已，那已不复是地理的而是宇宙的，有那改移为心灵的意象的星宿之运行和太虚之风景描映着的《引力》中的诗情，是被大风暴的不断的恐惧所动摇着，所颠倒着。在《无罪的囚徒》那个集子中，这种宇宙的诗情增添了一个新的积量，而且，虽则不断地仍以宇宙为主题，但却渐渐地蜕化成一种形而上学的诗了。从此以后，他甚至连银河的最辽远的涯岸也"使成为人间的"了，特别是什么都不死了，生物也不，回忆也不。往日的我们的一切，我们的感觉和我们的愿望，都追随着我们，四散在太空之中，像没有实体的形一样地，像抽象而不可见的模型一样地，像浸润着我们现在的生存，指导着我们的思想，并在我们不知不觉之中激动我们的那种流体一样地旅行着。

哦，被我们常常和寂定混淆的，

像雨中的墓碑铭一样地迷失在你们的微笑中的

行动秘密的死者们啊，

因为时间距离太长而姿势矫作勉强的死者们啊，

······

你们已医好了那血的病，

那使我的干喝的血的病。

---

① 《无罪的囚徒》第一二八页。——译者注

你们已医好了

看海，看天，看树林的病。

你们已诀别了嘴唇，它们的理性和它们的接吻。

以及那到处跟着我们而不安抚我们的手

……

可是在我们身上

除了这和你们相像的冷以外，什么都不是真实的了……①

　　正如保尔·梵乐希（Paul Valéry）到那安息着他的先人的马格洛纳（Maguelonne）的海滨墓地去默考生与死一样，茹勒·许拜维艾尔选了那有"不愿意生者和死者有别而垂倒了眼皮"流着的山涧的，他的祖先的城奥洛龙·圣玛丽，去用一种沉着的声音，歌唱他在生与死之间的大踌躇，以及那在他心头希望秘密地追随睡在地下的盲目的骸骨的，他的对于"生着石灰质的脸儿"的群众的谦卑而温和的请愿。

　　可是这位把手放到一支蜡烛的火焰上去证实自己还活着的②梦游病者诗人，却绝不放松变形的线。他觉得什么都不是陌生的——但除了他那命令他守己为人的灵魂。难堪的服从……他是那么深切地感到，所以便有一个深深的连带关系，把他和那在激流的底里生育着蠕动着，飞翔着，翻滚着的一切，联合在一起：

石头，无名的伴侣，

还是做个好人吧，柔顺下来吧，

……

白天，你是很热的，

夜里你便很明爽了，

————————

①　前书第七十二页。——译者注

②　《引力》第三七页（译者按：在一九二五年出版的定本中是一二三页）。——译者注

我的心在你周围徘徊……①

一切都是从石头里出来的,甚至那在傍晚像思想一样回转着的鸟儿,甚至那些在空间底不可知的部份交换着闪电的兽和人底目光。正如需要过去和现在一样,许拜维艾尔也需要将来的创世纪。

那在千万年之后

将成为一个还睡眼朦胧的少女的,

珠蛎啊,玉蛤啊,我的贝啊,

给我形成她,给我形成,

让我给她的嘴唇和眼睛的诞生

施着彩色……②

为要认识他的宇宙的祖国,为要获得那敌抗恐怖的安慰和保证,他正如需要人一样地也需要石和兽。

在那首题名为《无上帝》③的诗中,我们看到了那已经"知道"身后的生活和身后的旅行是什么,或至少知道那由两只瞎狗领着路,坠入冰冷的太虚中去的那种旅行底开始和苦恼是什么的诗人底苦闷:

面有饥色的麒麟,

哦,吃星的食客们,

在野草的纷乱中

寻着"无限"的牛,

你们这些以为追获了他的

猎犬们,

---

① 《无罪的囚徒》第一七页。——译者注

② 《引力》第一版第一六四页(译者按:定本中为六一页,诗句亦微有不同)。——译者注

③ 前书第八八页(译者按:此首定本中不收,编入《无罪的囚徒》集中,见第八七页)。——译者注

你们这些知道他躲在下面的
草木的根，

对于我这个活活地迷了路，
除了夜间的沙土以外
更没有别的依靠的人，
你们变成什么了呢？

可是大地还远着呢……
在我近旁的天空使我苦恼又对我扯谎，
他去夺了那留在后面的我的两只冻僵的狗，
于是我听到它们的贫血的，寂定的吠声，
群星聚集起来向我递过链条。
我可应该卑屈地把我的手腕向他们呈上去？
一个很想使人相信是在夏天的声音
对我人性的疲乏描摹着一张公园的长椅。
天老在那里掘它的路，
一声声鹤嘴锄底回音打到我胸头来了。
天啊，低低的天啊，我用手碰到你，
我便弯身走进天的矿穴里去。

　　……现在，许拜维艾尔似乎已走进了一段冬眠时期；他觉得那些宇宙的冒险大不可靠——甚至是空想的；他深信一个人随便想什么都会受罪，深信精神世界是像现实世界一样地真实——他真对于这两者有辨别吗？——深信人们可能在精神世界中酝酿大灾祸。还是隐藏一些时候，舍弃阳光，开拓这肉体，驯熟它，诊察这颗心并看见它的好：

　　血做的高原，
　　受禁的山岳，

> 如何征服你们呢……
> ……
> 回到你们的源流去的
> 我的夜的河流，
> 没有鱼，但却
> 炙热而柔和的河流①

当代的诗不大有比这更动人的，虽则在这些诗中感情并没有为了自己而被歌咏；不大有比这更少智识的，气虽则在这些诗里智识从来也没有被戏弄过——不大有比这更近人性的，虽则在这些诗里世人只希望和大地形成一种精神的共同关系。在另一方面，许拜维艾尔的神奇并不免强我们走出生活，去看那脱离肉体的精神所给与它自己的夜间的节庆；他反而请我们回我们的肉体，我们的血去，请我们在一种颤动的同情和秘密的悲剧的气氛②之中，去和我们地上的定命符合。这种那么不大有教训性，而所表现的一切，又无一不是体验过的诗，有时候很像是科学在那它只能摸索前进的领域中为我们留着的，一种惊人的发现的先声。

---

① 前书第一八页（译者按：此诗定本中不收，编入《无罪的囚徒》集，见第一八页）。——译者注
② 原文为"气分"——编者注

散文六章①

韩　波

神　秘

在坡坂上,天使们在钢铁和翠玉的草丛中旋转他们的羊毛衫子。

火焰的草场一直奔跃到圆丘的峰头。在左面,山脊的土壤是被一切杀人犯和一切斗争所蹂躏过,一切不祥的音响在那里纺着它们的曲线。在右面的山脊后,是东方的,进步的线。

而在画面的上方,集团是由海螺和人类的夜的旋转而奔腾的音籁所成的。

群星,天宇和其他的开了花的温柔,像一只篮子似的,贴近我们的脸儿,在坡前降下来,而在下方造成了开着花的青色深渊。

车　辙

在右面,夏天的黎明唤醒了公园这一隅的树叶,雾蔼和音响,而左面

---

① 该篇作者为 19 世纪法国著名诗人韩波（Arthur Rimbaud,1854—1891,又译"兰波"）,象征主义运动最杰出的诗人之一,超现实主义的鼻祖。戴望舒翻译并于1944 年 7 月 16 日发表于《华侨日报》副刊《文艺周刊》。——编者注

的斜坡,在它的紫色的荫里,拥着潮湿的路的一千条深车辙。仙境的行列。的确:满载着装金的木造动物、檣桅和五彩帐幕的大车,二十匹马,戏班中的斑纹马载驰载奔着,骑在最惊人的牲畜上的孩子和大人;——二十乘车辆像往昔或童话中的四轮马车一样地攀着绳索,张着旗帜,饰着花,满载着盛装赴郊外的社戏去的孩子们——甚至还有那些竖起乌黑羽饰,在青色和黑色的大牝马的蹄声得得之中驰过去的,罩在夜的花盖下面的棺椁。

花

从一个黄金的阶坡上——在绸的绶带,灰色的轻绡,绿色的天鹅绒和那条太阳下的青铜一样地暗黑下去的水晶盘之间——我看见毛地黄在一片银嵌细工、眼睛和头发的地毯上开出花来。

撒在玛瑙上的黄色的金线,支着一个翠玉的圆屋顶的桃花心木的柱子,白缎的花束和红玉的细枝,团团地围绕着水莲。

正如一位生着大眼睛和雪的形体的神祇一样,海和天把少年力壮的蔷薇之群招引到云石的坛上来。

致——理性

你的手指在鼓上一击,就散放出一切的音而开始了新的和谐。

你的一步,那就是新人的征召和他们的启行。

你的头转过去:新的爱情! 你的头转过来:新的爱情!

"改变我们的命份,清除我们的灾祸,从时间开始。"那些孩子对你唱着,"不论在什么地方,提高我们的命运和我们的意愿的品质。"人们请求着你。

你永远到来,你将到处都离去乎。

黎　明

我拥抱过夏天的黎明。

在官邸的前面,什么也还没有动。水是死寂的,阴影的营寨并未从树林的路开拔。我蹀躞而行,唤醒鲜活而温暖的呼吸;宝石凝视,翎羽无声地举起。

在已经充满了新鲜而苍白的小径中,第一个企图是一枝花向我说出它自己的名字。

我向那片松林披散头发的瀑布笑。在银色的树梢,我认出了女神。

于是我把那些遮纱一重重地揭开。在小径中,挥动着臂膊,在那我把她报知与雄鸡的平原上。在大城市中,她在钟塔和圆屋顶之间奔逃;像一个在云石堤岸上奔跑着的乞丐似的,我追赶着她。

在路的上方,在一座月桂树林边,我把她和她的重重叠叠的遮纱一起抱住了,于是我稍稍感到一点她的巨大的躯体。黎明和孩子在树林边倒身下去。

醒来时,是正午了。

战　争

孩子的时候,某一天宇炼净了我的眼界,一切的性格使我的容颜有了色泽。各现象都受感动。——现在呢,时间的永恒的角逐和数学的无穷在这世界上猎逐着我;在那里,我忍受着一切市民的成功,受着奇异的童年和巨大的情爱的敬重。——我想到一个战争,由于权利或由于不得已,由于十分意外的逻辑。

这是像一句乐句一样地简单。

在快镜头下[①]

却贝克

赶飞蛾

一个人手里拿着一本书或是一张报纸坐着;突然,他抬起头来,游目追望看空中的什么东西,好像望着一幅看不见的照相似的。接着他跳了起来,用手抓了一把,此后就跪了下来,用手掌拍了一下地。他又跳了起来,用手抓着空虚;奔到一个角隅去,一边拍着他的手,拍了一下墙,然后小心地看着自己的手。接着他无可奈何地摇着头,而走过去又坐了下来,怀疑地望着他刚才拍过一下的那一个角隅。三秒钟之后,他又一跃而起,跳到空中,击着手掌,倒在地上,打着墙壁和家具,发狂地挥动着他的臂膊,跳来跳去,头转来转去,然后又坐了下来。五秒钟之后,他又跳了起来,把这仪式一般的跳舞又重头至尾表演了一次。

---

① 该篇作者为捷克著名作家、剧作家和散文家却贝克(Karel Čapek,1890—1938,又译"卡雷尔·恰佩克")。戴望舒翻译并于 1945 年 4 月 15 日发表于《华侨日报》副刊《文艺周刊》。——编者注

追电车

这一件事,你须得要有一辆刚要开出去的电车。在这个时候,一个走到停车站去的人掉过头去,开始把他的腿更快地活动着,动作像一把剪刀似的;此后他像游戏一般地轻跳着,接着就跑慢步,一边还微笑着,好像这样做不过是玩玩而已。接着,他一手按住帽子,开始竭力奔跑了。那辆当时的确等过一会儿的电车,现在开足速力开出去了。那追电车的人绝望地奔跑了几步,而那电车却隆隆地毫不关心地驰过去了。这时候,那追电车的人下了这样的一个结论:他赶不上那辆电车了,他的热衷崩溃而消失了:他带着没力的奔跳向前跑了几步,然而停了下来,在那已去的电车后面挥着手,好像是说:“没有关系,你到地狱去也尽便,走吧! 我可以等第二辆电车——比你更好一点!”

牵狗散步

一个牵狗散步的人,往往自以为他牵着狗,而不是狗拉着他。如果那头狗要嗅一下什么东西,它的主人也停了步子,望着周围的建筑物或是自然景象;而当那头狗爬下来大小便的时候(这样做便是降低它的主人的身份了),它的主人就慢慢地燃起一根纸烟,或是表示出他正需要在这里逗留一会儿,表示他正在凝想什么事情,竟一点也不知道他的狗这时在做什么。

颠踬

一个人踏着什么东西滑了一下,或是为了什么完全外来的理由突然变更了他的步伐的韵律。他往往惊愕地挥动他的臂膊,好像要抓住什么人似地,然后用那最失体面的匆忙去重获他的失去的平衡。但是他一这样做了之后,他就带着一种显著而有精力的敏捷继续走着,好像对一切过路的人说:"喂,你们在呆看什么? 你们以为我要跌一交了吗? 嘿,我没有跌,可是这又和你们有什么关系呢? 难道你们不看见,我现在这样大踏步走着吗?"

避泥泞

一个踏过泥水潭的人实在是这样干的。他先站在潭边,想一个方法不弄湿脚越过那水潭;接着他轻轻地跨着步子,像一只猫似的,只用他的脚尖儿踏地;此后他振作起精神,在水潭中跳着,改变方向,非常小心地前进;然而,出乎他意料之外地,他恰巧踏在泥泞的最深最肮脏之处。那时这想避开泥泞的人,便会表现出一种喊"啊哟"的面目;他颓然地停止了一会儿,然后从泥水潭的最深之处挣扎出来。在长长的旅程中,像人生的旅程一样,这叫做安命。

五

纪德日记抄①

纪　德

　　几日地,几星期地,几月地停止注意到自己,并不展顾,这就是穿隧道,穿过那里就可以希望见到一片新的土地了……我常常害怕,一种太连续不断的意识,会过于合理地把我们的未来成过去,会妨碍将来。只有夜和睡眠容许变形,如果没有蛹之中的遗忘,毛虫是不会在觉醒时化成蝴蝶的。

　　这是巴莱思流行出来的。他的那种不停地在到处寻找一种教训,一种'功课'的需要——我觉得是不可忍受的。这是精神堕落的污泥。那些伟大的作品只在使我沉湎于一种差不多恋爱般的麻痹中的时候,才使我们受到教益。……鱼死的时候肚皮朝天而浮到水面:这是它们的倒毙方式。见到有一些书,心里总这样想:谁会读它们呢? ——见到有一些人:他们会读些什么书呢? ……随后这就勾结起来了。

　　趁着人们不注意的时候,栗树的叶子开放出来了。每年都是同样的意外,同样地有受到意外的烦恼。春天踏着轻轻的脚步前来,像孩子们的圣诞老人一样。我每次都重新想更警觉地伺候,守望它的来临:但是,总

---

① 该篇作者为法国作家纪德(André Gide,1869—1951),戴望舒翻译并于1946年11月25日发表于《申报》的春秋栏目,于同年12月26日复刊于《江声》的洪流栏目。——编者注

还有一些神秘的，不可捉摸的东西在着。一时不去想它了；眼睛闭下去或是转过去看一本书……抬起头来：它已经在那里了。

> （无疑，那是因为植物之生长的最大努力，是在夜间进行的，参看龚思当丹的"热带自然界"的观察和意见。）

风格的问题，人们由于无知，由于疏忽或由于大胆而犯罪。有些作家永不受到任何责难，但他们并不因此就是最好的作家，很少有人辞法正确而同时能显得特殊。可是一切的推敲都是可憎的，情绪和思想的活动并不要求他，很少的读者能立刻了解这种要求的正式；大部份的读者只在那里看到矫饰。思想平凡的人，并不感到有把思想不平凡地表现出来的必要。可是，一个作家只有笔是大胆，这是最可憎也没有了。

对于我，这些风格问题之失去最初的重要性，并不是十分长久的事。他们之失去最初的重要性，并不是我觉得他们是不大重要了；却是在我心头，有其他的问题长大起来，现在达到①了成年，赶上了前，而把其余的曳在后面。让他这样吧。

---

① 原文为"达利"。——编者注

第四编

文艺随笔与文艺理论

比较文学论（节选）[①]

梵·第根

导　言

文学批评——文学史——比较文学

　　[认识书籍的阶段：阅读，批评，文学史]——你处身于穷乡僻壤的一所古旧的宅子里，不得不许多天闭户不出。幸而你在那所屋子里发现了一个丰富的书库，是数代读书子弟所积聚下来的。你是喜欢读书的；你便寝食于其中了。你起初只不过是想消遣长日，任意从书架上毫无目的地拿下一些书来，有的是因为书名引起你一点儿趣味，有的是因为书的作者你是闻名过的。常常，你读不到几页便把它抛开了：或者是因为这本书毫

---

① 戴望舒于1937年将《比较文学论》翻译成中文，由商务印书馆出版，这是该书最早的外文译本，也是介绍到中国的第二本比较文学专著。当时，作者"P. Van Tieghem"被翻译为"提格亨"。现按当下学术界约定俗成，调整译名为"梵·第根"（Paul Van Tieghem，1871—1959）。2010年由吉林出版集团有限责任公司出版的《比较文学论》遵照当下比较文学界的约定俗成，将戴望舒原译中"一般文学"改换为"总体文学"；原版的"各本国文学"调整为"国别文学"（据原文也可翻译为"民族文学"）。本书参考了该书的处理方式，收录导言与第一部第一章。——编者注

无精彩,或者是因为它太专门了,不懂得一边使你得到教益,一边使你发生兴趣。有时你对于你所选择的书满意:你读得津津有味,逸趣横生;而当把这本书读完了的时候,你又把书中特别使你觉得有味儿或使你感动的几页,重新再读一遍。然后你再去试读另一本书。

在过了一些时候之后,如果你的资质已经成熟,如果你对于那些智识的事物已发生一点兴味,那时你便感到单单阅读是不够了。以前,你只不过感受并享乐而已;现在呢,你渐渐地想思考并批判了。于是你把那几本你认为最有趣味而放在一边的书,再翻开来读。你把某一部小说,某一本戏曲,某一首诗,拿来和你从前读过而还记得的别的小说戏曲和诗比较;你看出你本能地偏爱那一些,接着你便想去探求其所以然。你在心头批评着某一出的逼真,某一个观念的正确。你努力探讨为什么某一个作者的作风使你感到讨厌,为什么某一个作者的作风使你感到可爱。你或者根据着鉴赏和艺术的一些通则,或者根据着你个人的同感,批判着那些作家。这些最初都可以单凭一己的思考去做。以后你或许碰到论及你所刚读过的那些书的什么不是史实性而是解释性的注释,什么述略,什么论文集。你会在那里找到一些独到的解释,深刻的意见,一些有时和你相同有时和你相悖的印象和观念,一些会教你自己去批判的评论——经验的果实。

可是正当你从事于这种分释和批判的工作的时候,你的心头生出一种新的好奇心来了。你曾经有兴味地读过、考验过并批判过的这部书,这一批书,其来历、出处、际遇是如何的,总而言之,其历史是如何的? 那位你所爱读的作家,他的生涯是怎样的,是短促的还是久长的,是显赫的还是默默无闻的,是著述丰富的还是单靠了一部杰作而一举成名的? 他是在哪一些影响之下养成的,他的才能是如何地发展的? 他和你所同样读过的几位他同时代的作家,有着什么关系? 他是独立门户的呢,还是加入过什么派别的? 他在生前和死后给过人什么影响? 你也希望知道一点关于那些伟大的文学时期的事,使你可以给这一大堆著作稍稍弄出一点秩序来,使你可以懂得何以那些书有种种各不相同之处——从书的外形,经过了文字和作风,一直到思想,一直到生活观念。你还会喜欢把你所读过的那一大批杂乱的书划归在几个主要的项目之下,如戏曲、诗歌、小说,并靠着你所固定的目标,去观察几世纪以来这各类著作的每一类的运命。再说,在仔细翻寻那书库的时候,你发现了圣勃夫(Sainte-Beuve)的《星期一》①;伯谛·德·茹勒维尔(Petit de Julleville)、朗松(Lanson)、佩第艾(Bédier)和阿若尔(Hazard)等的法国文学史②;你发现了一批关于法国大作家的个人研究丛书;一批附有渊博而简明的小传和导言的作品本文的丛书(或者是作教科书用的,或者是给学者用的)。靠了这些新的指导,你从书里看到了写这本书的人,看到了这人四周的环境和时代,以及在他后面的他的作品所参与其间的文学传统;这一切元素当然并不形成他的才能,但却确定了他用以表现自己的文学形式。那时你便把你放在手头的书拿起来,把你所喜欢读的某几页重读一遍,你便会得到一种更完备的新的乐趣了:它不仅在你的智慧中和你的感受性中唤起了深深的共鸣,并且还使你觉得它充满了它的作者的,它的时代的,以及它所从属的文学传统的实质。这样地经过一番解释之后,它便使你有意识地、深切地感受到它的佳处,而不是像刚才那样,只是朦胧地感受到了。

[文学史的形式和任务]——用上面这例子来总括并象征的,便是心智接近文学之认识的自然的步骤。第一个手续便是"选择":只有那具有一种价值,一种"文学的"价值,即艺术的最低限度的,才配得上文学这个名称。这些作品供给心和智一种多少有点强烈的"享乐",而在这"享乐"中,有时已有钦佩的分子了。在这最初的接触后面,接续着"文学批评"的阶段,这文学批评有时是主断派的、论争派的或哲学派的,系勃吕纳狄尔(Brunetière)或苏代(Paul Souday)那样;有时是印象派的,系阿那托尔·法朗士(Anatole France)或茹勒·勒美特尔(Jules Lemaitre)那样,但往往总是主观而并非完全史料性的,即出于爱米尔·法该(Emile Faguet)一

---

① 指圣勃夫的文艺批评集《星期一谈话》(*Causeries du Lundi*)。——译者注
② 茹勒维尔、朗松、佩第艾、阿若尔等均为法国近代文学史家。——译者注

类人之手者亦不免如此①。接着"文学史"来了,它重新把作品和作者安置在时间和空间之中,把作品和作者之可以解释者均加以解释。

现在我们正说到的这"文学史",是在许多颇有不同的形式之下出现的。我们在上文已看见过了,我们阅读之时所生出来的第一个好奇心,驱使我们去追寻作者本人和他的生涯。因此文学史所取的第一个形式,便是"传记的"形式。在这一方面,圣勃夫是首屈一指的。他也有着前驱者,但步伍他的人却特别多,所以到现在文学史家可以取的道路,这一条是最拥挤了。在世界各国之中,人们写着卷帙浩繁的文学家传记,而这些文学家的作品,却实在是配不上这种荣幸的;人们写得琐琐碎碎不厌其详;人们忘记了别人之所以对作者发生好奇心,是为了作品而起的,而人们却把作品置于不顾了。和传记接近并有连带关系的形式是"目录学"或文籍的历史。它的任务是在于发现一位作者的已发表或未发表的作品;在于认识版本以及版本的不同之处;在于尽可能准确地确定他的一切作品的写作的年月,在于考出那些人们以为是他写的作品却实在不是他写的,或人们以为不是他写的作品却实在是他写的。这种"考证批评"不仅需要许多学问,而且还需要许多明敏和心理的精密:朗松和佩第艾(J. Bédier)便给了我们许多著名的例子。

来到了一件固定了的文学作品的前面,文学史家便有一个广大的课目要完成。他将继续地或在作者本人的生涯中或在他本人以外,去研究那部著作的"本原":它的前驱,它的源流,帮助它产生的影响,以及其他等等;它的"创世纪",即它逐渐长成的阶段,从有时竟是很悠远的最初观念起,一直到它出版的时候为止;它的"内容":故事、思想、情绪,以及其他等等;它的艺术:结构、作风、诗法;它的"际遇":在读者大众间的成功,批评界的好评、重版,以及有时是迟发的影响。

这些问题中的第一个和最后一个问题,是超出所研究的原书本文以外的,它们单独就成为一种特殊的研究了。我们刚才已讲起某一部书在

---

① 法该为法国近代文学史家。——译者注

著作时所受的影响以及它的前驱;其次讲起它所给与别人的影响以及它的后辈。的确,一种心智的产物是罕有孤立的。不论作者有意无意,像一幅画,一座雕像,一个奏鸣曲一样,一部书也是归入一个系列之中的。它有着前驱者;它也会有后继者。文学史应该把它安置在它所从属的门类、艺术形式和传统之中,并估量着作者的因袭和创造而鉴定作者的独创性。为要了解拉马丁(Lamartine)的《沉思集》的新的贡献,那必须认识以前的悲歌和哲理诗。同样,在研究一件作品的后继者的时候,我们便格外容易看出那作品的价值。卢骚的《忏悔录》不仅本身重要而已,它还因为它所引起的那一大批感伤的自叙传而显得重要。有一些名著还不如说是集前人之大成;有一些名著是开发端绪;有许多的名著却大都是两者兼而有之。总之,接受到的和给与别人的那些"影响"的作用,是文学史的一个主要的因子。

希望人们不要再一遍遍地说:文学史给名著拖泥带水地加了许多评注,而妨碍人们去欣赏那些名著。文学史把一种智的快乐,即理会和解释的快乐,加到读美丽的诗文时的感觉的快乐上,加到情绪与思想所引起的情感上。这些快乐,不但不互相妨碍,却反而互相刺激,互相加强。在其他各种艺术上,也是这样的。难道我会因为研究过莱奥拿尔陀·达·文西(Leonardo da Vinci)的生涯与艺术,便不大欣赏他的乔龚达(Joconda)吗? 难道因为我懂得悲多汶(Beethoven)的作品如何产生,他的《第九交响乐》便不会使我沉醉了吗? 同样,当我懂得《赣第德》(Candide)和当代的什么争论有关,它在服尔泰(Voltaire)的思想中划了一个什么阶段,以及它卓越地代表着什么智慧和艺术的形式的时候,我便一定会格外懂得《赣第德》的好处了。

[影响:本国的,古代的,近代外国的,比较文学]——可是有点还没有充分地说明白。前面我们说起过那些接受到的或给与别人的影响;我们的意思是指源流以及主题、思想或形式的借用。在一国的文学之中,这种影响已经可能成为重要并值得一个详细的研究了。在《思想集》(Pensées)中,巴斯加尔(Pascal)显得是饱读蒙田(Montaigne)的,他追随着蒙田,却

同时又和他背道而驰。服尔泰以及法国十八世纪其他悲剧家都是以拉西纳(Racine)为模范的;显然地,戴纳(Toine)是季若(Guizot)的弟子,蒲尔惹(Paul Bourget)是斯当达尔(Stendhal)的门徒,梵乐希(Valéry)是马拉尔美(Mallarmé)的后辈。可是,在同一种族同一语言的作家们之间,模仿是并不很丰富的。这种模仿或者只是一种一般的影响,一种因对于取为模范的先进者的研究和钦佩而起的潜伏的性癖之觉醒;它或者一点不能摆脱窠臼,而一无独特见长之处。然而即在后面这一种情形之下,模仿也决不会十分明显的。

反之,如果我们在涉猎法国文学的时候,把我们的注意力集中于它和别国文学的接触,那时我们便会立刻见到这些接触的频繁以及重要了。那如我们上文所叙述的文学史,必须不断地专注于那些影响、模仿和假借。它不能研究七星诗社(La Pléiade)而不说龙沙(Ronsard),杜·伯莱(Du Bellay)以及其他诗人之得力于希腊、拉丁、意大利诸诗人之处。如果它碰到蒙田,那时它便当说他是熟读古人之书,饱学深思,得益于伯吕达格(Plutarque)和赛乃格(Sénèque)。在文艺复兴时代以及其后的两个古典的世纪,法国的全部诗歌和一部分散文,都是浸润于希腊罗马的古色古香之中的。高乃依(Corneille)从西班牙采取了《熙德》(*Le Cid*),莫里哀(Molière)从那里借来了《侗约翰》(*Don Juan*),勒沙日(Lesage)又从那里提取了《吉尔勃拉》(*Gil Blas*)。孟德斯鸠(Montesquieu)、服尔泰、第德罗(Diderot)、卢骚均得力于英国甚多;法国的诸浪漫诗人都颇有赖于各国的文学,戴纳很借重英国和德国,而勒囊(Renan)得益于德国之处犹多。这种例子我们当然还可以倍增起来并延长下来一直至于今日。

当一位法国文学的史家,来到了他的探讨的这一点上,而又碰到了这对于他所研究的作家们起作用的诸势力的几乎无限止的网线的时候,那么他便怎样办呢? 在他只需致力于法国文学内部的活动的时候,他还应付自如。如果莫里哀的某一出戏是模仿斯加龙(Scarron)的一篇短篇小说的,某一出是模仿西哈诺·德·贝尔易合克(Cyrano de Bergerac)的一出喜剧或模仿中世纪的一出趣剧的,那么文学史家还可以在同一个书库里找到那些原来的范本；这些原文他是随手可得而且充分理解的。可是如果他要知道在《冒失鬼》（*L'Étourdi*）、《侗约翰》或《悭吝人》（*L'Avare*），诸剧中莫里哀的独创之处，那么他便不得不先知道莫里哀在倍尔特拉麦（Beltrame）、谛尔梭·德·莫利拿（Tirso de Molina）或西高宜尼（Cicognini）、柏鲁特（Plute）等外国作家中所获得的是什么，并贴近地研究他们的类似之点和不同之处。夏都勃里昂（Chateaubriand）是受着《圣经》、荷马、裁相、达梭（Tasso）、密尔敦的支配的；他同时也受着基督教英国诸护教论者的支配。有几位法国作家，如果我们对于他们的作品之源流作一点小小的研究，那时我们便会被牵引开去经历一个非常广大而又不大有人开拓的土地。法国文学的史家那时怎么办呢？

我们应当分别出两种情形。最简单的是模仿古代文学的那个情形：希腊的，拉丁的，希伯莱的（在法国，希伯莱文学主要是由于《圣经》的拉丁文译文或由于其他法文译本而被人认识）。

这些原文，那些深通古文字的古典学者是直接地理解的；那些与时俱增的其余的人们，便可以很容易找到一些完善的译本了；这是他们的独一无二的质源，和原文相比颇有逊色，而又有许多不妥之处。

可是说到近代作家和近代外国作家的接触，问题就格外复杂了。当一位法国作家单靠了译本而认识外国作品的时候（这情形是很多的），那么只要单参考这个译本去作一切必要的探讨就够了。卢骚是靠了泊莱服（Prévost）和于伯尔（Huber）的法译本而模仿李却特生（Richardson）并爱好葛斯奈尔（Gessner）的，因为他既不懂英文又不懂德文。可是服尔泰、第德罗、夏都勃里昂、维尼（Vigny）却都深通英文，而法国十七世纪的古典作家又都懂得意大利文和西班牙文。在这个情形之下，那便要一直追溯到原文了。再则，在那些使法国作家受影响的许多外国作品之中，有一些是从来也没有译成法文的。因此法国文学的史家便应该深通许多种外国语言文字：因为单单认识那些有关系的原文是不够的，还得把那些原文位置在他所从属的整体之中，法国文学的史家因此就可以看出他的任务是无限地增大了。

如果他克尽厥职,把他所研究的法国作家,不视为各种潮流或影响的终点,却视为通过边疆通过系代而流出去的水流的出发点,那时便怎样呢?一个对于拉西纳、卢骚、左拉的完备的研究,不仅应该包含他们的作品在法国的生存和影响,却还应该包含它们在外国的际遇。为了要稍稍画一个草图起见,那是必须要有对于各国文学的广博的知识的。那一般地研究这些作家以及其他许许多多作家的文学史家,很可以互通声气并陈述那最专门的探讨者所能获得的结果;除了他最熟手的几点以外,他不能自己一个人发现它们。

一直到现在为止,我们故意只单就法国文学讲。可是同样的推论是可以适用于任何别国文学的。在意大利,在英吉利,在德意志,在俄罗斯,外国影响所起的作用至少是和在法兰西同样重要的。在这些国家的每一个国家中(特别是关于范围不广的几国的文学,例如荷兰、丹麦、瑞典、匈牙利、波兰等国文学),本国文学的专家如何能够懂得那么许多语言和外国文学,去发现并就近研究他所研究的作家所受到的许许多多影响,以及他们所假借的形式内容呢?的确,这些学者们之中有许多人比他们的法国同志更擅长于外国语言。然而我们却不能勉强要求他们对于他们所研究的每一位作家都有种种确切的知识,因为这是超过他们所能从事的力量和时间了。

现在只有一个方法来解决这个困难:那便是分工从事。既然那组成对于一件作品或一位作家的完全研究之各部分,可以单凭本国文学史着手,而不及于那接受到或给与别人的诸影响之探讨和分析的,那么就让这种探讨自立门户,具有它的确切的目标,它的专家,它的方法,这想来也并无不合吧。它可以在各方面延长一个国家的文学史所获得的结果,将这些结果和别的诸国家的文学史家们所获得的结果联在一起,于是这各种影响的复杂的网线,便组成了一个独立的领域。它绝对不想去代替各种本国的文学史:它只补充那些本国的文学史并把它们联合在一起。同时,它在它们之间以及它们之上,纺织一个更普遍的文学史的网。这个门类是存在的;它是这部书的研究对象;它名为"比较文学"。

第一部 比较文学之形成与发展

第一章 原　始

[“比较文学”的名称；它的别称；它的意义]——第一会惹起我们的注意的，是“比较文学”(Littérature comparée)。这个名称在法兰西，人们用这个名称已有一世纪了：从一八二七年起维勒曼(Villemain)在巴黎大学在讲席的时候就用这个名称了。从一八三〇年起，人们拿它来做许多讲座的讲题，从一八四〇年起，人们为它著了好几部书。在前世纪末年光景，它渐渐地普及起来。现在，它的名称是已经十分普遍，所以想改了这旧名称而另易更有根据的名称，已差不多是徒劳之事了。

然而人们却也用过，而现在也还用着，一些更确切并更明白的名称，和“比较文学”这名称相竞着；但是那些名称不是比较繁长便是不大方便。“比较近代文学”(Littératures modernes comparées)便是大学中一些讲座以及这些讲座所预备的学士文凭的正式名称。“各国文学比较史”(Histoire comparée des Littératures)这名称从一八四三年曾经被人用过；约瑟夫·戴克斯特(Joseph Texte)便是用这名称的，而法兰西学院最近也重新用这个名称了。“各国文学比较的历史”(Histoire comparative des littératures)是一八三二年顷昂拜尔(J. J. Ampère)定为他的讲座的名称的。“比较的文学的历史”(Histoire Littéraire comparée)这名称也有人用：证据便是一九三〇年的那部献于巴尔登斯贝尔易先生(Baldensperger)的《一般文学史与比较文学史杂著》(*Mélauges d'histoire Littéraire générale et comparée*)，以及二十年以来本书作者以此名之的每年的报告书。在外国，我们可以见到那些或是直译“比较文学”或是意译为“文学的比较的历史”的各种名称。

为了从众起见，我们因此就用了“比较文学”这个名称，至于这个名称之确切适当与否，我们也就不去管它了。可是人们给与它的定义，那却是非阐明不可的。人们把它导入文学史去，其时期差不多和人们把这种比较研究导入博言学、解剖学和生理学去相近，而其用意也相等。可是，在胚胎作用中、在解剖学中或在语言学中，我们是用不到害怕发生什么错误的。我们知道，那种"比较"，是在于把那些从各种不同，而且往往距离很远的集体中取出来的事实凑在一起，从而提出一些一般的法则来。可是当我们碰到文学作品的时候，我们可以相信：那"比较"是只在于把那些从各国不同的文学中取得的类似的书籍、典型人物、场面文章等并列起来，从而证明它们的不同之处和相似之处，而除了得到一种好奇心的兴味、美学上的满足以及有时得到一种爱好上的批判以至于高下等级的分别之外，是没有其他目标的。这样地实行的"比较"，在养成鉴赏力和思索力是很有兴味而又很有用的，但却一点也没有历史的涵义，它并没有由于它本身的力量使人向文学史推进一步，反之，真正的"比较文学"的特质，正如一切历史科学的特质一样，是把尽可能多的来源不同的事实采纳在一起，以便充分地把每一个事实加以解释是扩大认识的基础，以便找到尽可能多的种种结果的原因。总之"比较"这两个字应该摆脱了全部美学的涵义而取得一个科学的涵义的。而那对于用不相同的语言文字写的两种或许多种书籍场面主题或文章等所有的同点和异点的考察，只是那使我们可以发现一种影响，一种假借，以及其他等等，并因而使我们可以局部地用一个作品解释另一个作品的必然的出发点而已。

因为我们需要有一个专门名称去称从事于比较文学的工作者，所以在三十年前人们就用"比较文学家"（Comparatiste）这个名称了。这名词造得很好，很方便；用英文写作的作家也就照着法文原样使用它。我们可以相信，这个名词将来会渐渐地普遍起来，正如那和它相类的"英语学家"（Angliciste）、"日尔曼语学家"（Germaniste）、"罗曼语学家"（Romaniste）一样。

[原始，至十九世纪止]我们说比较文学的历史的概念是最近才有的，这总未免使人难信吧。在古代，只有希腊和拉丁作者的那些对比，以及后者对于前者的从属关系。在中古世纪，在基督教的西欧的新兴文学之间，到处都有着来往，到处都有着相互的影响；可是到现在构成了罗曼语学家

和日尔曼语学家的广大的领域的这些频繁的接触,却并不是当时人的研究的对象。在文艺复兴时代和古典时期的初期,各国文学都对于希腊人和罗马人负着种种的债;可是当时的学者、批评家,却大都只限于指出一些假借之处。那"比较"只及于指出抄袭,或建立价值之批判。当近代外国文学走进了批评界的时候,其情形也是如此:波阿罗(Boileau)比较着亚里斯多德和拉封丹(La Fontaine)的《乔龚达》;斯居代里(Scudéry)责备高乃依抄袭西班牙的《熙德》。一直到这个时期为止,什么也都不是客观的或历史性的。

在十八世纪,种种有利的新学是很可能催促这种对比走到真正的比较文学的路上去的。文学的眼界扩大起来了:在古典的古代,意大利、西班牙之外,从一七三〇年光景起又加上了英国,而在一七七〇年光景法国发现了德国的文学后,便又加上了一个德国。作品的翻译增多了;智识界的关系愈来愈密切了;文艺的刊物到处创刊出来;"文艺的共和国"(République des lettres)的观念在大部分的人士之间普遍起来了;智识的超国界说便是这个世纪的支配一切的诸特点之一。可是对于一个问题之不断的、有方法的、大公无私的研究,却一个也没有。就是文学史也还没有产生,那只是文学史的一部分的比较文学,便当然不能存在了。

我们并不是说在十八世纪的法兰西文学批评全只限于本国的。马尔蒙代尔(Marmontel)、费雷龙(Fréron)、拉阿尔泊(La Harpe)等人,在希腊人、拉丁人、法国人的作品之外,却也还研究几国近代国家的主要杰作的(至少是当时独霸的古典趣味所容许的外国杰作)。可是纵使他们再十倍地渊博,他们的方法总还是照旧的。那方法大都不是历史性的:它单取每个史诗,每个悲剧为主体,看它们是否适合鉴赏的法则,是否适合体例。它是美学性的,教条性的;它既不注意文学作品在其本国中、社会中以及作者的生涯中的种种根源,也不注意那把这作品和同类的外国作品连接在一起的关系。

在外国,当时出来了一位新人物,那便是海特尔(Herder);他便是德意志浪漫主义前期思想的主要代表人。这位做着斯达尔夫人(Modame de Staël)以及戴纳的先驱者的思想家,想在全部诗歌中,重新找出那歌唱这诗歌的民族之固有的音调;他开了那把基础建立在天才和种族的殊异之上的文学史的先声。可是我们在后面可以看到,这条路也没有通到比较文学去。

[浪漫主义的超国界论和比较文学的最初的论文]——人们说十九世纪是历史的世纪,这是再确切也没有了;可是文学史,特别是比较文学,却或许是在那些历史科学之间最后得到这对于过去的好奇心和智识的一般运动的益处的。在这世纪的五分之四的时期中,文学史慢慢地并困难地从传记以及目录的考古中,从美学的、教条的或哲学的批评中摆脱出来。可是,比较文学是文学史的分支,要对于比较文学有一个清楚的观念,那必先对于文学史有一个清楚的观念。然而,虽则有些环境凑合起来似乎应该促进构成这观念的,而实际上却只促进到某一点,以后那有利的作用便中止了。文学的眼界已扩大了许多;外国文学已被更坚固地认识,更充分地了解;确切的考证已代替了似是而非;民俗的传统已被发掘了出来。这些新的东西无疑对于传播(例如在法国)外国文学是很有用的,可是对于比较文学的发展,却一点也没有助力过。如果把每一国的文学都单独地不可沟通地来看,如果不研究那使各国文学接近的东西,它们在同一时代中的共同的特点或相互的影响,而只要看出它们的相异之处并把它们一一对比起来,那么就是文学的眼界扩大了,试问有什么用处呢? 一八〇〇年顷的式莱格尔(Schlegel)兄弟以及稍后的格里姆(Grimm)兄弟,便是向这个方向走的。他们宣布一切诗歌(甚至野蛮人的,甚至通俗的)的平等权,他们探讨那阴暗而神秘的心灵,去发现一切文学的纯净的源流,他们和那光明时代的超国界说相对立,把那各国文学的理智的,因而是可沟通的,世界性的成分,作为那限于本国而不可沟通的感觉情绪的成分的附庸。一八三〇年顷的法国浪漫主义者们也是向这个方向走的,他们一反波阿罗以及服尔泰的倾向,爱好着异国、实体的、有色彩的、独特的东西。完全处身在这个观点上,那便是不愿意去看那些接触之点,那些影响,那些一个时代或一个文学传统所共有的共同特点了。可是,就是浪漫

主义之后，文学史家总还存着这种观点。在十九世纪的法国和其他各国（这世纪的末年除外），人们之所以虽则深通外国文学而对于比较文学却毫无进步，人们之所以出于意外地在这方面毫无建树，其原因全在于此。

在十九世纪的初年，德国有许多文学史家稍稍让了一点地位给真正的比较文学。式莱格尔兄弟、爱契洪（Eichhorn）、鲍特维尔（Bouterweck）大略地划出了主要的影响，标明了几个国际共通的主题。斯达尔夫人在她的巨著《德国论》(*De l'Allemagne*)中给法国揭露出了德国，正如八十年前服尔泰的《哲学通讯》(*Lettres Philosophiques*)给法国揭露出英国文学一样。可是她并没有研究把这两国文学接连起来的关系，以及它们互相引起的影响。式莱格尔兄弟和斯达尔夫人虽则要比他们十八世纪的前辈高明深切得多，可是他们总还只不过把那些类似拿来对照、比较，而不加以解释并探讨那些影响。

从一八二五年光景起，法国文学史的范围显然地扩大了起来。那些青年的文学家和批评家，在种种的历史原因的影响之下，特别是在浪漫主义的影响之下（这一系代是浸润在浪漫主义之中的），发生了更广阔的好奇心，并显出了一种崭新的历史意识。一方面维克多·古然（Victor Cousin）教授著述着哲学史，一方面季佐（Guizot）、奥居斯丹·狄里（Augustin Thierry）和米式勒（Michelet）各自同时创造着法国的历史科学的时候，维勒曼在一八二七年出色地在巴黎大学创设了他的文学讲座（中古时期，十八世纪），其对象完全是世界性的。他在一八二九年的讲座的题目是："对于十八世纪法国作家所及于外国文学和欧洲气质的影响之考验。"这已经是比较文学的一个讲题了；当然，它是稍稍空泛一点，而且只是粗枝大叶地涉猎而已，然而却也不失为公允精密，值得我们提出来而不该忘记的。在法国，维勒曼第一个划出了主要的文艺思潮，并提出国际间的巨大的影响。

在和他同时或比他较后，斐拉莱特·夏尔（Philarète Chasles）、约翰·约克·昂拜耳、爱德加·季奈（Edgar Zuinet）等便开始在他们的公开讲座中或著作中讨论比较文学了。他们旅行；他们在当地研究外国文学；

他们延长并扩大斯达尔夫人的努力。可是他们,他们的直接的后继者克沙维艾·马尔密爱(Xavier Marmier),蒙代居(Montégut),美谢尔(Mézières),和圣雷奈·达扬狄(Saint-René Taillandier),以及这个世纪末年的阿尔佛德·巴里纳(Arvède Barine)、戴奥道·德·维赛华(Teodor de Wyzewa)等,都没有谈到过真正的比较文学:他们只给人一些研究外国文学的出色的论文而已。

然而他们却由于他们的教化和先例,证实了并发展了一种对于比较文学的更有方法的发展有利的环境。这些对于外国文学的热心的从事者都是文学的超国界论的信徒。这人们称为超国境论的智识界的倾向,便第四次在欧洲重新出现了,而每一次的出现都有它的不同的特点。在中古世纪,宗教信仰和拉丁文化的一致——宗教的、骑士的和民间的传说的共同的大资产——在西欧的一切教士或文人之间组成了无数的接触点,并使他们感到是同一个神圣而人性的国家中的公民。在十六世纪,当文艺复兴时期把希腊和拉丁的大思想家认为思想的公共的源流,把希腊和拉丁的大诗人认为诗歌的公共的典范的时候,便把那沉醉于同一理想并赖同一物质滋养着的各国一切人文主义者,把那四处模仿着古人想和古人争一日之短长的一切作家,密切地联系在一起。在十八世纪,传播于全欧洲高级人士间的法国语言的使用,对于因而成为古典作家了的法国诸作家的钦佩,文学趣味以及哲学倾向的类似,把各国的文学家以及智识的群众联合在一种理智的超国界论中。最后,在十九世纪,在革命、战争、移民等的影响之下(先是法国的大移民,其次是标记着一八〇八年至一八五〇年这段时期的种种智识的移民:西班牙的,葡萄牙的,意大利的,波兰的),在史学和语言学的研究,以及那把法律史和对于民间流传的认识融合在一起的研究的激发之中,特别是由于浪漫主义的推动,许多批评家都把欧洲各国近代文学认为是一个整体,而这整体的各部呈现着矛盾和类似。在一八二七年,歌德便这样地把"世界文学"(Weltliteratur)作为各国特有文学的总体而和爱克尔曼(Eckermann)谈着,视为总体,那便须懂得勘考,而不为本国的偏见所欺。在中古世纪的基督教和骑士的超国界论之后,在文艺复兴时期的人文主义的超国界论之后,在"光明时代"的古典的和哲学的超国界论之后,一个浪漫主义的和历史的超国界论显了出来。它比它的前辈更注重各国之间的殊异,但却接受那些殊异并努力去理解它们。

在十九世纪的后半期,比较文学是决然地抬头了。人们划出了文学的承统关系:歌德、拜轮和米契爱维兹(Mickiewicz);卢骚、歌德和拜轮;人们研究法国亡命者的影响;人们草了西班牙和法国文学的比较史;人们研究法国和意大利或英国的文学关系,这些都是在一八四〇年至一八六〇年之间的事。《论莎士比亚和法国戏曲》的第一部书是在一八五五年出来的。在一八六〇年光景,讨论这些问题的法国博士论文也渐渐地有了;那些最初的开端的论文,出来的时期是还要早一点,但却比较狭窄而且比较不高明。

[有利的或有害的影响。由于书籍和由于教学而获得的进步]——我们前面已经说过了,除了维勒曼以外,十九世纪的法国大批评家们,对于那比较文学的尚未确定的原始,都并没有怎样参与其间。圣勃夫(Sainte-Beuve)有时却也指出他所研究的作家所接受到的外国影响。但是他不能把这类的探讨再推进一步。再则,他在作家和作品中,只注意那独特之点和与众不同之处,以便在感觉的共通状态中,在艺术的国际形式中,在影响和模仿中,给与他们一个他们应得的地位。戴纳在那文学史中的崭新的哲学和科学的影响之下,更有力并更精彩地继续了斯达尔夫人的努力,把文学以及产生文学的社会联在一起,他指出一切艺术作品都是"种族"(Race)、"环境"(Milieu),以及"契机"(Moment)的产物。"影响"的观念在这堂皇的结构中是没有的,除非我们把它归在那个更广泛的"契机"之内;但这是一个有时正确而并非常正确的见解,而戴纳又似乎从来也没有这样暗示过,再则,他的学说体系的精神也与此相反。戴纳断然地踏着稳步向海特尔和德国的浪漫主义者们所开拓的路走去。他确信文学正如绘画一样,是在固定的地方和时间的环境之中的,一个固定的种族的理想和气质之必然的表现,他确信艺术作品愈是充分地显露出这种理想和气质,

而无其他外国分子夹杂在内,那么便愈有意义并愈完美。这样,这位滔滔雄辩的论理家,如何能在那些最应受人钦佩的杰作之中,见到那在作者固有的天才以及种种文学影响之间的不断的合作的结果呢?那些文学影响不但没有歪曲或减损作者,却反而使他认识自己,并帮助他从思想过渡到文字。

因此,这戴纳的非常巨大的影响,对于比较文学的发展是一点也不能有所帮助。他很应该把他的思想和语言移植到另一个领域中去,而说:有精神上的和智识上的诸"种族",漫布于各国之中;有国际的文学"环境";有由一些气氛的优势和一些影响的集中所标志着的"契机"。法盖(Émile Faguet)曾在什么地方说过:"我觉得西赛罗(Cicéron)和我距离很近,比那和我同住在一层楼的做工程师的邻人更近。"这句纯纯智识性的话包含着一个很大的意义。

十九世纪的学者是由一个绝对不同的方向给比较文学开路的。比较语言学(我们是指最广义的)是在十九世纪之初因福里艾尔(Fouriel)、格里姆兄弟、第艾思(Diez)和波泊(Bopp)等人的先导,马克斯·缪勒尔(Max Müller)、加斯东·巴黎(Gaston Paris)、米式斯·勃雷阿尔(Michel Bréal)以及其他许多人的后继而产生的。这些"罗曼语学家"不但切实地研究语言的变化,并还仔细地研究中古世纪法文的、泊洛房斯的、西班牙文等等的文籍,从而在语言的国界间揭发出承统的关系来。那些"日尔曼语学家"对于斯干第拿维亚、盎格罗沙克逊、日尔曼等的古文亦如此。同是这几位学者或其他的学者,创立了"民俗学"(Folklore)或民间传统的历史;这个新的科学不断地记录着国际间的假借。最后,在那些对于欧洲近代各国文学发生兴趣的探讨者们之间,那在各国国境之间去研究某一些历史的或传说的典型或英雄的移转,便渐渐地流行起来了。在这一个世纪的中叶,我们可以见到那对于作为国际典型的漂泊的犹太人,罗兰、贞德、侗约翰、浮士德等的研究;然而这些研究都还是不完备的。在比较文学的领域中稍稍有力稍稍深刻的最初的努力,是在民俗学的范围中以及在对于主题和典型的研究中实施的。

可是在一八六〇年至一八八五年这一段时期中,人们也发表过一些研究影响问题的论文和著作;它们切实地给比较文学研究之现在的主要倾向开了先河。人们研究法德的文学关系,莎士比亚或但丁之在德国的历史;英国、德国和法国的相互影响。另一些人努力写着些关于在外国的德国影响或在法国的外国影响的论文;这些论文大都是一般性的,因而必然很简略的。更有名得多的是乔治·勃兰提斯(Georg Brandes)的巨著《十九世纪欧洲文学的主潮》。因为著者学识广博眼光远大,所以这部书可以称为名著而无愧。这部书是在一八七二年至一八八四年之间用丹麦文出版的,共六大册;德国有不很忠实的全译本,而法国却只译了一本。这部书的题名是很有意义的,对于推广国际间的文学思潮的观念颇有功效,特别是在法国,在勃吕纳狄尔(Brunetière)和戴克斯特(Texte)的推动之下。

在同一个时代,各大学中设立着比较文学的讲座,可是时设时废,不是经常有的。这种情形在法国犹甚于他国;在法国,这由维勒曼、昂拜耳、斐拉莱特·夏尔、班鲁(Benloew)、季奈等所手创的运动,似乎已经中止了。从一八七〇年起,德桑克谛思(De Sanctis)、拿波里、阿尔都罗·格拉夫(Arturo Grof)在都伦,马克·莫尼艾(Marc-Monnier)和爱德华·洛德(Edouard Rod)在日内瓦,担任了一些时候的比较文学的讲席,并用了他们的才能去促进这新的学问。正和前一段时期一样,这些公开讲座的讲义是常常取杂志论文的形式发表的,因而在高等人士之间广播了比较文学的观念。有几篇讨论到原理和方法论的论文或序文,也在一八七〇年至一八八〇年之间出来了,特别是在意大利和德国。

我们可以看出:比较文学无论如何总还不是一种新的科学。在五十年之前,它已经有了它的名称了;它的任务也清楚地显露了出来;人们在讲座中讲它;它曾引起了许多专论、泛论、短论文、专著、博士论文等;它只缺专门的杂志了。可是它还需得改良。正如那和它相依为命的文学史一样,它应该重建在新的基础之上,才能获得更科学的特质和重大的进步。

文学(一)[①]

保尔·梵乐希

书和人有同样的仇敌:火,潮湿,虫豸,时间;以及他们自己的内容。

赤裸的思想情绪像赤裸的人一样弱。
因此应该给它们穿衣裳。

思想具有两性,自己受胎并自己生育。

绪言。
诗底存在是本质地可否定的;这差不多可能是对于我们的骄傲的引诱。——在这一点上,它是像上帝本身一样。

人们可以对诗充耳不闻,对上帝熟视无睹——其结果是觉察不出来的。

可是那人人都可以否定而我们又愿意它存在的——却成为我们底存在理由之中心和强有力的象征。

[①] 戴望舒于 1937 年 4—5 月翻译法国诗人保尔·梵乐希(Paul Valéry,1871—1945,今译保尔·瓦雷里)的论著《文学》,连载于《新诗》第 2 卷第 1—2 期。编校此篇过程中以 2019 年商务印书馆出版、宋炳辉主编的《戴望舒译作选》为蓝本,谨表谢意。——编者注

一首诗应该是"智"的祝庆。它不能是别的东西。

祝庆,那便是一种游戏,但却是庄严的,但却是合规矩的,但却是有意义的;人们并不是在等闲之时的姿态,另一种境界——其中的努力是韵律,是赎回来的——的姿态。

人们在完成某件东西或将它以其最纯粹最美的状态表现出来的时候,便是祝庆某件东西。

这里,就有语言的机能,和它的反现象,它的含蓄,它所分离的东西底识别。人们除去它的烦琐,它的弱点,它的日常气。人们组织语言底一切可能性。

祝庆完了,什么都不应该剩余下来。灰烬,践踏过的花带。

在诗人之中:
耳朵说话,
嘴听,
产生梦的是智慧,惊醒,
看得明白的是睡眠,
凝视着的是意象和幻象,
创造着的是不足和缺陷。

大部分的人对于诗有着一个那么渺茫的观念,所以他们的观念底渺茫本身,对于他们就是诗的定义了。

诗

是由于有音节的语言底方法,去再现或恢复那种呼喊,眼泪,抚爱,接吻,叹息等等所朦胧地试想表达出来的,而物体似乎想在它们所具有的表面的生命或假设的意向中表达出来的,那些东西或那东西的企图。

那东西是不能有别的定义的。它具有那在回答……的东西时所消耗的精力的性质。

思想应该隐藏在诗句中,正如营养力之在果子中。果子是营养物,但是它只显得是鲜美。人们只感到愉快,但人们却接受到一种滋养料。快感遮蔽着这种它所支配着的觉察不出来的营养物。

诗只是归纳到活动元素的本质的文学。人们清除了它底种种偶像和现实性的幻觉;那在"真实"底语言和"创造"底语言之间的可能的模棱,以及其他等等。

而语言底这个差不多创造的,虚构的任务——(语言呢,本原是实用的,真实性的)是由于脆弱或由于题目的任意,而被变成尽可能地明显的了。

一首诗的题目之对于一首诗,犹之一个人的名字之对于一个人一样,是无关系而又重要的。

有些人,甚至是诗人,而且是好诗人,都认为诗是一种任意的奢侈的业务,一种可有可无的,可兴可灭的特别事业。人们可能取消了香水的制造者,酒的制造者,以及其他等等。

另一些人以为诗是那深切地系附于那在知识,时间,隐蔽的不安和事业,记忆,梦等等之间的内心生存底境地的,一种十分本质的特性或活动底现象。

散文作品底趣味是出乎作品自身以外而从本文底消耗中产生出来,——而诗底趣味却不脱出诗又不能离开诗。

诗是一种残存。
诗,在一个语言底单纯化的,形式底变更的,对于它们的无感觉的,专门化的时代——是保存下来的东西。我意思是说现在人们不会发明诗。再说也不会发明种种的仪礼。

诗人也就是那探求表现底明确和想象得出来的方式的人。语言底极好的偶然:某个字眼,某种字眼的配合,某种章法的抑扬——某种门路,都是他由于诗人的天质所遇到,唤起,偶然碰到,和注意到的,便是这表现的一部分。

抒情是感叹词底发展。

抒情是必先有起作用的声音的一种诗,——那从我们看见或感到如在目前的东西直接出来,或由它们引起声音。

有时,精神要求诗,或要求那有什么隐藏的泉源或神性的诗底归宿。

可是耳朵要求某一个声音,而精神却要求某一个字,而这个字的音,又是不合耳朵底愿望的。

长久长久以来,人声是文学底基础和条件。声底存在说明了最初的文学——古典文学便是从而取得其形式和那可佩的气质的,整个人体是在声音下面,是它的支撑,思想底平衡的条件……

有一天来了,人们能够不拼音不听而用眼睛看书,于是文学便因而全盘变性了。

这是一个演进——从分明的到轻淡的,从有节奏而连锁的到短暂瞬息的,从听闻所接受并要求的到敏捷,急切而自由的眼睛在一张书页上所接受并带去的。

声——诗

人们所能以人声陈述的诸长处,也就是人们所应该在诗里研究并拿出来的诸长处。

而声的"磁力"应该移置在思想底或字眼底神秘而极端正确的结合中。

美丽的音底赓续是主要的。

灵感的观念包含着这些:不须任何代价的东西是最有价值的东西。

最有价值的东西不应有任何代价。

还有这个:以自己所最不负责任的东西为自己最大的光荣。

只要稍加修改——灵感的全部原则便崩溃了。——智慧消失了上帝所轻率地创造了的东西。因为应该分配一份给智慧,否则便要产生怪物了。可是谁来分配呢?如果是智慧,那么她便是女王了;如果不是她,那么是一种完全盲目的力量吗?

这位大诗人只是一个充满了误解的头脑。有的误解使他倾向好的方面而扮演着天才底奇特的突进。有的和前者毫无两样的误解,却显着它们的本来面目,蠢话和胡诌。这便是当他要对于前者加以思索并从而提出结果来的时候的情形。

写作而不知道语言,字眼,比喻,思想转变,调子是什么;也不理解作品之经久底结构和它的终局底条件;只知道一点儿为什么,而绝对不知道如何,是多么地可耻! 做着巫祝是可羞的……

文学(二)

保尔·梵乐希

　　古修辞学将诗底继续的洗练所终于显示为诗的目的底本质的那些诗藻和关联,认为是装饰和矫作;而分析底进步,却总有一天会发现它们是深切的特质的效能,或那可称为形式的感受性的东西的效能。

　　两种韵文:已知的韵文和计算的韵文。

　　计算的韵文是必然地在待解决的命题的形势之下表现出来的那些——它们的主要条件第一是已知的韵文,其次是已经由这些已知量所包括的脚韵,章法,意义。

　　即使在散文中,我们也往往被牵制着被勉强着去写我们所不愿写的东西。而我们之所以如此做着,是为了我们所曾愿写的东西要如此。

　　韵文。模糊的观念,意向,无量的意匠的冲动,撞碎在有规律的形式上,习例的韵文法底难以战胜的禁令上,孕成了新的东西和意料之外的辞采意志和情感之与习惯底无感觉性的冲突,有时会生出惊人的效果。

　　韵有着这个大成功:那便是使那些愚蠢地相信天下有比习例更重要的东西的单纯的人们发怒。他们有着这种天真的信念,以为某种思想可能比任何习例…… 更深长,更经久……

这并不是韵的至少底愉快,为此之故,它最不温柔地悦耳。

韵——形成一种对于主题独立的法则,而可以与一口外表的时钟比拟。

意象之滥用,繁杂,对于心底眼睛,发生一种和调子不相容的骚乱。在万花缭乱中一切都变成相等了。

作一首只包含"诗"的诗是不可能的。

如果一首诗只包含"诗",它便不是作出来的了;它便不是一首诗了。

幻想,如果它巩固自己而支持一些时候,它便替自己造出器官,原则,法则,形式,等等;延续自己的,固定自己的方法。即与被调协起来,即兴之作被组织起来,因为没有东西能够存在,没有东西能够确定而越过瞬间,除非那结算诸瞬间所需要的东西是被产生出来。

韵文底品位:一字之缺就妨碍全部。

记忆底某一个混杂产生了一个字眼,这字眼并不是适当的,但却立刻变成了最好的。这个字眼创了一种流派,这种混杂变作了一种体系,迷信,等等。

一种令人满意的修正,一种意外的解决显露了出来,——全靠了在那不满意而舍置在一边的稿纸上的突然的一瞥。

一切都觉醒了。以前没有着手得法。一切都重复生气勃勃了。

新的解决透出一个重要的字眼,使这字眼自由——好像下棋似的,一着放了这"士"或这"卒",使它们可以活动。

没有这一着,作品便不存在。

有了这一着,作品便立刻存在了。

当一件作品的完成——认为它已完成的判断，是唯一地依附于它讨我们喜欢这条件的时候——这作品是永远没有完成。比较着最后状态和终结状态，novissimum 和 ultimum 的判断，有一种本质的变迁。比较底标准是无常的。

成功的东西是失败的东西底变形。
因此失败的东西只是由于废弃而失败的。

作者方面，别说

一首诗是永远也不完成的——往往是一件意外结束了它，那就是说把它拿出去给读者。

那便是疲倦，出版者的要求，——另一首诗底生长。

可是(如果作者并不是一个痴人)作品底现在状态永远并不显得它是不能生长，改变，被认为最初的近似，或被认为一个新的探讨底出发点。

我呢，我以为同样的主题和差不多同样的字眼可以无穷尽地拿来再写而占据一生。

"完美"便是工作。

如果人们想得出创造或形式底采用所需要的一切探讨，人们便永远不会愚蠢地拿它来和内容对立。

因为处心积虑要使读者的分子尽可能地少——并甚至要自己尽可能少地剩下游移和任意，人们才趋向形式。

坏的形式便是我们感到有更换的需要而我们自己更换的形式；我们复用着，模仿着而不能变得再好一点的形式，便是好的形式。

形式是本质地和复用联系在一起的。

对于新底偶像崇拜，因此是和形式之关心相反的。

真的和好的规则。

好的规则便是那些重提起最好的契机底特质并强使人用它们的规则。这些规则是从对于这些顺当的契机的分析中取出来的。

这是对于作者的规则，尤甚对于作品。

如果你是常常有识别力的，那么就是你从来也没有冒险深入到你自身之中去。

如果你没有，那么就是你曾冒险深入而一无所得。

一件作品的每一个部分都应该"动作"。

一件作品的诸部分应该由许多条线索互相联系着。

定　理

当作品是很短的时候，最细小的细部底效果之伟大是和全部底效果之伟大相同的。

凡有一个可以用别的文章来表现的目标的文章，是散文。

对于作者的忠告

在两个字眼之间，应该选最小的那个。

（这小小的忠告，但愿哲学家也接受。）

漫谈中国小说^①

法朗士

我承认,对于中国文学,我实在是外行。当我年纪很轻的时候,那位中文比法文更好的季欲麦·波狄先生在世之日,我稍稍有点认识他。不知怎的,他竟也生着倾斜的小眼睛和鞁鞑胡须。我曾经听他说,孔夫子是一位比柏拉图更伟大的哲学家。可是当时我并不相信他。孔夫子并不讲道德寓言,也并不著寓意小说。

这个黄种的老头子并没有想象,因此就没有哲理。反之,他倒是很近人情的。有一天,他的弟子季路问他如何事鬼神,夫子回答道:

"未能事人,焉能事鬼?"

那弟子接着问什么是死,于是孔夫子回答道:

"未知生,焉知死?"

从季欲麦·波狄先生的谈话中所记得的,就是如此而已。(当我有幸认识他的时候,他正在专门研究那据说是全世界第一的中国农学。季欲麦·波狄先生照着他们的方法在赛纳瓦士区播了菠萝的种子。它们却并没有出。)关于哲学的,如此而已。至于小说呢,像大家一样,我读过在各

① 1944 年 4 月 16 日,戴望舒所译法国作家阿纳托尔·法朗士(Anatole France,1844—1924)的散文《漫谈中国小说》,刊于 4 月 16 日《华侨日报》副刊《文艺周刊》,原文已不可考。谨表谢意!本编以王文彬主编的《戴望舒全集·散文卷》中收录的该篇为蓝本。——编者注

不同的时代由阿贝尔·雷缪沙,季牙·达尔西,新丹尼思拉斯·茹连,以及其他忘其姓名的学者(请他们原谅我,如果一位学者是能原谅什么事的)所译的短篇小说。这些有诗有文的短篇小说所使我留下的印象,便是中国是一个非常凶猛而又非常有礼貌的民族。

最近陈季同将军出版的中国短篇小说①,我觉得是比别人所译这一类小说更单纯得多;那是一些好似我们的童话那样的短短的故事,充满了龙,夜叉,小狐狸,花精,瓷佛。这一次流着的是民间的血脉了。于是我们知道了,天国的奶妈晚间在灯下所讲给黄种的孩子听的是什么。这些无疑是从不同的时代来的故事,有时是像我们的虔信的传说一样地有风致,有时是像我们故事诗一样地含讽刺,有时是像我们的神仙故事一样地神奇,有时却非常可怖。

关于可怖的,我可以举出彭生的奇遇来②。他在路上遇到了一个女郎,把她收留到家里去。她神气像是一个大家人,第二天早晨,彭生自庆艳遇。他把那女郎留在家里,照常出门去。在回家的时候,他好奇地在壁隙窥望房中。当时他就看见一个面翠色,齿巉巉如锯的狞鬼,正在执彩笔画人皮,然后披在身上。披了人皮之后,这狞鬼就变成一个美妇人了。但是彭生却害怕得发抖。这并不是没有理由的,因为那的确是一个夜叉,这夜叉扑到彭生身上,攫了他的心去。靠了一个除怪的道士的法力,彭生重新获得了他的心而复活。这是一种常见的结束。那些不相信灵魂不灭的中国人是更倾向于使死者复活的。我提出了这彭生和夜叉的故事,因为我觉得它是很民间化而又很古。我特别要向民俗学的爱好者指出,把蝇拂挂在门上是可以御鬼物的。要是这把蝇拂并不能在别的书上找到,不

---

① 该书于一八八九年由巴黎加尔曼莱维书店出版,共包含二十六个故事,大都是蒲松龄《聊斋志异》中故事的改头换面而已。据近人考出,这二十六篇故事的本来面目,是《聊斋》中的下列各篇:《王桂庵》,《白狄练》,《陆判》,《乔女》,《青梅》,《香玉》,《侠女》,《仇大娘》,《画皮》,《恒娘》,《罗刹海市》,《黄英》,《云萝公主》,《婴宁》,《晚霞》,《张鸿渐》,《巩仙》,《崔猛》,《聂小倩》,《莲花公子》,《宦娘》,《金生色》,《珠儿》,《续黄粱》,《阿宝》,《辛十四娘》。——原书编者注

② 这是《画皮》篇的改编。——原书编者注

能证明这篇故事来源久远，那么我就大错了。

这集子中的有几个故事和那夜叉的故事成着一个愉快的对照。有的异常有风致，向我们讲那命运注定托生于花的花精，她们从花中显身出来，当花移植的时候，她们就神秘地不见了，而当花枯死了的时候，她们就消逝了。在那把全中国从平原到山峰都变成一片神奇的花园，那菊花和牡丹花把整个大国染绘成一幅水彩画的，善于莳花的民族之间，这种梦想之产生是可以想象得之的。例如请看劳山寺中的那好像是两座花山似的一红一白两棵牡丹吧①。这两棵花都有神灵，那便是两个艳丽异常的女子。一位书生前后地爱恋着她们，而终于自己也变成牡丹，伴着他的两个爱人尝味那植物生活的滋味。这些作为莳花的能手，彩画的专家的中国人，不会把花和女人厮混在一起而不能辨明吗？他们的妻子，穿着绿色，粉红色和青色的衫子，是像花一般地静静地生活在花影和花香之中的！我们很可以把这些有精灵的牡丹和埃及故事中的榆树相比较，因为在那株榆树中，一个少年放入了他的心。

陈季同将军选译的这二十五篇故事，已足够指示出，中国人对于人世以外并不怀有什么希望，也并不抱着什么神明的理想。他们的道德思想，正如他们的绘画艺术一样，是既没有透视，也没有远景的。在某几篇似乎是近代的故事中，我们无疑看到了地狱和刑罚。例如举行连生的故事，我想译者是安置在十五世纪的，那里刑罚甚至是可怖万分；在这方面，我们可以相信黄种人的想象之丰富的。那些灵魂在躯壳的时候，两手反绑着，由两个阴差押解到一个很远的城中，带到一个殿上一位面目丑得可怕的法官前面，这便是阎王。他面前翻着一本巨大的生死薄。那施行这法官的号令的司役抓住了那有罪的灵魂，把他投在一个四围烧着火焰的七尺高的大油锅里；接着他们把他带到刀山上；在那里，如原文所说，他是"被竹笋一般竖立着的尖刀"刺穿了。最后，假如那灵魂是一个贪官，他们就把一勺勺烧熔的金子灌到他嘴里去。但是这个地狱并不是永恒的。人们

---

① 这是《香玉》篇的改编。——原书编者注

只是在那里经过而已,而当灵魂在那里受过了刑罚之后,便经过十道轮回向世上投生去了。这显然是一种印度的故事,中国人只不过加上一点出奇的残酷而已。在真正的中国人看来,死者的灵魂是轻飘的,轻飘得像一片云一样。他们绝对不可能前来和他们所爱的人谈话。至于那些神道呢,只是泥型木雕的偶像而已。纪元前六世纪的道教的神道是形状丑恶的,可以吓倒那些单纯的人们。这些地狱的怪物之中,有一个的胡须是两条马尾。这便是陈季同将军所辑的故事中最好的一篇的主人公。① 这位神道久处在一所庙宇里,那青年的学生忽然去邀他吃饭。在这一方面,朱生可谓大胆无畏,而那位姓陆的神道,却也颇近人情。他如约而至,宾主交欢,饮酒谈笑,而且还讲故事。他不但熟知一切古典,而且也还通得时文——这在一位神道是难能的事。他以后时常来访,总是和蔼可亲。有一天,在饮酒之后,朱生拿自己的新作的课艺请他看,问他的意见如何。那姓陆的神道认为平庸,又坦然向朱生表示,他的头脑不大聪明。因为他是一位挺好的神道,他一有办法就来补救朱生的毛病。有一天,他在地狱里找到了一个生前十分聪明的人的头脑,便把那头脑取来,带到朱生家里去,把朱生灌醉了,趁他在睡眠之中,打开了他的脑壳,取出了脑子,然后把自己带来的装进去。经过这一番手续之后,朱生便变成了一个多才的学士,每次考验无不高高中取了。的确,这位神道是一个十足的好人,不幸他公事太忙,此后不得不留在太华山上;他不能再到城里来吃饭了。

译者附记:法朗士对于中国的认识,正如我们所从这篇短文中看到的,是会使我们引起微笑吧。可是这却也代表着那时代大部分的法国人对于中国的认识(甚至现在,欧美一般民众对于中国的认识也并没有超出这个范围),所以仍旧将它翻译了出来。原文收在他的《文艺生活》第三册中,末附《庄子周鼓盆成大道》的重述一篇,删去未译。

---

① 这是《陆判》的改编。——原书编者注

五

普希金论[①]

卢 那 卡 尔 斯 基

我们最伟大的作者中的一位;他活着的时候就已经是了,在这个我们的时代下,他依然是的。这是真的,鉴赏他的态度随着年月而变更了,但人们现在已从一个批评的观点上,去开始研究他;自然,大家都很认识,在纯美学的观点上,这是位没有什么能超越他的,绝伦的艺术家;这样,"价值的检讨"是不能施行在这位诗人所占着的那种不容否认的等级中的;但是它是实行在一个艺术的,位置的,社会中艺术之目的的一般的检讨之角度下的。

一种绝伦的形式的美,万象千态的变化,以及渊深,这一切确定地给予了他的著作一个光耀的生存;这著作常常会拿他的光辉来透过那屡屡威逼他的密密的云的。

这并不是少有得听见说起的:"普希金,自然,是一位文体的大师,但是,说到思想家,从他底世界观上看来,他是比别国的大诗人如沙士比亚,拜伦,席勒,歌德等低得多。"

普希金的籍'其琴之优美的和洽'以自娱娱人的神话,渐渐地失其信

---

① 1930 年 4 月,戴望舒所译苏联文艺评论家阿纳托利·瓦西里耶维奇·卢那察尔斯基(Анатолий Васильевич Луначарский,1875—1933)的散文《普希金论》,以笔名江思刊于《新文艺》第 2 卷第 2 号。——编者注

用,那是无可阻止的。

这是很显著的,有了普希金,我们便得到一个在思想上和情感上有着超绝的渊深的诗人,这位诗人,在这些领域上,并没有逊于其他大诗人的地方。

我们生存着的时代,是检讨一切过去的价值的伟大的时代。我们进入一个不仅在我们国内的生活上,但是在整个的人类上是绝对地新的时代。我们坚定地确信我们应当倚靠在前一代的战绩上,虽则从阶级的见地上看来,这一代对我们是陌生的;我们一点也不夸耀这个对于一切旧的之脱离,并且这种"前是未来派"的倾向遇着了一个共产主义的思想之严重的抵抗。但是我们也不愿意自己跪在旧的价值之前,我们相信有一个更光明的将来,我们很确信是在走向一个超越过旧教化所给与人民的一切的高度的,更高的教化。

为要到达那儿,我们要在已成的权威前不顾一切的怜惜,我们用一种批评的观点来检讨那人类的价值的宝藏,特别是我们国内的价值,但是我们要从这宝藏中提出那种对于我们的前进是必要的东西。

所以我们的时代正就是这样了解普希金的。

列宁,我们当注意到,是以一种差不多是狂热的情感爱好普希金的。

当然,他揭发出那在这位诗人中由其时代与其阶级所造成的,在我们是陌生的一切,但他也惊叹普希金文字的美丽,他的音乐,和造成了他的著作的财富的那些影像,那种战颤的感觉,和那种紧张的思想。

我们的马克斯主义的文艺批评还很幼稚,尤其是关于普希金方面。可是我们可以肯定说我们的时代已经知道在诗人的风采上,在他的生活中,在他的著作中放射些光芒了。

在现在,人们不能再说起普希金的所谓"希腊精神",他的"太阳的晴朗",他的"幸福",他的"幸福的天性",以及其他等等了。这些都是资产阶级的教课,那在俄皇的奉禄下的教育所建立的论题,因为把普希金变成儿童和青年的学校诗人,变成正统俄国语言的"纤巧的"教师,一个摆在政府的俄罗斯的三角楣上的装饰品,在俄皇是有好处的。

况且我们是知道希腊人也有对于生活的悲剧的意识的,他们觉着它的重量,认识那在'命运'之前的恐怖。

我们因此在普希金中区别出这些黄昏的,甚至是病的形迹来,这些使我们懂得他嘶声的呼声:"啊! 不要成为疯子!"的理由。

晴朗吗? 普希金从青年时代起就看见它被他所受到的磨折和政治的苛待所扰乱了。在他晚年的时候,他简直好像是被搜索着的。

颈上是债的铁锁;在他身上,是文学的,世俗的,政治的无数的烦虑;他所有的对于自身和对于自己的作品的不满作,那"爱抚着这位诗人",但剥夺了他的尊严和他的创造的突进的,专制政体的铁手:普希金和他的敌人故意满播在他路上的无数的"丑闻"奋斗;在他的无能力的忿怒中,他冲到那苦恼着他的人群去;体质的地,他毕竟是被他们压溃了。

正式的文学史是欢喜把"光辉的普希金"对比那"幽暗的莱尔蒙托夫"的。这种对比法是更错误也没有了。

我们更深切地来研究这两位诗人吧;我们将惊异地看到,他们的天性是如何地相近,他们的同样的定命是更不用说了。[1] 他们的相像的社会地位可以解释这事:普希金,他也是属于那带着羡慕与忿怒,望着那大地主和高级官吏的傲慢而空虚的贵族阶级的,中等贵族阶级的。

这系代已经围绕着他,使他不能只"悲哀地"望着了。[2]

普希金已经讲着那使他苦痛,而莱尔蒙托夫也想从而摆脱的"世纪病"了。所以这种晴朗,它存在在普希金身上,正如在一切丰富而希望幸福的天性中,可是它只是那安慰的努力,和他所受到的苦痛的印象的远遁的努力中的。

避免和尼古拉一世的政体的冲突的愿望,在他和这梦魔的政体的和洽的关系中为自己稍稍辩解的愿望,在抽象的和最缓和的影像中忘记自

---

[1] 指他们是同样地死于决斗中的。——译者注
[2] 典出普希金的一篇失望的名诗:"我悲哀地望着我们的系代,它的空虚而凄暗的未来……"——译者注

己的愿望,这愿望永远地生存在诗人的灵魂中,它有时带了平静的思想来给他,但是,它同时像一个沉重的重载一样地压倒普希金的意识,而在他的每种作品里表现显出来,甚至时常将他变了形相。所以现在我们了解那所谓具有"晴朗的和谐"的作品,是完全地被悲剧所透过的;正如莱尔蒙托夫的作品,高戈尔的作品(人们也想把他的作品作为一个引人快乐的东西!),陀斯托也夫斯基的作品和其他的人的作品都是这样的一般。

我们只能在把普希金当做一个社会现象观家,用马克斯主义的方法来研究他的时候,才捉得住作家的普希金。只有马克斯主义,在研究着演进和某种阶级的分裂的时候,能够发现地方的命运的真正的意义。

认识我国诸阶级的社会的和经济的演进,看出文学所给与的反映,那时真正地了解普希金,估定他所占的地位,深入他的作品,他的每一节诗,每一句句子。我们应当了解那在诗人的时代所发生的诸阶级的冲突,当面捉住诸势力的关系,和普希金的地位——那是有那在他所生活着的治安中的尖锐的意义的。他是一部份的贵族的代表,和那领带这贵族的分数渐渐地归到资产阶级的积分去的运动的代表;我们只有在了解他的著作的社会的思义,感到在那里发现社会的思义的时候,才能深切地了解他。

普希金,他的著作一经用一种批评的观点比较过后,可以而且应该变成我们的同时代人,我们的合作者。这样,我们把他的可以有的否定的一方法除去,这样,他不更会被变换形态,这样,他会复活来过一个丰饶的生活,在我们之间!

小说与唯物史观[1]

M. 伊可维支

> ……他是世界的支配者。他捉住一切的主题,写历史,谈生理学和心理学,升到最高的诗,研究最纷杂的种种问题,政治,社会经济,宗教,习俗。
>
> 近代的工具是在那里。
>
> 爱米尔·左拉

从极古的时代起,每个时代,每个社会环境,都有它的艺术表现的特殊的式样。在原始社会里,舞蹈是最重要的艺术,民族以舞蹈来表现出自己的灵魂状态。在古埃及,那掌握艺术的最高的霸权(hégémonié)的是建筑和雕刻,就是在今日,那些伟大的金字塔,司芬克思(Sphinx),圣庙和法老(Pharaons)的巨像,都能把埃及的灵魂状态向我们陈述出来,比十卷的历史书还透澈。那些研究一切艺术,而且在雕刻建筑方面都达到了尽善尽美的地步的希腊人,却将他们的灵魂和他们的世界的幻想,整个地在戏剧中表现出来。

---

[1] 1929 年 12 月,戴望舒所译法国学者 M. 伊可维支(Marc Ickowicz,生卒年已不可考,也被译作伊克维支、易可维茨、伊可维支)论著《小说与唯物史观》刊于《小说月报》第 20 卷第 12 期。本文为《唯物史观的文学论》第二部第一章。本编以作家书屋 1948 年出版的《唯物史观的文学论》第二版中的此部分作为蓝本。——编者注

最后,假如我们说到近代,我们便在高尔乃叶(Corneille)和合西纳(Racine)的悲剧中找到了'伟大的世纪'①的表现,在小说中找到了十九世纪的表现。在今日,小说是反映着社会全体的,文学的表现方式。"从巴尔若克(Balzac)起",巴合农(Baragnon)说,"小说的真的名字就是百科全书。每一个世纪都变作一部合自己的趣味的全书"。我们的社会的一切的大问题,我们的时代的一切的问题,都是在小说中讨论着的。家族的演进,妇女的地位,儿童的教育,宗教,政治,无产阶级的条件,财产制度,一切这些问题以及数十条的其他的问题,都是小说家所接触着的。小说反映出我们的时代的全生活。而那最具特征的事情,就是从那因大革命而起的经济和社会的根本的变革以后起,十九世纪开场的小说的可惊的繁盛。在那时握到了权力的市民阶级,似乎在自身找到了自己的意识形态的反响,而那哲学家海格尔(Hegel),已经用他的卓绝的直觉,称小说为'资产阶级的叙事诗'了。因为,假如我们顺着文学的演进一直到'大革命',我们可以看到小说在文学中只占着一个不重要的地位。在希腊,小说是绝对不为人所知道的,而米莱都斯(Miletus)的故事,或是神话的短篇也只常是属于那口传文学而已。那可以配称小说这个名字的第一部作品是贝特洛纽斯(Petronius)的《萨谛里公》(Satyricon),可是历史给我们证实这部书是它同时代的人所完全不知道的。就是那位达丰都思(Tacitus),虽则讲到贝特洛纽斯,也绝对没有提起那部《萨谛里公》。②

我们假如要探讨我们的这形式的真正的起源,那是应该在中世纪的骑士传奇,以及那些讲高鲁的阿马第思(Amadis de Gaule),骑士柏拉谛尔(Chevalier Platir),爱思柏朗第盎(Esplandian)等等的故事的无数的书

---

① 指路易十四时代。——译者注

② 见谛波代(A·Thibaudet)著《小说之读者》(*Le Liseur de Romans*),巴黎,一九二五,Crès版,第二页。并参看勒佛罗(Levrault)著小说《样式之演进》[*Le Roman (Evolution du Genre)*],巴黎,Delaplane版;马西思(Massis)著小说《艺术之考察》(*Reflexions sur L'art du Roman*),巴黎,一九二七,Plon版。——译者注

籍中去找的。这一切的荒唐的文学,在塞尔房代斯(Cervantes)的《吉诃德先生》(*Don Quichotte*)中被漂亮地嘲笑过。——其实,这部《吉诃德先生》倒是小说的第一部杰作。在法兰西,在第十六世纪的时候,我们有《加尔冈丢阿和邦达格吕爱尔》,可是这部书好像很受当时的人士的轻蔑。[①]人们把它视为是猥亵的书,而拉·奴[②]又将它定下了这样的罪状。"请那些赋性清白的人们判断吧,这种充满了如许的狂态的读物,是否对于青年人以及老年人是同样地危险的"。可是我们已经在十七世纪之初,看到了那一部可算是那时候的很奇妙的表现的小说了。我们所要说的是奥洛雷·杜尔飞(Honoré d'Urfé)的《阿思特雷》(*Astrée*),我们可以从那里简单地划出那社会的起原的痕迹。在那使十六世纪涂上血迹的宗教战争之后,法兰西切望着和平安宁。亨利四世的标语就是国外的和平和国内的繁荣:因为那个时代的人以为唯一的富源是土地,人们便把一切的努力都放到农事的改善上去。大臣徐礼(Sully)曾经说过:"耕种和牧畜是法兰西的两双乳房。"开辟道路,保护农民,一切的目光都转向着田地去了。

于是文学便立刻表示出这种精神状态来了。奥里味蔼·德·赛雷(Olivier de Serres)刊行了那《农业的舞台与田园的整理》(*Le Théâtre de l'Agriculture et Mesnage des Champs*),在那本书里,他劝法兰西人耕作土地。差不多是在同一时候,奥诺雷·杜尔飞的《阿思特雷》开始显露出来了,那部书中的人物全是牧羊女和牧羊人,情节全是在田园间发生的。男主角们和女主角们在那里牧着山羊和绵羊,在树林中过度他们的生活,发生了许多愉快的恋爱故事。杜尔飞把那迷恋着牧羊女阿思特雷的牧羊人赛拉同的烦长的奇遇讲给我们听,我们只看见那些高鲁(Gaule)人的祭师,牧人,田园舞,洁白而温柔的绵羊。当然,这些牧羊人和牧羊女都是用着一种"沙龙"(Salon)的语言,互相用十四行诗,协韵的诗句,温雅的谈吐回答的;在那里去证明经济条件的影响是很有兴味的,因为在当那农业是

---

①   *Gargantua et Pantagrue*,为 Rabelais 名著。——译者注

②   La Noue,法国将军,号称"铁臂"。——译者注

国民生产的基础，一切的努力都是向着农业改善的时候，小说反映出这种倾向，把它的情节放在田园的背影上，又拿牧人与牧女来做书中的主人公。这种牧歌生活的推崇在那个时代是很流行的，因为差不多是平行地，合冈（Racan）的《羊栏》（*Bergeries*），以及其他祝颂田园的和平，赞美牧羊人的许多诗歌也都出现了……

> 岩石和树林日夜只听到
>
> 那些叹恋的牧人的声音。

《阿思特雷》在出世的时候，得到一个极大的成功，读者带着一种不尽的兴味，读着他的那超过五千五百页以上的牧人的故事，经十七年之久。这部小说之应合那时代的人们的心理，与乎这部小说只是经济的成见的一个意识形态的反映，这便是一个最好的证明。

在十七世纪的后半叶，我们看到了施加洪（Scarron）的《喜剧的小说》（*Roman Comique*）和费核皆尔（Furetiére）的《市民小说》（*Roman Bourgeois*）。这书名本身就含有深意了。费核皆尔嘲讽那些宫廷的人们，使那些他所谓"身份卑庸的，慢慢的走着自己的大路的，善良的人们"登场。十七世纪结束于拉斐德夫人（La Fayette）的《克莱佛的公主》（*La Princesse de Clèves*）和斐纳龙（Fénelon）的《代勒马格》（*Télémaque*）。十八世纪的前半叶的法兰西社会的全国给了我们一部《吉尔·勃拉思》（*Gil Blas*）。这部小说为我们画了那属于一切阶级和一切行业的，种种不同的社会典型的肖像；我们在书中认出了那些地主，侯爵，医生，以至于平民，行险侥幸之徒和市井无赖。当时非凡的小说家是泊莱伏教士（Abbé Prévost），小说之出其手笔者，不下六十种；后人只存其一种，可是它已足为心理小说的典型了，那就是《玛侬·莱丝戈》（*Manon Lescaut*）。

在十八世纪的后半叶，哲学的小说出现了，代表者是孟德斯鸠（Montesquieu）（《波斯通讯》*Lettres Persanes*），伏尔戴尔（Voltaire）（《若第格》*Zadig*，《冈第德》*Candide*）和卢梭（Rousseau）（《新爱罗依思》*Nouvelle Héoïse*），培尔纳尔谭·德·圣比也尔（Bernardin de Saint-

Pierre)的异国情调的小说也出现了。可是,要之虽有这样多的著名的代表者,虽有这样无可评议的艺术价值的作品,小说总常是像悲剧和喜剧之受群众和文士所偏爱一样地,在别种样式之荫下发展着的。小说是常被视为一种下劣的,可鄙的,作为一种淫猥的娱乐的,甚至对于青年是一种危险品的东西。伏尔戴尔在他的《叙事诗论》(*Essai sur la Poésie épique*)中这样地为小说打着丧钟:"假如还有几部新的小说出现,假如它们一时间还作着轻浮的青年的娱乐,真正的文士一定要轻蔑它们的"。

可是大革命爆发出来了,同时社会底政治的和社会的构造也改变了。意识形态的氛围气也立刻浸染上了,立刻我们便逢着浪漫主义的革命;《艾尔纳尼》(*Hernani*)①公演之夕是文学上的一七八九年。新的社会那时在找寻着一种表现的新方法,不久小说便一进为第一个计划了。德·斯达爱尔夫人(Madame de Staël)和沙多勃易昂(Chateaubriand)开始了小说家的长世系,经过雨果(Hugo),乔治·桑特(George Sand),葛叶纳·徐(Eugéne Sue),施当达尔(Stendhal),巴尔若克(Balzac),弗洛贝尔(Flaubert),左拉(Zola),阿尔封思·都德(Alphonse Daudet),阿纳托尔·法郎士(Anatole France),罗谛(Loti),马尔赛尔·泊何思特(Marcel Proust),传递到今日的,由那样多的卓绝的人才丰富地代表着的,从何曼·何朗(Romain Rolland)起,至杜阿美尔(Duhamel)和巴尔比思(Barbusss)止的小说。总之小说是变成法兰西社会的艺术表现的主要形式了。左拉已经宣说出小说的万能了,他很有理由地写着:"在今日,时代的文学的王子是小说家。如果十七世纪是戏剧的时代,那么十九世纪将是小说的时代了。"②

小说对于社会的影响是无可异议的。小说对于现在的一切的问题,

---

① 《艾尔尼纳》为雨果之戏曲,在一八三〇年公演,引起古典派和浪漫派之纷争,为法兰西文学史上的有名的事件。——译者注

② 左拉:《实验小说》(*Le Roman expérimental*)巴黎,一九二三,Easquelle 版,一四五至一四六页。——译者注

对于政治,宗教,感情,哲学的问题都讨论到,当然它是到处都引起了好奇心,使人们去读它,使人们受到它的显明或不显明的影响。姚阿乃先生(Mr. Johannet)说:"小说是无孔不入的。没有人能抵抗小说的魅力。形而上学,神学或经济学的论文所都受到闭门羹的地方,小说却得破门而入。没有人注意到:这是小说!人们翻开它来,人们合上了它,人们失了它,人们又找到它,人们在那里发现了更好的和更聪明的,人们在那里逢到自己的厌恨和自己的梦想,人们狂热起来,人们是上了圈套了。"

在今日,小说表现出不可计数的形形色色,因为在心理小说和社会小说之外,我们还有宗教的,历史的,哲学的,滑稽的,冒险的,空想的等等小说。而这种系列是不会完结的,因为近年来在这系列之上还加上了那电影小说,在这类小说中,我们可以列数如合缪时(Ramuz)的《世界之爱》(*L'Amour du Monde*);核耐·格莱尔(René Clair)的《亚当》(*Adams*);亨利·布拉易(Henry Poulaille)的《疯狂列车》(*Le Train Fou*);约翰·多思·巴索思(John dos Passos)的《芒阿当·特杭斯弗尔》(*Manhatten Transfer*)。

在今日,小说是脱离了一切的定义了,它的领域是整个自然。我们只能采取那在出版家的诉讼中,一位英国的裁判官对于小说所下的那条定义吧:"一部小说是应该有十五万字的内容,而且是应该讲着恋爱的。"

小说家在今日有一个最重要的社会的职司:他用他的工具操纵着群众,使群众的感情和观念受他的影响,在另一方面,他反映出群众的希求,群众的倾向。乔治·杜阿美尔说:"小说家的无上的目的是为我们使人类的灵魂变成善感,为我们使它在它的伟大中和贫困中,在它的胜利中和失败中,都一样地认识而爱。"[①]这人类的灵魂,小说家是断然地表示给我们的,好像在显微镜的扩大下一样,我们从小说家的作品间看到了人类的灵

---

① G. 杜阿美尔:《小说论》(*Essais sur le Roman*),巴黎,一九二五,Lesage 版,六二页。——译者注

魂,在社会环境的恒常而决定的影响之下,演进着,变化着,变更着。

为要显示出经济条件之影响于小说,我们先来研究一部浪漫文学的最著名的作品,就是《鲁滨逊漂流记》,然后我们再来检讨法国十九世纪的三位巨子的文学生涯,那三位巨子就是巴尔若克,弗洛贝尔和左拉。我们特别选了这部但尼尔·提福(Daniel de Foe)的书,是为了来显示即使在冒险小说中,也不是应该从作者的空想中去探求小说的起原的;社会的事变同样地有着作用,而且实际上往往是社会的事变(正如鲁滨逊的场合一样)决定了书的本质和材料的。

一、《鲁滨逊漂流记》

> 既然书籍在我们是绝对地必要的,那么,照我的意见有一部书是论自然教育的最好的书。这是我的爱米尔所应读的第一部书:它单独地构成他的整个图书室经过许多时候,而它又老是占着一个特别的地位的……这部书是什么书呢? 就是《鲁滨逊漂流记》。
>
> 卢梭:《爱米尔》

在少年的时候,读完了《鲁滨逊漂流记》,便做着那些有趣的梦,空想着飞向那辽远的岛,热带的国土中去,这种情景我们之中有谁会不记得呢? 谁会忘记了那样热情,那样富于想像和冒险的,读这部书的时候的快乐呢?《鲁滨逊漂流记》的运命好像是永远不朽的,因为当青春的梦想和少年的想像的飞跃不失去的时候,它也永远地存在着。然而这部书却并不是为孩子们写的;在此书出版的时候(一七一九年),它是注定给成年的人看的,当时的群众会醉心于这样的故事,玩味着这些远处的冒险,叹赏着鲁滨逊和礼拜五不下于今日的孩子们,这种现象在我们看来倒是有点奇怪的。这是什么原故呢? 我们研究一下《鲁滨逊漂流记》的创世纪便可以很容易地明白了。可是我们不要用个人分析去探求它,我们不要去解剖但尼尔·提福的性格,因为只有经过了一种当时的经济的和社会的生活的分析之后,这部书的真正的起原才能清楚地向我们显出来。①

我们置身于十七世纪末叶和十八世纪初的英国。在那永远的绝灭了西班牙经济优势的克朗威尔战争之后,英国的商业便走进到一个无限的膨胀和兴盛的时代。那时英国的商人的生产品在地中海诸港中畅销,他们的船只出没于西班牙,葡萄牙,法兰西,汉堡和巴尔底克海岸。可是这还不能使他们满足:他们需要更广大的销路。兴盛的商业使他们趋向一种渐渐广阔起来的殖民,使他们趋向远地市场的占领。东印度公司(East India Company)和远东做着贸易,把英国的支配伸张到印度,得到了百倍的利市。[该公司于一六九八年由福特·威廉(Fort William),继为加尔古答(Calcutta)所建设。]在一七一一年,太平洋公司(South Sea Company)也成立了,不久便也飞黄腾达了。它有美洲东西两岸的商业独占权,而它的幸运的卖买使国内满溢着金银。一种以"太平洋热"知名的真正的投机热现在是在英吉利流行着了。人们建设了数百个公司,各色各样的企业。在一个短期间之内,十一个大公司都起来准备把美洲各地殖民化又和他们通商。人们在交易所里拼命地买股票,人们专注着股票的市价,人们企图着大资本的事业。这种投机热触动那成群地购买股票的大众。伦敦的大小资产阶级,热心着这种和远国,尤其是印度和美洲——的贸易的企图,他们现在当心地留意着对于未到过的国家的远征,他们鼓励着那些航行热带的海和荒岛的船主。在每一个新发现的地方,他们都相信可以找到富饶的金矿,宝矿和未发见的宝藏,人们热爱着和野蛮民族战斗着的勇敢的航海家的故事;人们敬佩那些在未开辟的国土中探求财富的冒险家。因此,在这最高的关心是趋向辽远的国土,未知的地

---

① 参考下列各书:吉宝思(Gibbins),《英国产业史》(*The Industrial History of England*),一九二六年伦敦出版;洛吉思(Rogers),《英国工商业史》(*The Industrial and Commercial History of England*),一九二〇年伦敦 Fisher Unwin 版第六章;道丁(Dottin):《〈鲁宾逊漂流记〉的检讨与批评》(*Robinson Grusoe Examined and Critised*),一九二三年伦敦及巴黎 Dent 版;《但尼尔·提福及其小说》(*Daniel de Foe et ses Romans*),巴黎,一九二四年,大学出版部版。——作者注

方,非洲和美洲的天空下的冒险的大众一致的氛围气中,人们热爱着描写航海家的,探险家的故事,人们热忱地读着异国情味的小说,这原是毫不奇怪的。不久,那些应合着这种需要,这种新的趣味,讲着世界的航行,描写着太平洋的国土以及它的奇怪的居民:他们的野蛮的风俗,白人和生番的战斗的作家的兴盛期便出现了。异国风情的小说是大受欢迎了。

于是巴齐尔·林格洛思(Basil Ringrose)的《约翰·阿尔伯德·德·曼德尔思罗的海陆旅行记》(一六六二年),《美洲海贼故事》(一六八五年),五版的《但比曷旅行记》,《弗莱叶的东印度和波斯旅行记》(一六九八年),《大使之摩斯科维,鞑靼,波斯,印度旅行记》(一七〇〇年),以及其他等等,都出现了。可是有一部书的成功竟突破了从前的记录,那部书就是胡迟·洛吉思大尉(Woodes Rogers)的《环游世界记》(一七一八年),在这部书里,在其他故事之外,还包含着一个亚历山大赛尔凯克如何独自在一个孤岛中过四年零四个月的故事。这个水手赛尔凯克是一个实在的人物,他是那样地受着群众的热忱爱好,以至不久人们为他写了许多的书,其中最著名的是爱特华德·柯克(Edward Cooke)的《南洋和世界一周旅行》,在书中可以找到亚历山大·赛尔凯克在四年零四月的约翰·费南代斯无人岛上的居留时如何生活和驯服野兽。最后,过了几年,在这个题目之下的书出现了:《独自在美洲海岸荒岛上过二十八年的约克的水手鲁滨逊·克罗梭的惊奇的冒险和生活》……此书的著者就是但尼尔·提福。

我们可以看出《鲁滨逊漂流记》正是他的时代的果实,是应合当时的冒险小说的趣味的。它不是提福的想像的产物,却是那个真正在一个荒岛上住了多年,而在他周围鼓气整个的文学的,水手亚历山大·赛尔凯克的故事的小小的改作。提福不过顺从着一般的兴感,继续着那些读过塞尔凯克的冒险的读者的想像工作而已。鲁滨逊在当时,可以说是生活在空中:他是在一切人的想像中;我们的作者只不过把它固定在纸上而已。

二、浪漫主义革命与巴尔若克

对我们说一千八百三十年,

闪动的时代，

它的争斗，它的热情……

戴奥尔·德·邦维尔（Th. de Banville）

路易十四时代是贵族主义最后的光芒。从那个时候起，贵族开始渐渐地滑到历史的瞑暗中去了，于是那经济上强力的，充满了革命的血气和热情的资产阶级，便以实力获得了他的在太阳下的地位。

八十九年①是第三阀（Tiers-État）的胜利之歌，和贵族阶级的丧钟。从此以后，拿破仑的军队在全世界战争着是用着新阶级的理想的名义，《拿破仑法典》（Le Code Napoléon）断然地制裁着的是资产阶级的法律秩序了。十八世纪在历史上可算是"资产阶级的世纪"。

这样，法兰西的社会是被安置在新的基础上，古旧的经济和政治的基础是被根本地推了翻。可是在艺术的领域内，古旧的王侯，单调的，昏惰的，厌倦的王侯，依然还统治着。艺术是在一种昏睡的状态中，下决意觉醒了它的是浪漫主义。浪漫主义在文学的领域内是一个大革命，也有他的（一七）八九年和它的（一七）九三年的强大的革命。将近十九世纪的最初四分之一的末期，出现了一群卓绝的艺术家，如维克多·雨果（Victor Hugo），戴奥费尔·高底叶（Théophile Gautier），易合尔·特·奈尔伐尔（Géarard de Nerval），乔治·桑特（George Sand），贝特卢思·鲍核尔（Pétrus Borel），圣佩韦（Sainte-Beuve），他们都是热情地向着障碍冲过去的。最初的炮火是在一千八百二十九年顷震响了：在一千八百二十九年奥培尔（Auber）用他的《保尔底季的哑女》（Muette de Portici）革命了歌剧，在一千八百三十年，艾尔纳尼是在法兰西剧场公演，在一千八百二十一年，特拉阔（Delacroix）公开了《障碍上的自由》（La Liberté sur les Barricades）。

浪漫主义所宣言的是在艺术中的新的秩序，从此以后人们只能赞成他们或是反对他们了。正如戴奥费尔·高底叶所说，只有"辉煌的"诗人

---

① 即一七八九年，法国大革命的那年。——译者注

或是"灰色的"。他们对于这些"灰色的"抱着一种深深的轻蔑,对于不了解他们的偏狭的市民也如此,于是浪漫主义的革命盛极一时了。人们攻击着古典悲剧,人们为"自由"和"真理"的原理战斗着。这个运动的大司祭维克多·雨果在他的《克朗威尔》(*Cromwell*)的序文里说:"近代的诗神将用一瞥更高更广的眼光看事物。她将感到在创造中的一切,不是人类地美,丑是在美的旁边存在着,畸形是在优美的旁边存在着,古怪是在崇高的反面存在着,恶是和善一同存在着,光明是和黑暗一同存在着,一言以蔽之,'真理'而已。"他要求着古旧的畴范的扩大,束缚艺术的古旧的公式的破坏,他对着那古典悲剧的严整和沈闷,宣说节奏,生命,运动。"大自然中所存在的一切,在艺术中也存在的",雨果这样地喊着。那个时代的浪漫主义者的著作使民众受到很大的影响;和古典主义者相反,他们描写着野蛮的,奔放的,深切的感情;他们推翻了舞台的旧有的秩序和旧有的和谐。

一千八百三十年的《艾尔纳尼》的公演就是巴斯底狱的突击。在连续的一百次的上演时期间,这本戏都受着古典主义者的倒采和青年浪漫主义者的喝采叫好。真正的争斗是起来了,可是那些青年人防御得真好,而做了战场中的胜利者。一切的浪漫主义者都用它们的奇怪的服装来显示出那对于旧形式的反抗。我们且看雨果的妻子所描写的吧:"他们养着长胡须和长头发,都有一种狰狞的神气;他们穿着种种的奇怪的服装,天鹅绒的紧身衣,西班牙风的外套,何伯思别尔(Robespierre)式的背心,亨利三世式的大黑帽"。在第一次公演的时候,高底叶穿着一件米兰的铠甲形的扣在背上的红色的背心到场;他带着一种该撒的冷静的态度接受着群众的嘲哭。一切的青年人拼命地对着《艾尔纳尼》的辞句拍手喝采:

> ……——王啊,向下面看!
>
> 啊!民众!大洋!不绝地滚着的水波!
>
> 什么投下去都要翻动的地方!
>
> 打碎王冠又搁拢境慕的波浪!

古典主义者不久便自己觉得战败了,他们用詈骂报复着。"浪漫主义者是狂人",在一千八百三十五年奥合纳(Hauranne)这样说。"浪漫主义的意义就是野蛮",德莱思格吕思(Deiescluze)这样地加一句说。"什么浪漫主义者都是恶棍",巴乌尔·劳尔绵(Baour Lormian)最后这样说。可是这些都没有用,古典主义从此已变为陈迹了。

浪漫主义者在语言的领域内还起了一个更深的革命。这方面,维克多·雨果正当地夸耀着成就了一个'文法的九十三年'。从前,字也是划成阶级的,"从一个字眼上可以听出是侯爵和廷臣或者不过是一个无聊文人";一切的民众的辞句都是被鄙弃为俗语的。那时诗人这样说:

> "我使一阵革命的风吹动。我在老旧的字典上放了一顶红帽子。
>
> 从此没有元老院的字!从此没有平民的字!
>
> 而我在满溢的暗影中,
>
> 把思想的白群混入字的黑群里……"

浪漫主义者曾经用那被贵族文学恐怖地排斥了的民众的要素,大大地使法兰西语言丰富。现在,维克多·雨果说:

> "……我敲碎了那锁着民众的字的铁枷,
>
> 又从地狱里救出了,
>
> 一切定了罪的老字,
>
> 死的群众……"

这位诗人完全地说出这语言的深深的倾覆,精神领域中的革命,他高声地宣说:

> "神圣的进步,幸亏你,
>
> 今日革命才在空中,声音中,书中响着,
>
> 在奔跃着的字中,读者感到革命是生活着。
>
> 它呼喊,它歌唱,它教训,它欢笑。
>
> 它的语言是和它的精神一样地解放了!"

浪漫主义的大革命是完成了……

可是，虽则这些诗人都是从资产阶级出来的，在他们和他们的阶级之间却有一种深深的不调和。资产阶级者不了解他们，以为他们的飞跃，他们的抒情的文句全然是疯狂；在另一方面，那些浪漫主义者也渐渐地和社会背驰，厌恶地避着他们的社会环境，憎嫌着那他们所从而产生的阶级。这种资产阶级与其意识形态的不调和，是近代艺术的最有特征的现象之一；在贵族阶级和它的艺术，即古典悲剧之间，却有一种完全的和谐，完全的妥协。浪漫主义者避着他们的时代而躲到过去的时代中（尤其是中古时代），到理想的区域中，或是到人生的抽象中。乔治·桑特这样写着："艺术不是一种积极的现实的研究，却是一种理想的真理的探讨。"维克多·雨果和巴尔若克的密友戴奥费尔·高底叶不久便至于创造了那"为艺术的艺术"（L'art pour l'art）的理论；他在艺术中看出了那惟一永存的东西，把艺术视为自身的本体，视为一个人生和社会的完全的抽象。他在他《彩釉和琢玉》的雕琢得非常美的诗中，把这意见发表出来：

> 一切都是要过去的。
> 只有强固的艺术有永恒；
> 城市虽然荒废
> 胸像却还存在。
>
> 就是诸神也是要死去的，
> 可是至高的诗句
> 却会存留着
> 比青铜还坚强。

高底叶主张完全脱离社会，又劝诗人不要混到群众中去，不要求普及，却要把自己闭在自己的内部。

> 群众是正如避着高峰的水；
> 它是从来不到那它的水准不在的地方的。

不要白费工夫去求它的快乐，

不要在你热烈的思想边放一个梯子。

即使在诗中，高底叶所看到的不是感情和情绪的表现，却是艺术的探讨，而他希望着诗句是须得像一块雕琢得很精美的小宝石，像彩釉或是像琢石（见他的诗集的题名：《彩釉和琢玉》）。有一天他对戴纳（Taine）说："戴纳，在我看来你好像如一个俗人一样地推论着。向诗要求情绪！……辉耀的字，带着一种节奏和一种音乐的光明的字，这便是所谓诗！"

可是当一切的浪漫主义者都和群众背驰而躲避到理想的山峰上去的时候，却有一个和现实紧紧地结着的人，他是他的环境和他的阶级的肖子，他决心把他的环境和他的阶级描写在他的小说中。这个人就是巴尔若克。① 用着他的惊人的才能，他的罕闻的工作力，他的丰富有力的想像，巴尔若克立意把那些浪漫主义者所轻蔑的整个社会，整个时代都在他的著作中表现出来。他向他们呼喊着："我的资产阶级的小说是比你们的悲剧更悲剧的。"他的话是不错的。

在他的组成《人类的喜剧》的九十部小说中，我们看到了那"王政复古"和"七月专制"时代的整个法国社会，活活地在我们面前。巴若克尤其欢喜把那资产阶级描绘在初生的资本主义社会的画框里：他把那些有钱人，放印子钱的人，投机业者，大银行的代表，外交家，大臣，商人，农民，僧

---

① 在我们的巴尔若克的研究中，我们参考了下列各书：蒲尔叶（Bourget）：《社会学与文学》（*Sociologie et Littérature*），第三章：巴尔若克的政治学，巴黎，Plon 版；勃兰第斯（Brandes）：《法国浪漫派》（*L'Ecole Romantique en France*），第十三章至十八章：巴尔若克，巴黎，一九〇二，Michalon 版；加里泊（Calippe）：《巴尔若克与其社会观念》（*Balzac：ses ideas sociales*），巴黎，一九〇六，Leccoffre 版；法格（Faguet）：《巴尔若克》（*Balzac*），巴黎，一九一三，Hachette 版；路易（Paul Louis），《巴尔若克和左拉书中的社会典型》（*Les Types sociaux chez Balzac et Zola*），巴黎，一九二五，Monde Moderne 版；须尔维（Surveille），《巴尔若克，他的生活和作品》（*Balzac，sa Vie et ses Oeuvres*），巴黎，一八五八，Librairie Nouvelle 版；左拉（Zola）《自然主义的小说家》（*Les Romanciers Naturalistes*），巴黎，一九一四，Fasquelle 版第三页至第七十三页；时慧格（Zweig），《巴尔若克——迭更斯》（*Balzac-Dickens*），巴黎，一九二七，Kra 版。——作者注

侣,官吏,罪犯,巡警都显示给我们看。这一些人等都生存着,活动着,跳动着。巴尔若克在巴黎的香粉商人的故事中看到古代的伟大,他将他的破产和特洛阿(Troy)的没落比较着。他写着:"特洛阿和拿破仑只是诗而已。愿这故事是没有一个声音所想过的,看去是那样地缺乏伟大的,资产阶级的兴废底诗!"

巴尔若克曾经坚强地把他的功用框在范围里,他用强烈的色彩来描画那他的人物生存着的社会的基础。在《人类的喜剧》里,我们清楚地看见那社会底经济的形态:铁路网还是很不密,中小工业是和大工厂并存着,小钱庄和店铺是和大银行大商店并立着。总之,巴尔若克所显示给我们看的是新生出来的资本主义社会,他为那载着整个社会的深深的基础画了一张辉煌的肖像。我们可以把他来和维克多·雨果同说:

> 他画着那从树根方面看过去的树,
>
> 杀人的树木的屠杀的战斗。

巴尔若克是密贴着他的阶级的,和别的那些浪漫主义者相反,他写着他的时代,他歌唱着他的时代的美德和恶德,他祝着它的胜利,而他是被家族和财产的观念深深地透入了的。在那部《乡村的教士》(*Curé de Village*)中,他叹惜着'民法的嗣承篇',因为这一篇颁布财产的均分。这便割裂了土地,减少了土地的富,同时使它们变为不安定的。巴尔若克敬佩土地的贵族,他在一千八百三十年给加何夫人(Mme. Carraud)的信上写着:"法国应该有一个'代表财产的'非常有力的贵族院。"在他的农村小说如《乡间的医生》(*Médecin de Campagne*),《农民》(*Payans*),《乡村的教士》等中,他为我们描写地主和土地的关系,财产对于人的神秘而暧昧的心理影响。这实在是那个时代的特征,因为即使在诗中,我们也常常碰到这种财产的神圣的崇拜。夏勒·德·包麦洛尔(Charles de Pomairols)把他的一部诗集题名为《财产的诗》(*Poésie de la Propriété*),他还高声地宣言:

> "有一块地是一个大名誉……"

巴尔若克不仅抱着财产的观念,他还是僧侣,君主,旧政体的同道者;就为了这个,它引起弗洛贝尔的呼叹:"他是旧教徒,合法主义者,地主! ……一个极大的好人,但却是第二流的。"

可是这个"好人"却有卓绝的观察才,他出色地把那被金钱的微菌所蚀了的新社会的氛围气表现给我们看。自从贵族的特权废止以来,金钱是变成一个至高无上的人了,一切的人在它的脚跟前膜拜着。它是无孔不入的,在政治中,在习惯中,甚至在最尊贵最崇高的感情中。从此以后人们是为它而战斗着了;人们为了它在交易所里决着死战,人们永远地到处地追求着它,人们为受它的权利所侵,不能抵抗地被它拉到它的圈子里去。把金钱引到小说中去的是巴尔若克。最初在《爱亦尼·格杭代》(Eugénie Grandet)中,他写出一个只为金钱而生活着的,惟一的热情是金钱的人给我们看:这是阿尔巴公(Harpagon),除了他的喜剧一方面,他是一个感情,观念,倾向完全在金钱的唯一的愿望统治之下的生物。其次在《奴山阳家》(La Maison Nucingen)中,我们看到了银行及其一切复杂的组织,和一个做着极大的投机事业,用金钱获得一个可惊的权势的近代银行家。他在人们可以获利的地方到处获利,又把他的活动范围扩张到无止境。巴尔若克写着:"这样去看银行,银行是变成一种政策了。大部份的人是那样地和政策接近,终至于使他们和政策混在一起,而他们的财产在那里作战。"在《高勃赛克》(Gobseck)中,我们又看到了一个放印子钱的人,在这个人,金钱是代表人间的一切的,他的一生只有一个金钱的欲望,他只是为了它生活着。在其他的几部小说里,我们也感到那在近代社会中被奉为上帝的货币底贪欲而顽钝的影响。"金钱是一切,金钱统治法律,政治,习惯",这就是爱亦尼·格杭代的话,这可以列在全部的《人类的喜剧》的头上。

巴尔若克接着把那也开始染了投机热的商人资产阶级的各方面显示给我们看。在《献媚的猫之家》(La Maison du Chat-qui-pelote)中,我们看见那安适地做着买卖的布商居欲麦(Guillaume)。可是在《赛若尔·皮洛多的兴废》(Grandeur et Décadence de César Birotteau)中,商人已经投到事业中去,做着那使他破产的投机事业了。在那个巴黎香粉商人的时代,我们看到了那个时代的法国大商业的幸与不幸,巴尔若克用一种异常的明晰和透澈将这些写出来,总之,这差不多是在我们面前经过的社会底一切的阶级。大资产阶级,贵族阶级,智识阶级,农民阶级,中小资产阶级,僧侣阶级,官吏阶级在巴尔若克身上找到了一个出色的传语者。

可是他有权写着这种骄傲的话吗?——"从上层到下层的各方面的社会,和法律,宗教,历史,现代,都被我分析观察过了!"我们并不觉得如此;因为他固然描写了社会的上层至中层,他却忽略了下层。因此,在巴尔若克所画的社会的典型的画廊中,是缺了一个典型,那就是劳动者,在《人类的喜剧》的浩繁的卷帙中,劳动者只稍稍地提起了几句。这是先要归诸社会条件的。因为虽则在"七月专制"的时代已经有了无产阶级,但它却还没有组织,又没有表明它的要求,如在"第二帝政"时代一样。可是这也要归之于那民治主义的反对者的巴尔若克的意见的。左拉说:"《人类的喜剧》的立场是旧教,宗教团体的教育和专制的原则。"

巴尔若克的著作之对我们讲着从十九世纪初叶至中叶的法国全社会这事,我们不单单归功于他的想像,却尤其要归功于他的把它描写给我们看的意志和工作底组织的计画。他说他把社会视为一出有四五千卓绝的登场人物的戏,他要把我们都放进他的《人类的喜剧》中去。巴尔若克的一切的描写都是深切地写实的,而那时的那些浪漫主义者却把他们的著作的情节都位置在辽远的地方,在西班牙或是在意大利;巴尔若克大部份的小说的情节却都是发生在那他所像故乡一样地清楚的罗合尔(La Loire),在巴黎,他是知道巴黎的一切的秘密的。在求真实的省慎一方面,巴尔若克是无可责备的。当他的观察和他的旅行有所不及的地方,他便去请教他的相识的人。在一封给加何夫人的信中,他要求下面所说的正确:"我想知道那条你从而到缪易爱广场(La place du Mûrier)去的路的名字……还有那向着大寺院的门的名字,也请告诉我。"从这点我们可以看到他是用着那一种真实的热情描写着他的社会。

他所供给的工作是浩大的。五十岁去世的他,竟有时间遗下这样大的文学的嗣产给我们。那是因为他带着一种热心,一种不尽的热情工作着,每天写十二个,十四个,甚至十六个钟头的原故。为要维持他的精力,他喝着大量的咖啡,正如从前的伏尔戴尔(Voltaire)一样。而这毒物对于他的早死是并非无关的。别人说得不错:"他依五万杯咖啡而活,他因五万杯咖啡而死。"巴尔若克差不多是完全地生活在他一手创造的世界中,终于他把它同现实的世界混在一起。人们讲着它的无数的逸话。有一天,一位朋友到他家里去。巴尔若克跳到他面前,非常苦痛地喊着:"你想想,那个不幸的女子自杀了。"那位朋友大吃一惊,问是谁,那知就是……爱亦尼·格杭代,他才放心下来。又有一回,他的朋友对他讲他的妹妹病很重,而巴尔若克却打断了他的话说:"这样很好,好朋友,可是我们现在再回到现实,谈着爱亦尼·格杭代吧。"

巴尔洛克在文学中是小说的竞技者,十九世纪前半叶的法国社会环境的有力而忠实的画家,他亦是资产阶级的,皮洛多(Birotteau),奴山阳(Nueingen),格杭代(Grandet),合思谛涅克(Rastignac),合布尔丹(Rabourdin)等的阶级底无匹的歌人。[①] 维克多·雨果在他墓头这样说是很对的:"他的全部的书只形成一本书,一本活跃的,光辉的,深切的书,在这本书中,我们用一种混着真实的不知什么惊怖的心情,看见我们整个的现代文明来往着,行动着;一本诗人题为'戏剧'的,他可以名之为'历史'的卓绝的书……"

三、居思达夫·弗洛贝尔

近代资产阶级者的描绘使我感得恶臭。

G. 弗洛贝尔。

他是属于那反对自己的社会环境,周围的平淡,下劣,凡庸的反叛的艺术家之一群的。巴尔若克赞扬资产阶级,爱资产阶级及于其恶德,而弗洛贝尔却对它抱着凶暴和无慈悲的憎恶,一个人对他自己的阶级所能感

---

① 上列各专有名词均为巴尔若克小说中的人物。——译者注

到的最高的憎恶。他以全存在，全确信，全信念憎恨着资产阶级：这种憎恶在他是一种的统辖着他的感情和他的观念的宗教。他说："我称资产阶级者为一切下劣地思想着的生物。"他尤其厌恶中等阶级，为了它的凡庸，为了它的无限的愚劣，为了它的功利主义和口腹的崇拜。他避开群众，那些只想着自己的享乐，眼光狭窄的自利的人群，他会心愿地接受那勒公特·德·李勒(Leconte de Lisle)向群众所发的傲慢的话：

> 我不会冒死听从你的呼唤，
>
> 我不会和你的卖技人和你的娼妓
>
> 一同在你的公共露天剧场上跳舞。①

可是躲避到那里去呢？在这样猛烈地攻击了资产阶级之后，弗洛贝尔将委身于社会主义吗？也不。他抛开社会主义，因为他反对它的物质性，理想的缺乏，地上的幸福的探求；那所以使他断然地反对社会主义者，就因为他在社会主义中看见一切阶级的废除，他坚信的优秀的绝灭，出色的下层的平等。他还剩着什么呢？"象牙之塔。"弗洛贝尔写着，"在一切共同的关系都破坏了的时代，在社会只是一个多少有点组织的'大强盗团'的时代，当肉体和精神的利益像狼一样地互相退避着离群而独立的时候，那是应当向大众一样地行着自利主义(只要是美一些的)而生活在自己的穴里。"弗洛贝尔对于政治生活完全不发生兴味，而且要把那一切社会的思想从自己心上赶出。他写着："除了你自己以外，什么也不要管。

---

① 在我们的弗洛贝尔的研究中，我们参考了下列各书：鲍特莱尔(Baudelaire)：《浪漫艺术》(*L'Art Romantique*)(波伐荔夫人)，巴黎，Calmann-Lévy 版；蒲尔叶(Bourget)：《现代心理论》(*Essais de Psychologie contemporaine*)(居思达夫·弗洛贝尔)，卷一，巴黎，一九二七，Plon 版；法格(Faguet)：《弗洛贝尔》(*Flaubert*)，巴黎，一八九九，Haebette 版；弗莱尔(Ferrère)：《居思达夫·弗洛贝尔的美学》(*L'Esthetique de Gustave Flaubert*)，巴黎，一九一三，Conard 版；艾纳甘(Hennequin)：《几个法国作家》(*Quelques Ecrivains français*)(弗洛贝尔)，巴黎，一八九〇，Perrin 版；谛波代(Thibaudet)：《居思达夫·弗洛贝尔》(*Gustave Flaubert*)，巴黎，一九二二，Flon 版；左拉(Zola)：《自然主义小说家》(*Les Romanciers naturalistes*)(弗洛贝尔)，巴黎，一九一四，Fasquelle 版。——作者注

让'帝政'进行着吧，关上了我们的门，走到我们的象牙之塔的最高处，到最后的一级，最接近天的那一级。有时那里是很冷的，可不是吗？可是有什么要紧呢？你看见星儿晶耀着，你不更听见那些蠢人的声音了。"

可是这意思就是说弗洛贝尔依恋着他的孤寂，满意着他的和社会生活的脱离吗？绝对不如此。他常常叹惜着这种在艺术家和社会间的深渊，这种精神共通性的完全的缺少，这种著作家和群众的远离。他好多次感到那种走到群众中，混入集团的生活的强烈的欲望，可是资产阶级者的影子总是把他牵住了。他依靠着他的可观的年金独自隐居着，他为了这种社会的远离而深深地感到苦痛，他失望地写着："象牙之塔，象牙之塔！仰首对着星空！这在我不是很容易说的吗？这种问题，只要我一开口，别人就可以回答我：'啊！你，你有你的小小的收入，我的大好人，你是用不到任何人的。'我知道这个，我尊敬那些受苦着，受人践踏着，和我同样有价值与价值在我以上的人们，有的时候，一想到那种好人所受到的一切的苦痛，便使我愤激。"这就是居思达夫·弗洛贝尔的悲剧。

人是完全地在著作中反映出来的，我们考验着弗洛贝尔的三部小说：《波伐荔夫人》（*Madame Bovary*），《感情教育》（*L'Education sentimentale*）和《蒲伐尔和贝居薛》（*Bauvard et Pécuchet*），便可以看见了整个的弗洛贝尔。那部《波伐荔夫人》不仅是弗洛贝尔的杰作，且是全世界的杰作。它是小说的典型，正如《安德罗玛格》①是悲剧的典型一样，它也是散文的交响乐，因为弗洛贝尔是散文的大师。人们称他为'法国散文的悲多汶'，那是并非无故的。他的语言有水晶的纯粹和一种微妙难言的和谐。他热心地操作着找寻那他的思想的最好的表现；他经过长时间地推敲着文章的节律，又把同样的一节写过许多遍。居易·德·莫巴桑这样讲给我们听："他拿起他的稿纸，拿到他的目光的高度边，撑身在一只肘子上，高声地朗诵着。他听他的散文的节律，停下来追捉那逃去的响亮，结合声调，避免同音，像一条长途的休憩一样，认真地加着句逗。"可是这

---

① *Andromaque*，为 Racine 之悲剧。——译者注

最后的结果是和这样的一个操作有相等的价值：弗洛贝尔的散文是一个奇迹。

《波伐荔夫人》是外省的资产阶级生活的大壁画。在那灰暗而单调的背景上，浮着那变成了不朽的三个人：爱玛·波伐荔(Emma Bovary)，夏勒·波伐荔(Charles Bovary)和那药剂师奥美(Homais)。爱玛受过了一种在她身份以上的教育，而且，受了《保尔与薇儿琪尼》(Paul et Virginie)的影响，她便开始梦想了。她具有强烈的，感能的，热情的天性，浪漫的精神，她嫁给了夏勒·波伐荔，一个蠢愚的资产阶级者，在做人一方面，做医生一方都是可怜的。她是被一些凡俗以下的人们包围着，生活于恼人的，单调的，悲哀到流泪的乡下。从那时起，她的心头便起了迷茫的希求，和不久长大起来的，侵占了她的全生存的未饱足的欲望。她的凡俗愚劣的丈夫使她不快，只使她引起憎恶和轻蔑。"多么可怜的人！我的上帝啊！多么可怜的人！她咬着唇低声说着。"于是，她便完全做了通奸的猎物了：她先小心地，自己在心头交战着地爱上了那个录事莱洪(Lion)，可是不久莱洪走了，烦恼便格外增加了。于是她从那开始诱惑她的何道尔夫(Rodolphe)身上发现了一个恋人了。她还微弱地抵抗着，可是不久，当他们一同骑马出去散步的时候，她便屈服了。"她弯着那雪白而被无力叹声所膨胀的项颈，咽着嗓子，遮着面孔，竟完全是六神无主的了……四处都是寂静无声的：林间叶底，仿佛有无穷的韵事从中飞出，她觉得她的心房重新憧憬地跳跃，而血液在皮肤之下循环，仿佛是一道发胀的人乳。这时从树林外的远处旁的山上，她听见一种长而模糊的号叫，一种绵延不断的声音，于是她静悄悄地细听，仿佛拿他当作她自己受感动的神经的最后波动。"

爱玛到那时候终于对她的整个的单调生活报了仇，而她的浪漫的精神也醒了：她梦想着和她的情人一同逃走，她把他视为一个拜伦型的英雄，可是不久受到了一种残酷的欺诈。何道尔夫是一个实际的，现实的人，而当他满足了自己的欲望的时候，他便把她独自遗留在空想的世界中不顾她了。那时她便只好在宗教中去找她的慰安，而烦恼又开始去扰她，使她在胡盎(Rouen)发见了那个录事莱洪。关系又发生了;爱玛是变成肉感的,不饱足的,她抽烟,她喝酒,她便成了娼妓一样的人了。可是破产到了:她乱借着债,后来不能找到钱还,她便服毒了。她宁愿死去而不愿回返到现实的生活,回返到外省的悲哀的生活。

这就是波伐荔夫人的不朽的姿态。她好像是用大理石琢成的,有力地站在她的悲剧的单纯中。一种不能在自己的平庸凡俗的范围中生息的,高出于自己的环境的,脱离阶级的女子的姿态,是被弗洛贝尔永远地刻划出来了。

接着是夏勒·波伐荔。在他的身上,弗洛贝尔把他从一个资产阶级者身上所看到的最丑恶的都肉身化了。那是一种圣化的无能,一种神化的愚行。他不思索,不梦想,既没有意志,又没有欲求;他是一个被动的生物,做着别人所做的事,对一切都满意。弗洛贝尔在他的记录中亲自用一种美的风格,用一种出众的浮雕,画着这资产阶级者的影像,在那里我们可以看见他对于这类人的一切的憎恶和轻鄙:

夏勒的记录

内心的蠢俗,甚至在他的小心揩食巾和喝汤的姿势中。他的肉体的机能的动物性。冬天他穿编织的背心和白滚边的灰羊毛的牛节袜。好的靴子。用他的小刀刮他的齿垢,和切断瓶塞把断瓶塞弄进瓶里去的习惯。崇拜他的妻子,而在那和她睡的三个男子之中,他确是最爱她的一人。

夏勒是一个无定形的人物,随着他的妻的意志而爱着她,在她远隔着他的时候默默地热爱着她,听从她的一切的话。他生活在一种半睡中,咀嚼着自己的幸福,什么也不想,什么也不希图。当她死了的时候,他失望地哭着她,可是以后他知道了她和莱洪和何道尔夫的恋爱事件,……他还老是哭着她。不久之后他碰到了何道尔夫,他和他同到一家酒店里去;想起了他的妻子和那人一同欺骗他过,他的脸红了,可是他立刻回复到老旧的怠倦中。

——我不恨你，他说。

何道尔夫默默地坐着。而夏勒，把头埋在两手中，又用一种消沉的声音和无限的苦痛的绝望的语调说了：

——不，我不恨你！

这个人的完全的卑微都在这里……

奥美先生补足了这不朽的一系。弗洛贝尔在他身上，用一种卓绝而使人惊异的风格，把法国小资产阶级者的整个的愚行和整个的虚荣浮雕出来。他曾经写一封信给他的朋友说："你有时也考察到那些蠢人的安静吗？愚行是一种不能动摇的东西，什么东西打过去都要碰碎自己的。它有花岗石的性质，坚硬而有抵抗力。"这种愚行正就是药技师奥美先生的特权。他穿着绿皮的拖鞋，戴着金流苏的天鹅绒帽；他的面相是常常满足的。他对于妇人是有礼貌，迁就，亲切，可爱。他走在路上，"唇边露着微笑，脚胫伸直，左右地行着无数的敬礼，又把他的身后在风中飘动着的大衣裾撅得高高地"。他自以为是高出于他周围的人们，自以为是一个伟大的学者，因为他不但知道他的药品的拉丁文名字，而且还著了一部书：《苹果酒，其制造法及其功效，并附关于此问题之若干新考察》。奥美先生也是一位'智识者'，他抱着艺术的趣味。他为胡盎的《指导报》做文章，那些文章他均自认为杰作，他还给他的两个孩子取了拿破仑和阿达里那样华贵的名字。因为奥美先生读过《阿达里》①。他对于它有深切的鉴赏。他不停地讨论着宗教，他和僧侣争论，并不是他没有信仰，但是他的上帝是"苏格拉底的，富兰克林的，伏尔戴尔的，培杭谐的，和《沙伏牙尔助祭的忏悔录》的上帝"。可是他的最高的理想是"动级会"。奥美先生千方百计去谋获得它。"于是奥美向实力派献尽殷勤。在选举的时候，他秘密地为知事大人卖了很大的力气。最后他便自夸了，他便卖身于权贵了。他甚至于向统治者上了一个请愿书，在那请愿书里，他恳求他'给他主持公道'；他称他为'我们的圣主'，把他比作亨利四世。"最后他得了胜利了。全书

---

① Athalie，合西纳的戏曲。——译者注

就用这一句作为结束的:"他新近居然得到一个十字勋章了。"

奥美先生是已经走进我们的语言中了,他是作为一种作着'智识者'的模样的,慕虚荣而蠢愚的小资产阶级的典型,遗留给我们。

在爱玛,夏勒,奥美这三位人物之外,书中还有其他许多的也很出色的人物:那现出僧侣的一切的愚劣的,蠢笨,偏狭,钝重的教士波尔尼仙(Bournicién),商人幸福(L'heaureaux),胡奥尔老爹(Rouault),以及其他等等。

整个的小城市是在我们眼前骚动着。我们看到了它的卑俗而单调的生活,它的快乐,它的节度;农事改善会的书是变或一张古典的作品了。

《波伐荔夫人》总之是一部有力而大胆的真正的杰作,在实在的描写中,它是悲剧的,可是它受着法律的追求,那才是它的最大的光荣! 实际上,检查处不满于那几节'猥亵的'描写,于是我们的作者便被告有扰乱公共善良风俗之罪了。这是一种可笑的控告,正如对鲍特莱尔,对华尔特·惠特曼(Walt Whitman),对马里纳谛(Marinetti)的,老是在同一的不道德之预防名义下的那些控告一样。弗洛贝尔虽是被释放了,可是裁判官却要严格地禁写实主义。"照得凡假绘画,性格或地方色彩之名义,表现作家所谓描绘使命之人物之事实,语言,动作,皆在禁止之列;此则亦适用于精神之作品及美术之作品,盖写实主义否定美与善,产生害心害目之作品,不断地扰及公共秩序以及善良风俗也。"这就是写实主义的无情的判决。幸亏正如左拉所说,公堂的判决书还不能够拦止住思想的进行。

现在我们说到《感情教育》了,爱玛·波伐荔是展开在脑尔芒地(Normandie)一角上的。而这里的范围却扩大了:弗洛贝尔所描写给我们看的是路易·腓力迫(Louis Philippe)朝的末期和"第二共和政治"(一八四〇至一八五二)时代的法国社会的全部生活,在那平庸而单调的生活的背景上,骚动着那些多少有点无意义的,缺少一切的精力,意志,对于一切企图都失败的人物。此书的主人公弗莱代易克·毛胡(Frédéric Moreau)是一个外省的小资产阶级者,一个懦弱,无味,不很有趣的人物,他由巴黎的生活而学得了一点优雅,而他是可以靠他的遗产舒舒服服地度日的。

他正和夏勒·波伐荔不相上下,他之高出于夏勒·波伐荔者只是他的稍稍发展一些的智力,和他的浪漫的想像。他的'感情教育'是四个女子授与的:一个已婚的妇人阿尔努夫人(Mme Arnoux)——弗洛贝尔用一种惊人的纯洁和明了为我们画了一张肖像;接着是娼妇小蔷薇(Rosanette),金融界的贵妇人唐伯拉时夫人(Mme Dambreuse),最后是一个小外省女子何格姑娘(Mme Roque)。弗莱代易克的恋爱是在首都的喧骚生活中,尤其是在四十八年①的革命的炮火声中进行着的。弗洛贝尔把街路上的活动,民众与国民军的战斗,共和派的团体中的生活,和当时青年的心境,很好地表现给我们看。我们现在是置身于一个青年的团体中,在那里弗莱代易克的朋友代罗易爱(Deslauriers)这样的献爵致祝:"我为现在的秩序,即所谓'特权','独占','指挥','阶级','权威','国家',的完全的毁灭而干杯!他更高声的说,我愿它像它一样的破碎了,说着便把那漂亮的高脚酒瓶投在桌上,打得粉碎。"

现在我们是置身于资产阶级的世界中了,在那里,弗洛贝尔又把这个阶级的懦怯和卑劣显示给我们看。中心人物是大资产阶级议员唐伯拉时先生,他是一个政客,银行家,投机者,接受一切的策略,颂扬一切的制度,惟利是图。当他死的时候,弗洛贝尔用一种触目惊心的缩图把这种生活画给我们看:"这种充满了激动的生活是完结了。在事务所里活动,整理数字,做投机事业,订契约,他那一件不曾做过!多少的饶舌,多少的微笑,多少的折腰!因为他曾经欢呼过拿破仑,路易十八世,劳动者,一切的制度,他用一种甚至可以卖身的爱爱着权力。"

每页上都有一种对于资产阶级的极大的憎恶,一种辛辣而极度的讽刺。我们是置身于大地主的联合会中:"在那里的那些人,大部份都至少侍候过四个政府:而他们甚至会卖了法国和人类,为了可以保证他们的财产,免除他们的不安,他们的困难,或者甚至是由于一种卑鄙的心理的,权力的本能的崇拜"。一听到炮火声,这些资产阶级者就战栗了,他们准备

---

① 即一八四八年。——译者注

着一种将来的凶暴的弹压。而在街路上,人们是时常战斗着的:弗洛贝尔把那在防堵上的,在巴黎的街路上的战斗的氛围气敢然地显示给我们看。那是"十二月二日"。弗莱代易克问一群的劳动者是否要去打仗。那穿短褐的人回答他说:"让资产阶级者打死,我们没有那么傻,听他们安排起来吧。"一个绅士横目看着那劳动者,自言自语着:"那些社会主义者都是畜生!假如这一次可以把他们杀尽就好了!"

在这战斗的背景上,我们看到了几个社会主义者的典型,如赛耐加尔(Sénécal),杜沙尔笛(Dussardier),然而是暧昧的,因为弗洛贝尔不很知道他们的环境,反之,人们倒清楚地看到了弗洛贝尔对于社会主义的轻鄙,这种轻鄙在赛耐加尔的肖像中尤其显得明白:"他认识马勃里(Mably),毛莱里(Morelly),傅易爱(Fourier),圣西门(Saint-Simon),加白(Cabet),路易·勃朗(Louis Blanc),一重车的社会主义作家。他们是为人道要求营房的平等(Le niveau des casernes),他们是要把人道转到一个娼家中或是把它折在账柜上,而从这一切的混和中,他们形成了一种有着分租地和缲丝场的二重外貌的民治主义的理想……"这就是弗洛贝尔的对于他所谓把引带着"营房的平等"的社会主义的意见,在那里人只是会社会而生存着的。

《感情教育》的壁画全体有一种头等的历史价值,且把整个十九世纪中叶的法国社会显示给我们看。弗洛贝尔在那里工作了长久,访问了许多的地方,读了许多书,请教了许多人物,使时代在实现中再现出来。他在这部书中系着一种极大的重要性,而有一次在一千八百七十一年,他指示着都勒里(Tuileries)的废墟宣言道:"假如人们是了解了《感情教育》的,这些事是一件也不会发生的。"这句骄傲的话是有点晦涩的,可是无论如何弗洛贝尔是想着自己的书在历史的事件上有一种影响而夸张着的。

《蒲伐尔与贝居谢》是弗洛贝尔的小说中最奇妙的,而且最引起辩论和批评的一部。人们互相询着那些愚蠢的好人有何意味,作者的用意是何在?在我们,这部书的原始是很清楚的;先是他对于资产阶级者的憎恶,其次是人间的愚形对资产阶级者所引起的蛊惑。著作所显示给我们看的是两个商业中的抄写手,都是五十岁光景的小资产阶级。其中的一人接到了一笔可观的遗产。于是他们便做靠利息为生的人了。弗洛贝尔使劲地嘲笑着这种靠利息为生的人的寄生阶级,他用力地鞭笞着小资产阶级的心理。这就是蒲伐尔和贝居谢所梦想着的:"于是他们可以吃着他们厨房院子里的鸡,他们园子里的蔬菜,穿着他们的木屐吃饭。我们将做着一切自己欢喜的事! 我们让我们的胡须长着。"

到了他们的在外省的一个小洞里的隐遁所,这两个伴侣便不知所措了。他们少少治了一些农事,接着他们便开始研究学问了。他们研究化学,解剖学,历史,文学,磁电学,宗教,教育以及其他。他们的褊狭的头脑不能把这些都消化了,可是他们既然是靠利息生活的人,又没有别的什么事可做,他们只能继续他们的"研究"。他们终至于被牵到自杀的问题而决意自缢。人们去做弥撒的光景使他们改变了那种悲惨的主意,于是他们信念深深地入教了。当他们会知道了人间的一切的知识的时候,他们是会去从理旧业,在他们的乡间的屋子里放两张书桌,开始抄写一切落到他们手头来的东西的。

这就是那愚蠢的,偏狭的,只梦想着隐居,只会抄写抄写,做着一种机械的工作的小资产阶级的出色的讽刺画。可是在这两个无用之徒的身上,弗洛贝尔把蠢笨和人类永远的愚行人格化了。他写着,"法国啊! 它虽然是我们的国家,但却是一个悲哀的国家,我们且承认罢。我觉得我是被那覆着这国家的愚行之潮,蔽住这国家的愚劣之洪水所湮没了"。

弗洛贝尔是时常被这种周围的愚行所侵,它差不多是蛊惑他,牵引他。左拉讲给我们说,假如弗洛贝尔发见了一个大愚行,那在他是一种大节庆,他几星期地讲着。他有大批的孩子气的和拙笨的画,希奇古怪的文件,完全是医生做的诗,而且他欢喜搜集人间愚行的资料,在《蒲伐尔与贝居谢》中,他便把那化身于两个小资产阶级的靠利息生活的人中的那种无限的愚形,指给我们看。这种辛辣苛酷的讽刺是只有对于这种阶级的憎恶才能使他兴感起来的。

　　我们已到了弗洛贝尔的研究的终点了。① 我们很清楚地看到那'资产阶级的食者'的形容词是很正确的。夏勒·波伐荔,奥美,弗莱代易克·毛胡(Frédéric Morean),唐伯拉时,蒲伐尔和贝居谢,一切这些人物组成了一种对于资产阶级与其愚行,眼界的狭窄,口腹崇拜,懦怯,无能的,极大的公诉状。而更有特征的是因为弗洛贝尔自己也是一个资产阶级。他当然会对于这种的主张提出反抗的,他会抗议,但却是徒然的。那他所从而分出的阶级,划着一条不可磨灭的痕迹,人的整个的人格。我们且引证左拉的话吧:"是的,堂皇的话是放出了:弗洛贝尔是一个资产阶级者,而且是最相称的,最细心的,最谨直的资产阶级者,他时常亲自这样说,骄傲着他所用以享乐的考察,和他献给工作的整个的生活;不阻碍他去用他的抒情的愤激绞杀资产阶级者,却随时将他们击碎的就是为此。"弗洛贝尔爱着古代,他'高谈阔论'地反对着新的风习和新的艺术,反对报纸和民治主义……

　　弗洛贝尔拒绝加入法兰西学院,可是在一千八百六十六年他却接受了勋位。十年之后,当一个无足重轻的人也受到了勋章的时候,他便不把那勋位佩着了;他说在一个混蛋也佩起勋章来的时候,他是不愿再佩它了。有人提醒他说那是本来就不应该接受的,这便触怒了他,因为他感到自己的地位靠不住。最后,谛波代(Thibaudet)先生巧妙地观察到"在《波伐荔夫人》的追迹中,这资产阶级的食者是像躲在一座城寨中一样地,躲在弗洛贝尔等的资产阶级的安全中的"。他的在这事件中的态度绝对不是英雄的。他在写给他的兄弟的信中说:"我们应该使内务部知道在胡盎我们是所谓'大族',意思就是在地方上我们有深深的根底,攻击我,尤其是为了不道德,就同时触犯了许多别人。"

　　弗洛贝尔在我们看来是他的社会环境和他的阶级的儿子,但是他是

① 我们放开了《沙龙波》(*Salambo*)和《圣安多尼的诱惑》(*La Tentation de Saint-Antoine*),因为在前一部小说中,弗洛贝尔是在古代中躲避资产阶级世界的丑恶,在第二部,他是躲避在梦想中。——作者注

一个不肖之子;正如宙斯①一样,斩了他的父亲克洛诺思(Cronos)的头。弗洛贝尔反叛他的环境,憎恶他自己的阶级,用他的伟大的艺术才能,他作着那资产阶级的最无耻厚脸的恶德的,巨大,真实而深切地写实的画图。

巴尔若克颂扬资产阶级,弗洛贝尔却宣告了它的死罪。

四、爱米尔·左拉

要学经济学,我们应当常常去读读左拉的著作。在这一方面,假如我们试想把自己去和他比较,我们大家都只是些门外汉而已。

维尔纳·松巴尔教授。(Prof. Werner Sombart)

左拉②可以像巴尔若克一样地说:"我计画做全社会的历史。"以他的和创造的多产及实现的热情结合着的惊人的才能,左拉在他的著作中再现着'第二帝政'时代的整个法国社会。他预先划了一个大纲,然后热烈地,精力不竭地工作着,用笔锤打出一个像他的社会的社会。从一千八百六十一年至一千九百〇二年,他出版了四十七部小说,广播于法国及外国,为数数百万卷。

"一本书,"施当达尔说,"是一面在大道上散步着的镜子。在你眼前

---

① 希腊神话中大神。——译者注

② 在我们的左拉的研究中,参考下列各书:布维薾(Bouvier):《左拉的著作》(*L'Oeuvre de Zola*),日内瓦,一九〇三,Eggimann 版;勒伦(Brun):《法国社会小说》(自然主义小说)(*Le Roman Social en France*),巴黎,一九一〇,Giard et Brière 版;谢纳维尔(Chennevière):《爱米尔·左拉》(*Emile Zola*),《欧罗巴》杂志一九二七年二月十五日号及一九二八年一月十五日号;保尔·路易(Paul Louis):《巴尔若克和左拉书中的社会典型》(*Les Types sociaux chez Balzac et Zola*),巴黎,一九〇六,Monde Moderne 版;马西思(Massis):《左拉如何制作小说》(*Comment Zola composait ses romans*),巴黎,一九〇六,Fasquelle 版;核纳尔(Renard):《现代法国研究》(自然主义)(*Etudes sur la France contemporaine*),巴黎,一八八八,Savine 版;洛德(Rod):《现代之道德观念》(爱米尔·左拉)(*Les Idées morales du Temps Présent*),巴黎,一九一一,Perrin 版;塞列尔(Seillière):《爱米尔·左拉》(*Emile Zola*),巴黎,一九二三,Grasset 版。——作者注

它有时映出长天的碧色,有时映出路上的泥污。"

这面映出十九世纪后半叶的法国社会的青空和泥污的镜子就是左拉的《胡公·马加尔家》(*Les Rougon Macquart*)。我们在那里看到那画得异常明了的经济基础:那是带着一切复杂的机构,渐渐扩张的铁道网,具有巨大的规模的机械使用,永远发达着的商业,以及和产业发展并行的劳动群众的贫困站在我们面前的,发展得极盛的资本主义社会。假如你要研究资本主义社会的经济,你应当读左拉的小说。

在那背景上,活动着左拉用一种真正异常的力描出来的大众的人物,各种不同的社会阶级的典型。每一个人物都是处在自己的环境中,在那里,他展开他的热病的活动,在那里,他使那些在他周围的人们的观念和倾向象征化。我们可以辨出金融界,工业界,商业界,劳动者,农民,僧侣,艺术家,小资产阶级等的环境。到处都是左拉的时代的法国社会的正确忠实的肖影,那是作品中时代的直接的反应。

"第二帝政"时代是金融的丑闻,放纵的腐败和极端的投机的时代。在《金钱》(*Argent*)中,我们从那称为沙加尔(Saccard)的阿易思谛德·胡公(Aristide Rougon)身上,看到了一个最初投机业者和金融业者的完全的典型。在小说中第一个导入金钱,描绘投机业者,银行家和放印子钱的功绩,我们是当归之于巴尔若克的。可是既然在巴尔若克的时代资本主义不过刚刚生出来,他当然至多只能描写奴山阳,高勃赛克,格杭代那种人物。可是从那时代起时代演进了:左拉的时代是交易所大活动的时代,投机事业扩充到全世界和巴拿马的丑闻的时代,在这背景上,沙加尔的巨人的人物是耸立着。他的有利的环境就是证券交易所,而他的生活是在金融的奸策,股票的投机和大规模的欺诈中展开着的。这个有力的金钱的操纵者是深知道货币的力量的。"看",沙加尔喊着,"那你所画过的加尔美尔(Carmel)谷,所有的只是石头和乳香树而已,可是银矿一掘出来之后,先就生出一个村子,接着一座城也生出来了……而这一切的积着沙的港口,我们都要把它们扫除干净,用许多堤防保护着。现在小船所不敢系缆的地方那时便将停泊着大轮船……而在这些空无人烟的平原上,在这些荒地上,将要筑起我们的铁路,你将在那里看到整个的复活……是的!
田地开垦了,道路和运河开浚了,新的市从土里出来,最后生命也回复过
来,正如它回到一个注入了新血的贫血病人的身上一样……是的,金钱会
做这种奇迹。"

沙加尔使用着舆论和宗教。他是巴黎的断然的主人。可是破产等待
着他:他将被他的敌人冈德尔曼(Gunderman)的贮金所打倒,他将经过一
个恐怖的争斗而败灭,在那场争斗中流去了数百万的金钱,而其他的金融
界也随之而俱覆。在这些金钱的无情的战争中,我们看到了一个加尔·
马克思的弟子西格士·蒙德·步虚(Sigismond Busch),梦着将来的社会
和世界集产主义的组织。

在《妇人的幸福》(*Au Bonheur des Dames*)中,奥克达夫·莫核
(Octave Mouret)把"第二帝政"时代的商业界表现给我们看。假如我们
想起巴尔若克的类似的人物赛若·皮洛多,我们就可以看见巴黎的商业
已经过了那一种的演进。现在占领一切的顾客的是无情地倒小商业的
大百货商店了,那些大百货商店,如"妇人的幸福",变成了一种绝端地微
妙复杂的大机构,一种真正的"近代商业的大寺院"。那出色的商业组织
者的典型,大胆而善投机的奥克达夫·莫核做着危险的交易和投机事业,
可是他却获得成功,把财产增加到百倍。他的百货商店分为三十九部,用
六十辆汽车通行在巴黎,做八千万买卖,用三千个店员:这就是"第二帝
政"时代的这种企业的最高峰。

工业界是描画在《芽月》(*Germinal*,法国革命历的第七月)和《劳动》
(*Travail*)中。自《人类的喜剧》以来,工业已经过一种深深的演进,而在
"第二帝政"时代,有力的股份公司已经开始建设了,《芽月》在孤立的资本
家和股份公司的争斗——结果是后者战胜的——的描写中,把这种演进
表现给我们看。

格爱高尔(Grégoire)和特麦兰(Demeulin)在这里代表着工业家的典
型:他们要求要有一个有力的政府,又认为劳动者是不该不俭约的。在
《劳动》中,鲍吉兰(Boisgelin)代表大资本家;他在交易所里失败了,但是

他所残余的财产已很足够建设一个大冶金工业了。总之,"第二帝政"时代的金融业者,商人和工业家的社会典型都被左拉确定地描出来了。

随着《家常》(*Pot-Fouille*),我们深入到资产阶级的内部生活去。我们是很记得弗洛贝尔对于资产阶级者的攻击,他的对这个阶级的永远的反抗,和那对于资产阶级者的最可耻的恶德的描写。左拉是否是顺着那条老路走去的? 在他的《文学资料》(*Documents Littéraires*)中,他这样写着:"五十年以来人们对资产阶级者喊够了吗? 这种混蛋! 人们已把他骂够了吗,打够了吗! 他是丑的,他是蠢的,他没有家名和荣誉。人们不能承认他能引起研究描写的兴致,便弄死他,或是在言语中取消了他。"

可是这种资产阶级的拥护完全是理想的,因为这部小说《家常》是一篇对于支配阶级的无情的诉状。左拉在那里指示出资产阶级的家庭生活的崩坏,播在资产阶级中的腐败,公然地普遍地代替了结婚的奸通,在伪善的波下消隐了的道德。在《兽人》(*La Bête Humaine*)中,他所攻击的是贿卖的司法。我们看到那可厌的人物裁判长格杭莫干(Grandmougin),犯了那个在他保护之下的小姑娘;其次是豫审推事德尼时尔(Denizel)消灭了一切不利于资产阶级和政府的案件;最后是另一个官吏加米拉莫特(Camy-Lamotte),毁去了托他保管的文件。在《曷叶纳·胡公大人》(*Son Excellence Eugène Rougon*)中,那是政界的腐败,当权的人的暧昧的讲价,进身的卑怯手段和金钱的万能。

我们现在且走下一级,而在《巴黎之腹》(*Ventre de Paris*)中,我们看到了小资产阶级的心理。这种小资产阶级心理是由那美丽的猪肉女商人丽若·格女夫人(Mme Lisa Quenu)表现出来的。她对受了她的兄弟弗洛杭(Florent)的革命计画的她的丈夫说:"你可要听听我的政策吗? 那是一种正直人的政策。当我们生意兴隆的时候,当我'安适地喝着我的汤'的时候,当我睡着不被炮火声惊醒的时候,我是感谢政府的! 这是当然的,可不是吗,在一千八百四十八年。那个正直的人格合代尔(Grandelle)大叔曾经拿那个时候的账簿给我们看过,他亏折了六千多法郎! 现在我们有了帝政,什么都进行着,什么都可以卖……况且一切的政府都是一样的。人们支持着这个政府。'假如必要,人们会支持别一个政府'。当人们是老了,总之,是不得不带着一种正当赚钱的确信,平安地靠利息吃饭的。"这就是小资产阶级的心境的一个出色的例子。

而那些劳动的人们,他们也在左拉的著作中找到了他们的表现吗?因为我们在《芽月》,《地下酒店》(*Assommoir*)和《劳动》所看到的,全是单单的工业劳动者,矿工和铁工,使我们分感到他们的贫困,苦痛和每日的苦工。我们看到了那些居住在巴黎的破屋中或是住在矿区的废屋里的大群的劳动者,我们看到了那已经获得了阶级的意识,开始团结在Internationale 之下的无产阶级。葛尔奈思特·塞列尔(Ernest Seillière)讲到这部《芽月》的时候说:"这部书是带着几分半公平的弯曲的,共产主义煽动者的第一部著作!"这是一个好的夸张!左拉有描写无产阶级的生活的勇敢,于是人们立刻将便将'共产主义的煽动者'的形容词加到他身上去。

他用一种可惊佩的写实主义,把矿工的贫困和那骗使他们反叛的苛酷的榨取描绘给我们看:在法兰西文学史上,我们看到了一个大罢工的故事,这恐怕是第一次吧。这种在雇主和衰饿的劳动群众之间的残杀的纷争事件,是深深地刻在我们的记忆之中,这一方面,左拉达到了他的艺术的最高点。我们且想起那在田野间奔走着,唱着《马赛歌》的男男女女的劳动群众。"这是在这世纪末的血腥之夕,把他们都不可抵抗地引去的,是革命底红色的幻像。是的,在一个晚上,那些摆脱了羁系的民众,会这样地在路上奔走着;他们会浴着资产阶级者的血,他们会钻动着头,他们会播散打破了的银箱中的金钱。妇人们会高喊着,男子们会有张开来啮咬的狼的嘴。是的,这正是那同样的褴褛的衣衫,同样的大木屐,同样的污秽的皮屑,臭的喘息,用蛮人的满溢的压力扫荡着旧世界的可怕的群众。"在《芽月》中,我们也看见了社会主义和无政府主义的宣传家,爱笛纳(Etienne)和苏伐林(Souvarine)。矿工最后是失败了,而那被辞退了的爱迪纳便离开了伏核(Voreux),然而仍旧怀着一个好的未来的希望。"人们茁生起来:一群在田野中慢慢地萌生出来,为未来世纪的反叛而长大起来,而其萌生不久将使大地爆发的,复仇的黑色的军队。"

除了资本家和劳动者的世界之外,在《胡公·马加尔》中,我们看到了其他种种环境的社会典型。在《土地》(*La Terre*)中,那是些波思(Beauce)的农民,他们是被那像癌一样地蚀着他们的,增加土地的欲望所占据着。"第二帝政"时代的全部法国农村生活,充满了兽性的,贪欲的,犯罪的本能的劳苦生活(左拉十分张扬地描写着),都在这农民小说中找到了它的表现了。僧侣环境见于《柏拉桑之征服》(*La Conquête de Plassans*),艺术界见于《著作》(*Oeuvre*);在《娜娜》(*Nana*)中,我们看到了一个娼妇的生活。

简言之,在《胡公·马加尔》中,十八世纪后半叶的法国社会环境得到了一个明了的,广泛的,完全的表现。左拉看见了它,在二十五年的不断的工作之后,他在一千八百九十三年所写的他的巨著的十九卷也是末一卷的《巴斯加博士》(*Le Docteur Pascal*)中写着:"啊!……这是一个世界,一个社会,一个文明,而整个的生活以及它的善恶的表现是在那里,在那带去了一切的,铁工厂的劳动和火中……"

全社会之能在《胡公·马加尔》中表现出来,是不当归功于左拉的想像,而当归功于他的实现的热情的探讨的。他研究他的时代,他细心地观察人们和事物。他写着,"在做每部新的小说的时候,我都从书上参考许多材料,我和一切我可以接近的能干的人谈话;我旅行,我去看人家,人们和风俗"。在写《土地》之前,左拉到波思去住了一个整夏天,在写《芽月》以前,她在昂善(Anzin)的矿山中住了一个月。为了他的小说《罗马》(*Rome*),他在那"永远的城"里住了许久,为了《巴黎之腹》,他在市场的各方面奔走着,日夜地观察着它的活动。他长长地和医生们谈话,访问洗衣妇,和盖屋匠和泥水匠交谈。他的被人那样地批评,非难,嘲骂过的"自然主义",在这里完全胜利了:《胡公·马加尔》不仅是一部有趣而狂热的小说,却还是历史,十九世纪后半叶的法国的深刻锐利的历史。

正如弗洛贝尔一样,左拉也常被视为是一个"不道德"的作家的。人们责备他的"淫猥"的描写,人们判他是淫书的作者。核耐·杜米克(René

Doumic)在他的《法兰西文学》中断定左拉的全部的小说都是"污满了不可赦的野鄙"。人们甚至还讲着他的关于这方面的一个逸话:左拉有一天去找一个一家之父的朋友,他在他朋友的桌子上看见了《娜娜》和《土地》。他怒喊起来:"什么!什么!你把这一类的书乱摊在一个有姑娘们的屋子里!"

这种逸话是不作为凭的,左拉对于道德有一种非常高的意见,对于少年教育有一种很道德的观念。至于对于不道德的反对意见呢,我们可以用高底叶的正确的话(见《摩班小姐》*Mademoiselle de Maupin* 序文)来回答:"时代,无论他们怎样说,是不道德的……书籍是跟着风俗走,而风俗却不是跟着书籍走的。'摄政时代'①造成克莱比雍(Crébillon),却不是克莱比雍造成'摄政时代'。蒲谢(Boucher)的小牧羊女们是冶装淫服,就因为小侯爵夫人们是冶装淫服的!图画是照模特儿而画成,却不是模特儿照图画而生成的……书是风俗的果子。"这也是我们的意见。②

我们便这样结束了我们对于左拉的研究了,假如我们看出《人类的喜剧》是十九世纪前半叶法国社会的文学的综合,弗洛贝尔的《感情教育》是一八四〇年至一八五二年的社会的文学综合,则左拉的《胡公·马加尔家》便是十九世纪后半叶的法国的生动广泛的综合了。

这三位小说家,在做小说的时候,做下了历史家的工作。借着巴尔若克,弗洛贝尔和左拉的声音,大革命以后的整个法国,经济的,社会的,政治的,意识形态的法国向我们说话着。

---

① 一七一五年至一七二三年。——译者注

② 参看夏勒·鲍特莱尔所写的对于这个问题的意见:"不停地说着:不道德的,不道德,艺术中的道德性,以及其他傻话的一切资产阶级的傻子,使我想起了那五个法郎的卖淫妇路伊丝·维勒提曷。她有一次和我一同到她从未去过的卢佛尔宫去,在不朽的雕像和绘画面前羞红着,遮着脸,不时地拉着我的袖子问我,怎样可以把这种的污点公然地陈列出来。"[见鲍特莱尔所著《我的袒露的心》(*Mon Cœur mis à nu*)],巴黎,Albin Michel版,第八三至八四页。——作者注

七

文艺创作的机构[①]

M.伊可维支

（理论的原则）

Primum vivere，deinde philosophari...

（先生活，而后哲学……）

我们先说几句艺术之社会的与集团的本则罢。

阿尔弗核德·德·维尼的施代罗[②]的奇怪而神秘的黑医生为诗人开了一个如下的处方："孤独地自由地完成了自己的使命。摆脱了即使是最美的社团的影响，顺从着自己的存在的条件，因为'孤独'是灵感的泉源……在一切的人们间，惟独诗人和艺术家能有在'孤独'中完成自己的使命的幸福。"这就是艺术家的"光辉的隔绝"（splendid isolation）和自闭于一座"象牙之塔"——这在浪漫主义者们是那样地宝贵的——的药方的好例子。可是艺术是否真是孤独的产物，它是否是从社会以外的灵感中汲取着的，艺术家个人的结果？在这一点上，浪漫主义者的时代已经过去了；在我们看来，艺术绝对是社会的产物；由它的起原和它的目的，它在集

---

① 本篇系《唯物史观的文学论》的第二部中的第四章，1930 年 1 月戴望舒以笔名江思将此译文刊于《现代小说》第 3 卷第 4 期，后收入水沫书店出版的《唯物史观的文学论》。本编以作家书屋 1948 年出版的《唯物史观的文学论》第二版中的此部分作为蓝本。——编者注

② Stello 为法国十九世纪大诗人 Alfred de Vigny 的戏曲。——译者注

团的生活中有着它的深深的根。而且,简单地说,除了艺术家对于观众的美的情绪的传达,除了天才从而与群众沟通的那些神秘之波的创造,它的最后的目的是什么呢? 托尔斯泰说得很对:"艺术是人们所有的互相沟通的方法。"①由笔和画笔所表现出来的感情发播着,薰染了群众,使群众感到和艺术家同样的印象,同样的感情。艺术家表现出一种和自己的周围沟通着的,社会性和同情底很强烈而爆发的形式。艺术家的心的鼓动放射着,而在他同类人们的心里再现,他的同情的情绪是大众都感受到的。"艺术最高的目的,"居欲(Guyau)出色地宣言着:"总之还是使人类的心鼓动。"美的情绪不是德国形而上学者们的抽象的本质,它深深地是社会的,它使同情和爱的弦震颤。艺术家的感受性使我们分得他的欢乐,他的悲痛,他的苦难,他的梦想,和他的恍惚。当在一所剧场里一群群众聚集拢来的时候,那简直像是一个在场中升起来的,由大众的感情组成的一致的灵魂。俳优不过是演着戏;可是观众却每一句都震动着,他们所欢喜的主角感到不幸,他们也感到不幸,他们和他共同生活着,当他和命运争斗着的时候,他们好像鼓励着他,而当他最后打破了一切的障碍而娶了那个他所爱的女人的时候,他们便快乐得了不得。②

　　这就是艺术的目的:在心中而不是在脑中。因此那英国的大美学家约翰·拉斯金这样写着的时候,他便大错而特错了:"眼泪可以带着它的光辉和那伴着它的举动一同极妙地表现出来,而不作为一种苦痛的表记感动我们。"呃,不然。假如那由画笔描写出来的眼泪不能感动我们,那就是因为它没有能觉醒我们的同情的情绪的能力,而不是属于艺术之领域中的。因为艺术不是触到理性,而是触到感情的。只有生理学家能欣赏眼泪自身,只有艺术批评家会观察色彩和构图,而群众呢,群众第一就被这流泪的不幸所感动;群众对那些哭泣的人们表示深深的同情,他们似乎

---

① 托尔斯泰:《何谓艺术》。边斯多克(Bienstock)法译本,巴黎,Colmann-Lévy版,二一九页。——作者注
② "热情的戏攫住了观众。他们爱,他们恨,他们哭,而他们自己便是俳优了。"约翰·合西纳致德·伐兰古尔书。——作者注

要鼓励他们,安慰他们……艺术,只因为它是人类的,才能引起我们的关心:鲍特莱尔讲给我们听,巴尔若克在一片美丽的风景前高喊着:"多么美丽! 可是在这茅舍之中他们在做什么呢? 他们在想着什么呢? 他们的哀痛是什么呢? 收成好吗? 他们无疑有到期的债要还吗?"

艺术的作品是艺术家和社会的合作,而绝对不是艺术家的孤独的创造。《少年维特的烦恼》是浪漫主义时代的全青年的悲观主义的歌,《田园交响乐》是全田园的歌,在莫奈(Monet)的风景画中全自然颤响着。在海涅或缪赛的情诗中,无数的恋人再现了他们的热情,他们的希望,他们的柔情。而这艺术的社会性格,正是从艺术的本质生出,从艺术的根底进出的。因为,如居欲所云,"被许多人闻过的蔷薇并不消失了它的香味,花园的阴影可以荫蔽许多的朋友,一片清鲜的空气沉醉了无数的胸膛,在一座广阔的厅里的奏乐魅惑了无数的耳朵,一张漂亮的脸或是一幅美丽的图画引起了大众的注目而不稍减其美。"①

在指出了艺术的社会目的与其集团本质之后,我们现在且研究艺术,或者说得严格一点,文学和社会生活间的关系吧。

在社会的整个的生活的基础上,在它的一切政治的,宗教的,道德的或是艺术的表现的根底上,是有着经济的条件和物质生活的生产与再生产。那存在于人们的生存的社会生产中的,人与人之间的关系,左右着他们的精神生活,建设着某种道德律,某种法律的或政治的规范;总之,生产关系创造了一个相当的社会环境。这种社会环境应该以那最广泛的意思来解释,它造成了那社会学所谓错综(Complexe)。它的本质的诸要素,第一是那从阶级的几世纪的争斗和互相的联系中生出来的,阶级的心理;其次是某种一般的精神状态,一种戴纳(Taine)所谓"精神的气候"(Temperature Morale),由传统传下来的人们的风俗习惯,信仰和想像的某种状态,支配的道德及特殊的生活式样,最后是对付事物和思维的某种

---

① 居欲:《现代美学诸问题》(*Les Problèmes de l'Esthétique contemporaine*),巴黎,一九一三年,Alean版,二六至二七页。——作者注

方式。这一切社会环境是直接地由经济形态决定的,它随着经济形态的演进,快一些或慢一些地改变着。可是社会环境也产生了许多不同的意识形态,如宗教,哲学和艺术。我们现在是懂得何以经济的构造只是间接地决定意识形态的上层构造了:因为社会环境是介乎两者之间的。

这社会环境创造了某种完全地在文学和艺术中反映出来的氛围气。假如我们读但丁的《神曲》和圣托马斯·达干(Saint Thomas D'Aquin)的《全书》(*La Somme*),而随后去瞻望高洛涅寺院(Cathédrale de Cologne),我们便清楚地看到了那产生了这两部书的同样的心理,那在中古世纪社会环境是那么别致的同样的灵魂状态。勃吕纳皆尔(Brunetière)主张人们可以拿《神曲》来重兴哉特式的建筑,即使全世界的寺院都毁灭了。这种大胆的主张不但一点也不能抹了它的真实性,却更确认了在艺术和社会间的深深的关系。

我们现在且听一位诗人,茹勒·何曼先生的自白吧。他写着:"用种种的配色(nuance),我们(诗人们)感受社会所给与我们的不断的,渐进的,压制的影响;我们看破社会所征服的我们的存在的部份,和它强置在我们的自我上的畸形;我们颤抖着,因为我们被那包着我们的人间的环境所吸收了去了;而我们尝味着这种绝灭所引起我们的奇异的快感。"

正如穿过一块凹凸镜,艺术家只不过集中生活对于它的时代的不同表现的散乱的美而已,他表现一切人们的共同的感情,他用笔或画笔达出别人所感到的,所见到的或是所希望着的;他是在美的领域中的他们的代言人。艺术家走在他时代前面的几个极少的情形除外,艺术家只是一个压缩自己周围的人们的美的感情的蓄电机,他把那已经存在于他的社会环境中的东西写在纸上或绘在画布上。戴奥道尔·胡梭(Théodore Rousseau)说:"画家并不使画在画布上生出来,他只继续地扯开了那遮住了画的幕。"

社会之深入于个人是那么地深,即使在那我们自以为是完全自由的地方,即使在那我们自以为有个人的概念的地方,它都存在着。实际上,艺术中的趣味,偏爱,要之是什么呢?第一就是在我们生活着的环境中所感到的最初的印像,就是那指教了我们的美学的法则,就是我们不断地加到我们的社会环境上的,依照美的模型而形成的概念。一般的氛围气不可抵抗地薰陶着我们的艺术趣味,这艺术趣味强制我们去欣赏这一类或那一类的艺术,而在另一方面,它强制艺术家创造和它相符应的作品。

艺术是时常那样地接近生活,那样地染着社会条件,那样地浸着环境的观念和感情,使我们觉得艺术不是个人所造,却是一个大众表现着他们的一般的感情的集团的作品。艺术是艺术家和社会间的一种密切的合作,在那里执笔或画笔的是社会。那些维特(Werther),那些核耐(Réne),那些何拉(Rolla)绝对不是歌德,沙多勃易昂或缪塞的创造,却是真实的人物,是由诗人们的声音表示出苦闷来的,那些为浪漫派的厌世主义所烦扰着,被"世纪病"(Mal du siècle)所侵占着的青年们。在这里,艺术家是一个能够比他同类人看得远一点,能够听到他们所听不到的声音的登录器。圣佩韦(Saint-Beuve)写着:"每一个文学的时代,在那精神的氛围气中,可说是有微妙的好像是溶解的要素存在着,新生的世代便把这要素和空气一同吸进去,同化了,接着每个人在青年最初的产物上多少地把这要素吐出了些。在这季的最初的萌芽中,要辨出那一个是由于才能,那一个是属于那滋养它过的一般的氛围气,那是很困难的。"①

社会环境时常为艺术家划了些界限,在界限之内,艺术家可以自由地活动,可是他却永远不能越出界限。即使他违反社会,和社会争斗,反抗他自己的环境,他也不能超越这界限的。爱尔纳思特·核囊(Ernest Renan)说得有理,"即使人们反抗自己的世纪和自己的种族,他们总还是属于他们的世纪和他们的种族的"。

从这种的反动适足以证明他们正是他们的时代的儿子,接受过它的意见,它的观念,它的欲求,但他们觉得这些都不满足或不正确,他们要将这些改善。这里尤其要提出的,是常在艺术中表现着的对于自己的阶级

---

① 圣佩韦:《新星期一》(*Nouveaux Lundis*)第十卷,一八六八年,巴黎,Calmann-Levy 版,第一二二页。——作者注

的反抗(韩波的场合)。因为在如我们所指的那社会环境中,社会的各阶级以及其特殊的心理,是演着一个很重要的角色,而这些阶级的争斗的机构的提示,为要了解在意识形态的领域内的许多的表现,是必要的。要了解希腊的悲剧,应当想起那一方面有自由人一方面有奴隶的群众的都市。中古世纪的诗歌,假如没有社会各阶级划分——封建的领主,农民和城市的市民——的正确的提示,便是不能了解的了;我们也不得忘记了教会,它也演着很重要的角色。

最后,我们要想起在高尔乃叶和合西纳的悲剧中所表现的凡尔塞和宫廷及其贵族,才能正确地把握住"伟大的世纪"的法国的戏剧;而且降到资产阶级和第三阀中,也是一样,他们的歌人是莫爱里和波马尔谢。

总之,我们时常可以找到那忠实地表现出自己的社会环境的作家,而艺术作品总是它的那个的时代的生活反映。

可是这还不能说尽。因为假如只有社会的影响,艺术作品便像水滴一样了。然而,在文学中,是有那种的相异,那种的感情,观念,题材的晕色,那种色彩和配色的丰富! 那就是在社会环境和艺术作品之间,借着一个个人的因子,即艺术家的个人气质,他的性格,他的特殊的才能,他的独自的观念,他的希求,他的倾向的缘故。是的,艺术家只不过表现出他的社会环境,但是他所采取的方法亦是重要的,而且,往往当我们逢到一个伟大的才能或一个天才的时候,这方法是十分重要了。

特别提及文学中"伟人"所演的角色是无用的。我们当注意到,就是艺术家的肉体的特殊性,他的内在生活在艺术中也有它们的反映。圣佩韦言之有理:"假如人们澈底地看见某种难承认的情形,弯手或曲足,佝背,不均齐的肢体,皮肤的皱,会在道德上和在最初的性质的决定上有很大的影响,人们一定会惊异;人们因为这些事情而变成好人或坏人,亲密,或自由思想者。"

为要了解一件艺术作品,应该分析放荡,雅片或吗啡在鲍特莱尔的生活中所演的角色,应该分析病态心理学如何地在卢梭的著作中反映着。那时便当借助于医学和弗洛伊特学说,它能在个人分析上演着一个重要的脚色。在这一方面,我们可以看出班侠曼·龚斯当(Benjamin Constant)说得很对:"那决定了达莱杭(Talleyrand)的性格的,就是他的脚。"(他是跛子。)于是你可以看见爱伦坡(Edgar Allen Poe)的酒精的滥用,陀斯托也夫思基的癫痫和赌博癖,莫泊桑的疯狂,都在他们的作品上有一种可观的影响。

还有,虽则作家表现着他的社会环境,虽则他把那些典型显示给我们——那些典型的模特儿是生活在艺术家周围的,他也是随着他特殊的才能,用他的特别的方法制作出来的。在大气中的散漫的美的光线,通过了他的灵魂,正如通过了一个三棱镜,接受到一种他的内在的自我的印迹。他造出他的主人公有如真实的人物一样,他和他们相爱地生活着,他好像共享着他们的命运。在描写爱玛·波华荔的服毒的时候,弗洛贝尔是呕吐了。大仲马当要使他的三个火枪手之一死的时候,他总要呜咽几小时;巴尔若克是和他的《人类的喜剧》中的人物共同生活着,他要人们像谈着实在的人物时,谈起"正经的"事情一样地谈起他们;戈果尔(Gogol)快乐地庆祝着《死灵》中的茹丽安的生日。总之,假如没有每个艺术家的特殊的气质的正确的了解,我们便不会懂得一件艺术作品,即使我们是完全认识了它的社会环境。

这里所发正的其实是个人的脚色问题。我们是面对着客观的(环境的)理论和主观的(个人的)理论,这两种理论也是一度冲入文学的领域内的。在认识社会环境是个人之社会的和自然的基础,决定个人的脚色和行动的时候,我们想环境永远地而必要地是被动的,而个人是一个意识的而自动的因子。夏勒·合保保尔(Charles Rappoport)说:"自然的或社会的环境,是可以和横在数千世纪间暗土的深处的矿产的富庶相比拟的。为要利用那富庶,矿夫的锄头是必需的。个人的活动应得使环境活动。"① 再正确也没有了:一千七百九十三年以后的法兰西社会环境是完全准备

---

① 夏·合保保:《历史的哲学》(*La Philosophie de l'Histoire*),巴黎,一九二五年,Riviére版,一三四至一三五页。——作者注

着迎拿破仑的,然而必要的是要有一个拿破仑而不是一个可笑的蒲朗吉(Boulauger)将军。同样,歌德或维克多·雨果是他们的时代的儿子,可是这些天才的头却高出于他们的时代。一个大天才的出现总当是一个历史的偶然,可是这是并不妨碍意识形态的演化之平均线和经济的及社会的演进平行的。即使是最伟大的艺术家,也是应该随着他的时代的潮流,和他的社会环境和谐的,因为否则他便要被压扁,挤碎,受人践踏。

这事允许我们现在在一个简洁的公式中把文艺创作的机构提示出来:

一、生产力的状态。

二、社会环境是由这生产力的状态决定的:它构成一种由种种的阶级心理,一般的精神状态,政治的法律的和道德的制度组织成的"错综"。

三、作家随着他的个人的气质和其才能,他的社会环境的观念,欲求和感情,用一种特别的方法来表现。

四、文艺作品。

戴望舒译事年表

1905 年

11 月 5 日,戴望舒出生于浙江杭州,名丞,字朝寀,小名海山。曾用笔名戴梦鸥、梦鸥生、信芳、江思、艾昂甫、苗秀、方仁、陈御月、陈艺圃、白衔、文生、达士、林泉居士、李文望等。

1922 年(17 岁)

10 月,所译英国作家奥利弗 · 哥德史密斯的小说《贪人之梦》以笔名戴梦鸥刊于 10 月杭州《妇女旬刊》第 85 号。

10 月,所译的小说《误会》①刊于 10 月杭州《妇女旬刊》第 86 号。

1923 年(18 岁)

3 月,所译美国作家埃德加 · 爱伦 · 坡的小说《等腰三角形》以笔名戴梦鸥刊于《兰友》旬刊 3 月 1 日(02 版)。

5 月,所译英国作家罗伯特 · 迈克尔 · 巴兰坦(Robert Michael Ballantyne)的小说《珊瑚岛》以笔名梦鸥生分别刊于《兰友》旬刊 5 月 1 日(01 版)、6 月 1 日(04 版)、6 月 21 日(04 版)。

5 月,所译 Scott 的《爱国古乐人之曲》以笔名戴梦鸥刊于 5 月 9 日《兰

---

① 译作《误会》为杭州《妇女旬刊》第 77 号发表的同题译文续编。由于年代久远,刊物缺失,前文和作者不详,故未做标注。——编者注

友》旬刊第 12 期。

1926 年(21 岁)

3—4 月,所译法国诗人魏尔伦的诗歌《瓦上长天》刊于《璎珞》旬刊第
1 期。

4 月,所译法国诗人魏尔伦的诗歌《泪珠飘落萦心曲》以笔名信芳刊于
《璎珞》旬刊第 3 期。

1928 年(23 岁)

2 月,所译法国诗人保尔·福尔的诗歌《幸福》刊于《未名》第 1 卷第
4 期。

3 月,所译法国诗人保尔·福尔的诗歌《夜之颂歌》刊于《未名》第 1 卷
第 5 期。

5 月,所译西班牙作家维桑岱·勃拉思戈·伊巴涅思(Vicente Blasco
Ibanez)的小说《提穆尼》(现称《提莫尼》)刊于《贡献》第 2 卷第 7 期。

6 月,所译法国作家保尔·穆杭(Paul Morand)的小说《天女玉丽》刊
于《中央日报》副刊《海啸》6 月 9 日(02 版)。

7 月,所译意大利作家玛蒂尔黛·赛拉那(Matilde Serao)的小说《不
相识者》刊于 7 月《文学周报》第 301—325 期。

7 月,所译瑞士诗人奥立佛(Juste Olivier)的诗歌《在林中》刊于 7 月
10 日《小说月报》第 19 卷第 7 号。

8 月,所译西班牙作家维桑岱·勃拉思戈·伊巴涅思的小说《天堂门
边》刊于《中央日报》副刊《红与黑》8 月 2 日(01 版)。

8 月 16 日、8 月 17 日、8 月 21 日,所译俄国作家莱蒙托夫(Михаил
Юрьевич Лермонтов)的小说《达芒》刊于《中央日报》副刊《红与黑》》。

9 月,所译法国作家弗杭刷·核耐·德·沙多勃易盎(Francois René
de Chateaubriand)的小说《少女之誓》(此书包含《阿达拉》和《核耐》两篇
小说,今多译作夏多布里昂)由上海开明书店出版。1931 年上海开明书店

再版了这本译著。

9 月,所译西班牙作家维桑岱·勃拉思戈·伊巴涅思的小说《愁春》《天堂门边》《最后的狮子》《蛊妇的女儿》《墙》刊于 9 月上海光华书局出版的小说译集《良夜幽情曲》①。1935 年 8 月,上海大光书局再版了这本译著。

9 月,所译西班牙作家维桑岱·勃拉思戈·伊巴涅思的小说《虾蟆》分两期,刊于《中央日报》副刊《红与黑》9 月 21 日(03 版)、9 月 25 日(03 版)。

9 月,所译比利时诗人梅特林克(Maurice Maeterlinck)的诗《凄暗的时间》刊于 9 月 30 日《文学周报》第 7 卷第 12 期。

9 月 29 日、10 月 2 日,所译俄国作家迦尔洵(Всеволод Михайлович Гаршин)的小说《旗号》刊于《中央日报》副刊《红与黑》。

10 月,所译法国作家保尔·穆朗(Paul Morand)的小说《懒惰病》《新朋友们》②刊于 10 月《无轨列车》第 4 期。

11 月,所译比利时诗人梅特林克的诗《冬日的希望》刊于《文学周报》第 7 卷第 18 期。

11 月,所译法国诗人保尔·福尔的诗《我有几朵小青花》(题为《我有些小小的青花》)刊于 11 月 10 日《无轨列车》第 5 期。

11 月,所译法国作家沙尔·贝尔洛(Charles Perrault)的童话《鹅妈妈的故事》由上海开明书店出版。

12 月,所译法国作家保尔·穆朗的小说《洛加特金博物馆》刊于 12 月《熔炉》第 1 期。

12 月,所译西班牙作家维桑岱·勃拉思戈·伊巴涅思的小说《醉男醉女》(又称《提莫尼》)、《海上的得失》(原题为《失在海上》)、《虾蟆》、《奢侈》、《堕海者》(原题为《落海人》)、《女罪犯》(原题为《女囚》)、《疯狂》刊于

---

① 《良夜幽情曲》译集共收入小说 7 篇,其中《良夜幽情曲》和《夏娃的四个儿子》为戴望舒友人杜衡所译,故未摘录整理。——编者注
② 《新朋友们》以笔名江思所译。——编者注

12 月上海光华书局出版的小说译集《醉男醉女》。

1929 年(24 岁)

1 月,所译比利时诗人梅特林克的诗《冬日的希望》刊于《文学周报》第 7 卷和《邮声》第 3 卷第 1 期。译者在译文结尾指出,"自 *Serres Chaudes*"(《温室》)。

1 月,所译比利时诗人梅特林克的诗《凄暗的时间》刊于《文学周报》第七卷。译者在译文末指出,"自 *Serres Chaudes*"(《温室》)。

1 月,所译法国作家保尔·穆朗的小说《天女玉丽》由上海尚志书店出版。

1 月,所译爱尔兰作家唐珊南(Lord John Dunsany)的小说《不幸的躯体》刊于 1 月《文学周报》第 326—350 期。

2 月,所译俄国作家阿尔志巴绥夫·米哈依尔·彼得罗维奇(Арцыбашев Михаил Петрович)的小说《夜》刊于《红黑》第 2 期。

4 月,翻译古罗马诗人普布留斯·沃维提乌斯·纳索(Publius Ovidius Naso,今译奥维德)的诗歌《爱的艺术》,戴望舒据法文删节本,用散文译出,改名为《爱经》,4 月 25 日由上海水沫书店出版。1932 年,上海水沫书店再版了这本译著。

5 月,所译俄国作家莱蒙托夫(Михаил Юрьевич Лермонтов)的小说《达芒》、俄国作家阿尔志巴绥夫的小说《夜》收于水沫书店出版的《俄罗斯短篇杰作集》第一册。1930 年 5 月,上海水沫书店再版了这本译著。

6 月,所译俄国作家迦尔洵的小说《旗号》、俄国作家希式柯夫的小说《奥格利若伏村底戏剧公演》收于由水沫书店出版的《俄罗斯短篇杰作集》第二册。

8 月,所译法国古弹词《屋卡珊和尼各莱特》(施蛰存作序)由上海光华书局列入"萤火丛书"发行。

9 月,所译法国作家西陀尼·迦李丽爱儿·格劳第·高莱特(Sidonie-Galrielle Claudine Colette)的小说《紫恋》(*Chéri*)刊于 9 月《新文艺》第 1

卷第1—4期。

9月,所译法国诗人耶麦的《耶麦诗抄》,包括《屋子会充满了蔷薇》、《我爱那如此温柔的驴子》、《膳厅》、《少女》(题为《那少女》)、《树脂流着》、《天要下雪了》6首诗刊于9月15日《新文艺》第1卷第1号。译文前有译者记,对诗人耶麦做了简要介绍,并指出这6首诗选自《从晨祷钟到晚祷钟》集。

10月,所译西班牙作家阿左林(Azorín,笔名,也译作阿索林、阿佐林。原名José Augusto Trinidad Martínez Ruiz,何塞·奥古斯托·特立尼达·马丁内斯·鲁伊斯)的散文《修伞匠》《卖饼人》以笔名江思刊于10月15日《新文艺》第1卷第2号。①

11月,所译西班牙作家阿左林的小说《哀歌》以笔名江思刊于11月《新文艺》第1卷第3期。

11月,与杜衡、章依、邵冠华合译英国诗人道生②的《道生诗抄》(共9首),其中《勃勒达涅之伊凤》为戴望舒所译,刊于11月15日《新文艺》第1卷第3号。

12月,所译德国作家托马斯·曼(Thomas Mann)的自传《对镜:托马斯·曼的自传》以笔名江思刊于《小说月报》第20卷第12期。

12月,所译苏联理论家M.伊可维支(Marc Ickowicz,也译作伊克维支、易可维茨、伊可维支)的论著《小说与唯物史观》刊于《小说月报》第20卷第12期。该文为《唯物史观的文学论》第二部第一章。

12月,所译阿左林的散文《节日:老去的诗人的还乡》刊于《新女性》第4卷第12期。

---

① 关于此作家的译法,三种译法戴望舒都有用过,编者每次展示的都是戴望舒刊登在该报刊上所用的译法,下文不再赘述。——编者注

② 王文彬《戴望舒选集·诗歌卷》中的《道生诗集》收录了65首译诗,据查考,其中有3首为杜衡所译,2首为丘玉麟所译,其他译诗并未标注译者,现已无从考究。而据施蛰存先生记忆,仅有"In Tempore Senectutis"、《烦怨》、《残滓》确定为戴望舒所译。——编者注

1930 年（25 岁）

1 月,所译 M.伊可维支的论著《文艺创作的机构》以笔名江思刊于《现代小说》第 3 卷第 4 期。

1 月,所译保尔·福尔的诗歌《保尔福尔诗抄》,包括《回旋舞》《我有几朵小青花》《晓歌》《晚歌》《夏夜之梦》《幸福》6 首诗刊于 1 月 15 日《新文艺》杂志第 1 卷第 5 号。戴望舒在译文后的附记中对诗人保尔·福尔做了简要介绍,并指出这里所译的诗都是从保尔·福尔的《法兰西巴拉德》(*Ballades françaises*)中译来的。

2 月,所译 M.伊可维支的论著《唯物史观的诗歌》刊于《新文艺》第 1 卷第 6 号。该文为《唯物史观的文学论》第二部第三章。

2 月,所译西班牙作家阿左林的小说《一侍女》《塞万提斯的未婚妻》刊于 2 月《新文艺》第 1 卷第 6 号。

3 月,与徐霞村合译阿左林的散文集《西班牙》由上海神州国光社出版,译本改名为《西万提斯的未婚妻》。

3 月,所译 M.伊克维支的论著《唯物史观与戏剧》刊于《新文艺》第 2 卷第 1 期。该文为《唯物史观的文学论》第二部第二章。

4 月,所译苏联文艺评论家卢那卡尔斯基(Анатолнй Васнльевич луарский,亦译卢那塞尔斯基)的《普希金论》以笔名江思刊于《新文艺》第 2 卷第 2 号。

5 月,所译苏联作家里别进思基(Libedinsky)的小说《一周间》①由上海水沫书店出版。

8 月,所译 M.伊可维支的《唯物史观的文学论》由上海水沫书店出版,后列为"马克思主义文艺论丛"中一种。

10 月,所译威廉·莎士比亚(William Shakespeare)戏剧《麦克倍斯》由上海金马书堂出版。

10 月,所译法国 A. Habaru 的《玛耶阔夫司基》刊于 10 月 16 日《现代

---

① 《一周间》由戴望舒以笔名江思和苏汶共同翻译。——编者注

文学(上海 1930)》第 1 卷第 4 期。

11 月,所译法国诗人魏尔伦的诗歌《瓦上长天》和"A Poor Young Shepherd"刊于 11 月 16 日《现代文学》第 1 卷第 5 号。译者在译文末指出,《瓦上长天》译自《智慧》集,"A Poor Young Shepherd"译自《无言之曲》集。

1931 年(26 岁)

3 月,所译意大利作家达农爵的小说《甘谛亚之末路》刊于 3 月《两周评论(杭州)》第 1 卷第 13—14 期。

12 月,所译意大利作家玛蒂尔黛·赛拉那的小说《老处女》刊于 12 月《文艺月刊》第 2 卷第 11—12 期。

1932 年(27 岁)

1 月,所译西班牙作家阿拉尔恭(Pedro Antonio de Alarcón)的小说《长妇人》刊于 1 月《文艺月刊》第 3 卷第 1 期。

5 月,所译西班牙作家阿耶拉(Ramon Perez de Ayala)的小说《黎蒙家的没落》以笔名江思刊于 5 月《现代》第 1 卷第 2 期。

6 月,所译法国诗人比也尔·核佛尔第(Pierre Reverdy,今译皮埃尔·勒韦迪)的《核佛尔第诗抄》,包括《心灵出去》《假门或肖像》《白与黑》《同样的数目》《夜深》,以笔名陈御月发表于 6 月 1 日《现代》第一卷第二期。译文在附记中提到,"这里所译诗五首,是从他的一九一五年出版的《散文诗》及一九二四年出版的《天上的破舟残片》中译出来的"。

5—6 月,5 月 1 日施蛰存主编的文艺月刊《现代》在上海创刊,戴望舒应邀参与编辑。所译阿索林的散文《西班牙的一小时》的部分译文刊于《现代》第 1 卷第 1—2 期。

6 月,所译阿索林的《阿索林散文抄》刊于《文艺月刊》第 3 卷第 5—6 期。

7 月,所译法国作家伐扬·古久列(Paul Vaillant-Couturier)的小说

《下宿处》以笔名江思刊于 7 月《现代》第 1 卷第 3 期。

7 月,所译法国纪尧姆·阿波利奈尔(Guillaume Apollinaire)的《马里奈谛访问记》以笔名江思刊于 1932 年 7 月 1 日《现代(上海 1932)》第 1 卷第 3 期。

9 月,所译法国诗人亥迷·特·果尔蒙的《西茉纳集》,包括《发》《山楂》《冬青》《雾》《雪》《死叶》《河》《果树园》《园》《磨坊》《教堂》11 首诗刊于 9 月 1 日《现代》第 1 卷第 5 期。译文前有译者记,对诗人果尔蒙做了简要介绍,该译者记写于 1932 年 7 月 20 日。

10 月,所译法国吕仙·伏吉尔的散文《阿力舍·托尔斯泰(Alexis Tolsoi)会见记》以笔名陈御月刊于 10 月 1 日《现代(上海 1932)》第 1 卷第 6 期。

11 月,所译苏联作家 V.伊凡诺夫(V. Ivanov)的小说《铁甲车》由上海现代书局出版。

12 月,所译西班牙作家盖尔·德·乌拿莫诺(Miguel de Unamuno)的小说《沉默的窟》刊于《青年界》第 2 卷第 5 期。

1933 年(28 岁)

1 月,所译法国作家昂德莱育·沙尔蒙(André Salmon)的小说《人肉嗜食》刊于 1 月《文艺月刊》第 4 卷第 1 期。

5 月,所译法国作家雷蒙·拉第该(Raymond Radiguet)的小说《陶尔逸伯爵的舞会》刊于 5 月《现代》第 3 卷第 1 期至第 4 卷第 4 期。

5 月,所译法国作家若望·高克多(Jean Cocteau)的小说《关于雷蒙·拉第该》刊于 5 月《现代》第 3 卷第 1 期。

5 月,所译意大利作家福加查罗的小说《银十字架》刊于 5 月《东方杂志》第 30 卷第 10 期。

10 月,1928 年所译的法国作家陀尔诺伊(d'Aulnoy)的童话《青色鸟》由上海开明书店出版,其中收录《青色鸟》与《金发美人》两篇童话,顾均正书付印题记。

1934 年（29 岁）

1 月，所译西班牙作家阿尔代留斯(Arderíus)的小说《寒夜》刊于 1 月《茅盾》第 2 卷第 5 期。

5 月，所译短篇小说集《法兰西现代短篇集》由上海天马书店出版，内含 10 篇小说，详情如下：

若望·季奥诺(Jean Giono)——《怜悯的寂寞》；

斐里泊·苏波(Philppe Sonpault)——《尼卡德之死》；

保尔·穆朗(Paul Morand)——《罗马之夜》；

约克·德·拉克勒代尔(Jacques de Lacretalle)——《佳日》；

季郁麦·阿保里奈尔(Guillaume Apollinaire)——《诗人的食巾》；

路易·艾蒙(Louis Hemon)——《旧事》；

茹连·格林(Julin Green)——《克丽丝玎》；

华勒里·拉尔波(Valery Larbaud)——《厨刀》；

马尔赛·茹昂陀(Marcel Jouhandeau)——《杀人犯克劳陶米尔》；

爱兰·福尔涅(Alain Fournier)——《三个村妇》。

6 月，所译法国作家法朗西里·加尔各(Francis Carco)的小说《衣橱里的炮弹》刊于 6 月《文艺风景》第 1 卷第 1 期。

7 月，所译苏联诗人高列里(亦译高力里，全名本约明·高列里，Benjamin Goriely)的论著《叶赛宁与俄国意象诗派》刊于《现代(上海1932)》第 5 卷第 3 期。该文是《俄国革命中的诗人》的一部分。

7 月，所译高力里的散文《革命期俄国诗人逸闻》刊于《文艺风景》第 1 卷第 2 期，作家姓名译名由高列里变成了高力里。

11 月，所译比利时穆里斯·德·翁比渥(Maurice des Ombiaux)的小说《伐枝人》刊于 1934 年 11 月 1 日《现代(上海 1932)》第 6 卷第 1 期。

1935 年（30 岁）

2 月，所译西班牙诗人加尔西亚·洛尔加(Federico García Lorca，今译费德里科·加西亚·洛尔迦)的《加尔西亚·洛尔加诗抄》,包括《海水谣》、《树呀树》(题为《谣曲》)、《婚约》(题为《定情》)、《冶游郎》(题为《昂达鲁西亚之歌》)、《两个水手在岸上》(题为《岸上的二水手》)、《小小的死亡之歌》(题为《幼小的死神之歌》)、《呜咽》7 首诗刊于 2 月 5 日《文饭小品》创刊号,译文后附有《关于加尔西亚·洛尔加》一文。

2 月,所译法国作家普罗斯佩·梅里美(Prosper Mérimée)的小说《高龙芭》《珈尔曼》由上海中华书局出版。

3—10 月,1934 年所译高力里的《苏俄诗坛逸话》刊于《文饭小品》第 2—6 期。

6 月,所译《比利时短篇小说集》由上海商务印书馆出版,内含 18 篇小说,详情如下:

西里艾尔·皮思(CyrielBuysse)——《孤独者》;

西里艾尔芒·德林克(HermanTeirlinck)——《贝尔·洛勃的歌》;

查理·特各司德(Charles De Coster)——《乌朗司毕该尔》;

保尔·克尼思(Paul Kenis)——《法布尔·德格朗丁之歌》;

加雷尔·房·丹·曷佛尔(Karel van denOever)——《溺死的姑娘》;

弗囊·都散(Fernand Toussaint)——《迟暮牧歌》;

洛德·倍凯尔曼(Lode Backelmans)——《圣诞节的晚上》;

菲里克思·谛麦尔芒(Felix Timmermans)——《住持的酒窖》;

加弥易·勒穆尼(Camille Lemonnier)——《薇尔村的灵魂》;

穆里思·梅德林克(Maurice Maeterlinck)——《婴儿杀戮》;

曷琴·德穆尔特(Eugène Demolder)——《朗勃兰的功课》;

于尔拜·克安司(Hubert Krains)——《红石竹花》;

鲁易·特拉脱(Louis Delattre)——《公鸡》;

保尔·安特列(Paul André)——《冲击》;

白朗妤·吴素(Madame Blanche Rousseau)——《魔灯》;

奥阿士·逢·奥弗尔(Horace van Offel)——《名将军》;

昂里·达味农(Henri Davignon)——《秋暮》;

法朗兹·海伦思(Franz Hellens)(原名为法朗兹·房·埃尔曼琴,Franz van Ermengen)——《小笛》。

9 月,所译《意大利短篇小说集》由上海商务印书馆出版,内含 10 篇小说,详情如下:

马德欧·彭德罗(Matteo Bandello)——《罗密欧与裘丽叶达》;

路易季·加布阿纳(Luigi Capuana)——《加拉西寄宿舍》;

安里哥·加思德尔努优(Enrico Castelnuovo)——《失落的信》;

阿尔弗莱陀·邦齐尼(Alfredo Panzini)——《老人的权利和青年的权利》;

路易季·皮朗德类(Luigi Pirandello,现通译为路易其·皮蓝德娄)——《密友》;

乌各·奥节谛(Ugo Ojetti)——《劳列达的女儿》;

阿达·奈格里(Ada Negri)——《仆人》;

朋丹倍里(Massimo Bontempelli)——《当我在非洲的时候》;

G. A.鲍尔吉赛(G. A. Borgesé)——《屋子》;

泊洛斯贝里(Carola Prosperi)——《女教师》。

10 月,所译高力里的《苏俄诗坛逸话》刊于戴望舒主编的《现代诗风》第 1 期。

1936 年(31 岁)

1—4 月,所译西班牙作家盖尔·德·乌拿莫诺(Miguel de Unamuno)的小说《一个恋爱故事》[①]刊于《绸缪月刊》第 2 卷第 5—8 期。

3 月,《苏联诗坛逸话》由上海杂志公司出版。

3 月,所译西班牙作家狄亚思·费襄代思(José Diaz Fernández,又译费襄德思)的小说《死刑判决》刊于《大公报(天津)》(11 版)。

---

① 据译者题记,《一个恋爱故事》选自 1933 年出版的短篇集《仁寿的圣马爱雨受难者以及三篇故事》(San Manue Bocino,Mdrtiry Tres Historins Msa)。——编者注

3月,所译法国诗人韩波(Arthur Rimbaud)的《散文诗四章》刊于 3 月 27 日《大公报(天津)》。

5月,所译法国作家斐里泊(Charles-Louis Philippe)的小说《邂逅》①刊于《国闻周报》第 13 卷第 17 期。

7月,所译法国作家保尔·蒲尔惹(Paul Bourget)的长篇小说《弟子》由上海中华书局出版。

9月,所译《西班牙短篇小说集》由上海商务印书馆出版,内含 11 篇小说,详情如下:

阿拉尔恭(Pedro Antonio de Alarcón)——《存根薄》;

加巴立罗(Fernan Caballero)——《丽花公主》;

阿拉思(Leopoldo Alas)——《永别了科尔德拉》;

盖尔·德·乌拿莫诺(Miguel de Unamuno)——《十足的男子》《沉默的窟》;

达里欧(Rubén Darío)——《货箱》;

米罗(Gabriel Miró)——《小学教员》;

阿左林(Azorín)——《沙里奥》《一个农人的生活》;

狄亚思·费德思(José Diaz Fernández)——《他的脚边的阿非利加》;

倍克尔(Gustavo Adolfo Bécquer)——《风琴手马爱赛·贝雷思》。

9月,所译苏联诗人高力里的书评《读"苏联诗坛逸话"》刊于 9 月 15 日《立报》的《言林》栏目。

10 月,所译瑞士文学评论家马赛尔·雷蒙的《许拜维艾尔论》刊于《新诗》第 1 卷第 1 期。

10 月,受胡适之托,开始翻译西班牙作家赛万提斯(Miguel de Cervantes Saavedra,今译塞万提斯)的小说《堂吉诃德》,后因抗战停译。

10 月,所译法国诗人许拜维艾尔(Jules Supervielle,今译于勒·苏佩

---

① 据译者题记,《邂逅》自《早晨的故事》(Contes du Martin)译出。——编者注

维艾尔)的《许拜维艾尔自选诗》,包括《肖像》《生活》《心脏》《一头灰色的中国牛》《新生的女孩》《时间的群马》《房中的晨曦》《等那夜》8 首诗刊于10 月 10 日《新诗》第 1 卷 1 期。译者在文后的译者附记中指出:"这里的八首诗,是承了许拜维艾尔自己的意志而翻译出来的。《肖像》和《生活》取自《引力集》,《心脏》《一头灰色的中国牛》和《新生的女孩》取自《无罪的囚徒集》,《时间的群马》《房中的晨曦》和《等那夜》取自《不认识的朋友们集》。"

11 月,所译西班牙诗人贝德罗·沙里纳思的《沙里纳思诗抄》,包括《无题》《海岸》《FAR WEST》《物质之赐》《夜之光》《更远的询问》6 首诗刊于 11 月 10 日《新诗》第 1 卷第 2 期。译文后附有译者附记和《关于沙里纳思》一文。附记中指出:"《无题》译自《占兆集》(一九二三年马德里 Leōn Sanchez Cuesta 书店版),《海岸》、'Far West'、《物质之赐》译自《可靠的偶然集》(一九二九年马德里西方杂志社版),《夜之光》和《更远的询问》译自《寓言和符号集》(一九三一年马德里 Plutarco 书店版)。"

12 月,所译英国诗人勃莱克(William Blake,今译威廉·布莱克)的《勃莱克诗抄(三)》,包括《野花歌》和《梦乡》刊于 12 月 10 日《新诗》第 1 卷第 3 期。

12 月,所译《加尔西亚·洛尔加诗抄》,包括《海水谣》《树呀树》(题为《谣曲》)、《婚约》(题为《定情》)、《冶游郎》(题为《昂达鲁西亚之歌》)、《两个水手在岸上》(题为《岸上的二水手》)、《小小的死亡之歌》(题为《幼小的死神之歌》)、《呜咽》7 首诗刊于 12 月 10 日《好文章(上海 1936)》第 3 期,译文后附有《关于加尔西亚·洛尔加》一文。

1937 年(32 岁)

1 月,所译西班牙诗人阿尔倍谛的《阿尔倍谛诗抄》,包括《盗贼》《什么人》《数字天使》《邀赴青空》4 首诗刊于 1 月 5 日《诗志》第 1 卷第 2 期。译文后有《阿尔倍谛自传》和译者附记,指出:"《盗贼》自《地上的水手》译出,《什么人》自《洛阳花的黎明》译出,《邀赴青空》和《数字的天使》自《天使论》译出。"

2 月,所译法国学者提格亨(P. Van Tieghem,今译梵·第根)的论著《比较文学论》由上海商务印书馆出版。

2 月,所译俄国诗人普式金(Александр Сергеевич Пушкин,今译亚历山大·谢尔盖耶维奇·普希金)的《普式金诗钞(一)》(和《普式金诗钞(二)》发表于 2 月 10 日《新诗》第 5 期。《普式金诗钞(一)》包括《先知》《毒树》《三姊妹(沙尔旦王之一节)》3 首,译文署名艾昂普;《普式金诗钞(二)》包括《夜》《夜莺》两首,译文署名李文望。

3 月,所译西班牙诗人阿尔陀拉季雷的《阿尔陀拉季雷诗钞》,包括《一双双的小船》《我的梦没有地方》《微风》《裸体》《在镜子里》5 首诗刊于 3 月 10 日《新诗》第 1 卷第 6 期。译文后有译者附记和《关于阿尔陀拉季雷》一文。附记中指出:"《一双双的小船》译自《受邀的岛集》(一九二六年马拉加出版),《我的梦没有地方》和《微风》译自《惩戒集》,《裸体》和《在镜子里》译自《诗的生活集》。"

4—5 月,所译法国诗人保尔·梵乐希(Paul Valéry,今译保尔·瓦雷里)的论著《文学》连载于《新诗》第 2 卷第 1—2 期。

4 月,所译西班牙诗人加尔西亚·洛尔加的诗歌《木马》刊于 4 月 1 日《奔涛》半月刊第 1 卷第 3 期。

4 月,所译苏联诗人叶赛宁(Сергей Александрович Есенин,今译谢尔盖·亚历山德罗维奇·叶赛宁)的《叶赛宁诗钞》,包括《母牛》《启程》《我离开了家园》《安息祈祷》《最后的弥撒》《如果你饥饿》6 首诗,以笔名艾昂普发表于 4 月 10 日《新诗》第 2 卷第 1 期。

4 月,所译法国作家纪德(André Gide,全名 André Paul Guillaume Gide,安德烈·保罗·吉约姆·纪德)的报告文学《从苏联聊回来》刊于 4 月 16 日《宇宙风》第 39 期。

4 月,所译法国作家纪德的散文《苏联旅行杂记》刊于 4 月 18 日《时事新报(上海)》青光栏目。

5 月 1 日、5 月 16 日、6 月 1 日、6 月 16 日、7 月 1 日,所译纪德的《从

苏联回来》连载于《宇宙风》第 40—44 期。①

5 月,所译阿索林的散文《兵力》刊于 5 月 16 日《时事新报(上海)》。

5 月,所译高力里的散文《诗人巴斯戴尔拿克》刊于 5 月 30 日《时事新报(上海)》。

11 月,编译《现代土耳其政治》由上海商务印书馆出版。

该年受赵家璧之请,编选《世界短篇小说集》中之《南欧集》。该选集以意大利和西班牙作品为主要内容,后因战事而搁浅。

1938 年(33 岁)

3 月,所译阿索林的散文《好推事》刊于 3 月 15《纯文艺》杂志第 1 期,此文后又刊于《光化》杂志 1944 年第 1 卷第 1 期。

3 月,所译法国作家纪德的散文《奥斯特洛夫斯基》刊于 3 月 25 日《纯文艺》杂志第 1 卷第 2 期。

8 月,所译法国作家马尔洛(André Malraux,今译安德烈·马尔罗)的小说《死刑判决》刊于《大风(香港)》第 17 期。

8 月,所译西班牙诗人阿尔陀拉季雷的诗《马德里》刊于 8 月 30 日《星岛日报》②,并撰写译后记。

12 月,所译法国诗人耶麦的诗歌《为带驴子上天堂而祈祷》刊于 12 月 11 日《星岛日报》副刊《星座》第 133 期。

1939 年(34 岁)

2 月,所译西班牙诗人贝德罗·迦费亚思(Pedro Garfias)的诗歌《马德里》(题为《玛德里》)刊于 2 月 16 日《文艺阵地》第 2 卷第 9 期。

---

① 此前,以王文彬为代表的诸多学者认为 1937 年 5 月由引玉书屋出版的未署名的《从苏联回来》系戴望舒的译作,经北塔考证实际译者应为郑超麟,故本年表不再收录该条。——编者注

② 1938 年,金仲华在香港主编《星岛日报》,邀戴望舒编文艺副刊《星座》。——编者注

4月,所译西班牙诗人阿尔陀拉季雷的诗《霍赛·高隆》和西班牙诗人R.阿尔倍谛的诗《保卫马德里》刊于4月2日《星岛日报》副刊《星座》第237期。

4月,所译西班牙诗人V.阿莱桑德雷的诗《无名的民军》刊于4月22日《星岛日报》副刊《星座》第257期。

5月,所译《西班牙抗战谣曲选》,包括阿尔陀拉季雷的《霍赛·高隆》、V.阿莱桑德雷的《无名的民军》①、阿尔倍谛的《保卫马德里》以及洛格罗纽的《橄榄树林》刊于5月15日《壹零集:文艺月刊》第1卷第2期。

6月,所译西班牙诗人R.阿尔倍谛的诗《保卫加达鲁涅》和西班牙诗人泊拉陀思的诗《流亡人谣》刊于6月2日《星岛日报》副刊《星座》第297期。

6月,所译《西班牙抗战谣曲选》,包括泊拉陀思的《流亡人谣》和R.阿尔倍谛的《保卫加达鲁涅》刊于6月30日《壹零集:文艺月刊》第1卷第3期。

7月,所译《西班牙抗战谣曲钞》,包括R.阿尔倍谛的《保卫马德里·保卫加达鲁涅》、V.阿莱桑德雷的《无名的民军》和《就义者》、J.H.贝德雷的《山间的寒冷》、M.维牙的《当代的男子》、A.S.柏拉哈的《流亡之群》、A.B.洛格罗纽的《橄榄树林》以及A.G.鲁葛的《摩尔逃兵》刊于7月10日《顶点》第1卷第1期。

1940 年(35 岁)

6月,所译西班牙诗人卢阿诺巴的《靠了针尖儿》刊于6月1日《南线文艺丛刊》第1辑《民主与文艺》。

6月,所译法国作家都德(Alphonse Daudet)的小说《柏林之围》刊于《星岛日报》副刊《星座》。

---

① 《壹零集:文艺月刊》第1卷第2期中将《无名的民军》的作者列为阿尔陀拉季雷,系原期刊有误。——编者注

6 月,所译法国作家都德的小说《卖国童子》刊于《星岛日报》副刊《星座》。

6 月,所译法国作家都德的小说《最后一课——一个阿尔萨斯孩子的故事》刊于《星岛日报》副刊《星座》。

1941 年(36 岁)

6 月,所译法国作家圣代克茹贝里(Antoine de Saint-Exupéry,今译圣埃克苏佩里)的小说《绿洲》①以笔名 S. S. 刊于《时代文学》第 1 期。

7 月,所译西班牙诗人洛尔迦的诗作《冶游郎》(题为《无题》)、《三河小谣》(题为《三河谣》)和《蔷薇小曲》以笔名陈御月刊于 7 月 11 日《星岛日报》副刊《星座》第 983 期。

7 月,所译西班牙诗人洛尔迦的诗作《不贞之妇》刊于 7 月 11 日《星岛日报》。

12 月,翻译高力里的文论《苏联文学史话》,此书原名《俄罗斯革命中的诗人们》,译者因为书中涉及革命前后的整个苏联文坛,所以把中译本改题为《苏联文学史话》。前文所述《苏联诗坛逸话》系本书第一部分。此书由香港林泉居出版社出版。

1943 年(38 岁)

5 月,所译法国诗人波特莱尔(Charles Pierre Baudelaire)的《波特莱尔诗抄》(4 首)刊于 5 月 20 日《华侨日报》副刊《文艺周刊》。

7 月,所译阿左林的散文《一座城》以笔名白衔刊于 7 月 15 日《风雨谈》杂志第 4 期,此篇后被收录于桑农编撰的《塞万提斯的未婚妻》,2013 年由三联书店出版。

7 月,所译阿左林的散文《小城中的伟人》以笔名白衔刊于《古今》杂志

---

① 据译者题记,小说《绿洲》自圣埃克苏佩里创作的《人的地》一书中译出。——编者注

第27—28 期,此篇后被收录于桑农编撰的《塞万提斯的未婚妻》,2013 年由三联书店出版。

1944 年(39 岁)

2 月,所译《叶赛宁诗抄》,包括《母牛》《启程》《我离开了家园》《安息祈祷》《最后的弥撒》和《如果你饥饿》6 首诗刊于《文艺阵地》文阵新辑第 2 期。

2 月,所译比利时诗人魏尔哈仑(Emile Verhaeren)的诗歌《风车》刊于 2 月 3 日《大众周报》。

2 月,编译瓦雷里(旧译梵乐希)的《艺文语录》刊于 2 月 20 日《华侨日报》副刊《文艺周刊》。①

2 月,所译西班牙诗人狄戈(Gerardo Diego)的《西班牙狄戈诗抄》刊于 2 月 27 日《华侨日报》副刊《文艺周刊》,包括《西罗斯的柏树》《不在此地的女人》《胡加河谣曲》和《反映》4 首诗。

3 月,所译阿索林的散文《几个人物的侧影》刊于 3 月 12 日《华侨日报》副刊《文艺周刊》。

4 月,所译法国诗人魏尔伦的《魏尔伦诗抄》刊于 4 月 2 日《华侨日报》副刊《文艺周刊》,包括《秋歌》《皎皎好明月》《一个暗黑的睡眠》《瓦上长天》和《泪珠飘落萦心曲》5 首诗。

4 月,翻译法国作家法朗士(Anatole France,阿纳托尔·法朗士,笔名。本名蒂波,"法朗士"是他父亲法朗索瓦的缩写,又因他爱祖国法兰西,便以祖国的名字作为自己的笔名)的散文《漫谈中国小说》刊于 4 月 16 日《华侨日报》副刊《文艺周刊》。

6 月,所译阿索林的散文《灰色的石头》刊于 6 月 18 日《华侨日报》副

---

① 1944 年 1 月 30 日,叶灵凤主编《华侨日报》副刊《文艺周刊》,系香港沦陷后出现的第一个文艺副刊,《文艺周刊》发行了 72 期,至 1945 年 6 月 17 日停刊。由于好友叶灵凤的关系,戴望舒开始在这个副刊上发表作品。——编者注

刊《文艺周刊》。

7月,所译法国诗人韩波的《散文诗六章》(6首)刊于7月16日《华侨日报》副刊《文艺周刊》。

9月,所译法国诗人保尔·梵乐希(Paul Valéry,今译瓦雷里)诗歌《失去的酒》刊于9月15日《文艺世纪(上海)》第1卷第1期。

11月,所译法国诗人阿波里奈尔(Guillaume Apollinaire)诗歌《密拉波桥》刊于11月25日《大众周报》第86期。

12月,所译阿索林的散文《玛丽亚》刊于12月3日《华侨日报》副刊《文艺周刊》。

12月,所译阿索林的散文《倍拿尔陀爷》刊于12月17日《华侨日报》副刊《文艺周刊》。

12月,所译法国诗人保尔·梵乐希的诗歌《消失的酒》(外一章·蜜蜂)刊于12月24日《华侨日报》副刊《文艺周刊》第47期。

12月,所译阿索林的散文《婀蕾丽亚的眼睛》刊于12月30日《大众周报》。①

1945年(40岁)

1月,所译阿索林的散文《刚杜艾拉》刊于1月7日《华侨日报》副刊《文艺周刊》。

1月,所译法国诗人阿波里奈尔的诗歌《诀别》《病的秋天》《启程》刊于1月28日《华侨日报》副刊《文艺周刊》第52期。

2月,所译瓦雷里的《艺文语录》刊于《华侨日报》副刊《文艺周刊》。

2月,所译瓦雷里《文学的迷信》刊于2月1日《香港艺文》。

2月,所译比利时诗人魏尔哈仑的诗歌《努力》刊于2月4日《华侨日报》副刊《文艺周刊》第53期。

2月,所译《波特莱尔诗抄》(4首)刊于2月18日《华侨日报》副刊《文

---

① 此文1945年1月6日也载于《大众周报》,意即连载两期。——编者注

艺周刊》第 55 期。

3 月,所译法国诗人若望·瓦尔的诗歌《致饥饿谣断章》刊于 3 月 4 日《华侨日报》副刊《文艺周刊》第 57 期。

3 月,所译比利时诗人魏尔哈仑诗歌《穷人们》刊于 3 月 25 日《华侨日报》副刊《文艺周刊》第 60 期。

4 月,所译捷克作家却贝克(Karel Čapek)的散文《在快镜头下》刊于 4 月 15 日《华侨日报》副刊《文艺周刊》。

4 月,所译西班牙诗人洛尔迦的《不贞之妇》刊于 4 月 30 日《时事周报》,并加上译者附记。

4—5 月,翻译古希腊路吉亚诺思的《路吉亚诺思文录(之一)——娼女问答五题》。其中第一题《捐弃》、第二题《传闻》刊于《大众日报》副刊《南方文丛》第 2 期;第三题《训女》刊于《大众日报》副刊《南方文丛》第 3 期(5 月 10 日);第四题《魔法》刊于《大众日报》(4 月 14 日);第五题《爱钞》刊于《大众日报》(4 月 21 日)。

5 月,所译《波特莱尔诗续抄》(4 首)刊于 5 月 6 日《华侨日报》副刊《文艺周刊》第 66 期。

5 月,所译法国诗人阿波里奈尔的诗歌《莱茵河秋日谣》刊于 5 月 20 日《华侨日报》副刊《文艺周刊》第 68 期。

5 月,所译比利时诗人梅特林克诗歌《歌》刊于 5 月 27 日《华侨日报》副刊《文艺周刊》第 69 期。

5 月 27 日—6 月 10 日,所译瑞士作家拉谬士(Charles-Ferdinand Ramuz,今译拉缪)小说《农民的敬礼》①分上、中、下刊于《华侨日报》副刊《文艺周刊》。

6 月,所译法国医师任尔惟根据在中国的见闻所作的《万县的神父》刊于 6 月 4 日《时事周报》。

---

① 《农民的敬礼》自同名集子中选译而出,但因年代久远,相关资料缺失,原集名未作摘录整理。——编者注

6月10日—6月18日,所译法国作家许拜维艾尔小说《塞纳河的无名女》分七部分连载于《香岛日报》副刊。

6月,所译法国诗人若望·瓦尔诗歌《人》《梦》《欢乐——鸟》刊于6月14日《香港艺文》。

6月,所译法国诗人阿波里奈尔诗歌《旅人》刊于6月21日《香港艺文》。

7月,所译《梵乐希诗论抄》刊于7月29日《香岛日报》副刊《日曜文艺》。

7月13日—8月31日,编译英国作家大卫·加奈特(David Garnett)长篇小说《淑女化狐记》(1—41),连载于《香岛日报》副刊《综合》。

8月,所译古希腊路吉亚诺思的《路吉亚诺思文录(之二)——娼女问答五题》刊于《香岛月报》第2期。

5月至8月,《新译世界短篇杰作选》连载于香港《香岛日报》副刊《综合》,包括10篇翻译小说,无单行本出版。

12月,应《新生日报》社长陈君葆之邀,担任该报《新语》副刊主编,12月15日在该刊发表译作《托尔斯泰日记抄》,连载4期,至12月23日。

1946年(41岁)

6月,旧译《唯物史观的文学论》由上海作家书屋重版。

10月,所译法国诗人耶麦的诗歌《为带驴子上天堂而祈祷》刊于10月7日《申报》。

11月,所译法国诗人波特莱尔的诗歌《烦闷》刊于11月23日《文汇报(上海)》。

11月,所译法国作家纪德的散文《纪德日记抄》刊于11月25日《申报》的春秋栏目。

11月,所译法国作家茹尔·雷纳(Pierre-Jules Renard,今译儒勒·列那尔,又译作彼埃尔·朱勒·雷纳或朱勒·雷)的散文《博物志抄》刊于11月29日《申报》。

11 月,所译法国诗人波特莱尔的诗歌《风景》刊于 11 月 29 日《文汇报(上海)》。

12 月,所译法国诗人波特莱尔的诗歌《人和海》刊于 12 月 21 日《文汇报(上海)》。

12 月,所译法国作家纪德的散文《纪德日记抄》刊于 12 月 26 日《江声》的洪流栏目。

12 月,所译法国诗人波特莱尔的《诗二章》(包括《那赤心的女仆》和《邀旅》两首诗),刊于 12 月 29 日《大公报(上海)》和《大公报(天津)》。

12 月,编译的《西班牙抗战谣曲选》列入“大地文学丛书”,由香港大地书局出版。

1947 年(42 岁)

2 月,所译比利时诗人魏尔哈仑诗歌《穷人们》刊于 2 月 21 日《联合晚报》。

2 月,所译比利时诗人魏尔哈仑诗歌《努力》刊于 2 月 22 日《文汇报(上海)》。

3 月,所译比利时诗人魏尔哈仑诗歌《努力》刊于 3 月 12 日《华西晚报》。

3 月,编译法国诗人波特莱尔的《恶之华掇英》,列入“怀正文艺丛书”,由上海怀正文化社出版。同月 20 日《恶之华掇英译后记》刊于《和平日报》副刊《和平》,指出所译诗歌是根据 1933 年巴黎 Editions de cluny 出版的限定本(Lo Dantec 编校)译出的。

3 月,所译法国诗人波特莱尔诗歌《声音》刊于 3 月 20 日《和平日报》。

3 月,所译法国诗人波特莱尔诗歌《亚伯和该隐》刊于 3 月 26 日《文汇报(上海)》。

4 月,所译阿索林的散文《玛丽亚》刊于《文潮月刊》第 2 卷第 6 期。

4 月,所译西班牙作家盖尔·德·乌拿莫诺(Miguel de Unamuno)小说《龙勃里亚侯爵》①刊于《文艺春秋》第 4 卷第 1 期。

4 月,所译法国诗人 P. 爱吕亚的诗歌《自由》刊于 4 月 9 日《文汇报(上海)》。并于同月 20 日再次刊于《华西晚报》,译文后附译者附记。

5 月,所译法国作家欧仁·达比(Eugène Dabit)短篇小说《老妇人》②刊于《东方杂志》第 43 卷第 10 期。

5 月,所译瑞士作家拉谬士(Charles-Ferdinand Ramuz,今译拉缪)小说《农民的敬礼》刊于《人世间》第 3 期。

5 月,所译阿索林的散文《玛丽亚二题》刊于 5 月 1 日《自由谈》第 1 卷第 1 期。

5 月,所译阿左林的散文《玛丽亚》刊于 5 月 10 日《时事新报(重庆)》青光栏目。

5 月,所译阿索林的散文《玛丽亚二题》刊于 5 月 24 日《现实文摘》第 1 卷第 4 期。

5 月,所译西班牙作家巴罗哈(Pío Baroja,皮奥·巴罗哈)的散文《流浪人》刊于 5 月 31 日《时事新报(重庆)》青光栏目。

8 月,所译比利时诗人魏尔哈仑诗歌《风车》和《穷人们》刊于《诗创造》第 1 卷第 2 期《丑角的世界》。

9 月,旧译西班牙诗人洛尔迦诗作《不贞之妇》刊于《诗创造》第 3 期《骷髅舞》。

9 月,所译法国诗人 P. 爱吕亚的诗歌《自由》刊于《文汇丛刊》第 2 辑,译文后有译者附记,对诗人爱吕亚做了简要介绍。

9 月,所译法国作家若望·保禄·萨特尔(Jane Paul Sartre,现通译为萨特)小说《墙》(Le Mur)刊于《文艺春秋》第 5 卷第 3 期。

---

① 《龙勃里亚侯爵》系自短篇集《三篇模范小说和一个引子》(Three novelas ejemplares yun prologo)选出,是该集的第二篇。——编者注
② 《老妇人》选自短篇集《生活状态》(Train de Vies)。——编者注

10 月,所译西班牙小说家巴罗哈(Pío Baroja y Nessi)的《西班牙怀旧录》刊于《文潮月刊》第 3 卷第 6 期。

10 月,所译法国作家路易·阿拉贡(Louis Aragon)小说《好邻舍》①刊于《人世间》第 2 卷第 1 期。

10 月,所译西班牙作家盖尔·德·乌拿莫诺(Miguel de Unamuno)小说《雾》(Niebla)以笔名艾昂甫刊于《今文学丛刊》第 1 期、第 2 期。

10 月,旧译西班牙诗人狄戈诗作《杜爱罗河谣》刊于《诗创造》第 4 期《饥饿的银河》。

10 月,所译法国诗人波特莱尔的诗歌《那赤心的女仆》刊于 10 月 31 日《申报》。

12 月,所译法国诗人 P. 爱吕亚的诗歌《战时情诗七章》刊于《诗创造》第 6 期《岁暮的祝福》,译文后有译者附记,对爱吕亚做了简要介绍。

1946—1947 年,所译苏联作家梭罗维也夫(Soloviev)小说《第九十六个女人》刊于《涛声》第 1—2 期。

1948 年(43 岁)

旧译《唯物史观的文学论》由作家书屋再版。

1 月,所译《爱吕亚诗抄》,包括《公告》《受了饥馑的训练》《戒严》《一只狼》《勇气》《自由》《蠢而恶》7 首诗,刊于《新诗潮》第 1 期,译文后有译者附记,对诗人爱吕亚做了简要介绍。

2 月,所译法国诗人 V. 雨戈(今译作雨果)的《良心》刊于《文讯月刊》第 8 卷第 2 期。

2 月,旧译法国诗人阿波里奈尔的诗歌《莱茵河秋日谣》刊于《诗创造》第 8 期《祝寿歌》。

---

① 这里所译的这篇《好邻舍》从路易·阿拉贡的短篇集《三个短篇》(Trois Contes)中译出,是在 1943 年当他匿居在圣道拿小茅屋中时所写,发表时使用笔名 Sain Romain Arnaud,因为当时维希政府已禁止任何杂志发表他的作品了。——编者注

2月,所译意大利作家冈巴尼莱小说《贼脸的人》刊于《文潮月刊》第4卷第4期。

7月,所译西班牙诗人阿尔倍谛的诗歌《保卫马德里·保卫加达鲁涅》以《西班牙抗战谣曲选》为总题刊于《新诗潮》第3期。

8月,所译法国龚古尔兄弟的(旧译龚果尔。哥哥埃德蒙·德·龚古尔,Edmond de Goncourt;弟弟茹尔·德·龚古尔,Jules de Goncourt。两兄弟坚持写作数十年,写下多达22卷的《日记》)《龚果尔日记抄》,8月12日至8月20日连载于《星岛日报》副刊《星座》。

8月,所译西班牙作家阿左林小说《敏感》刊于《星岛日报》副刊《文艺》第40期。

8月,所译法国作家许拜维艾尔《陀皮父子》刊于8月22日《华侨日报》副刊《文艺》。

11月,所译法国作家马塞尔·阿郎(Marcel Arland)小说《村中的异乡人》刊于《星岛日报》副刊《文艺》。

11月,所译法国诗人P.爱吕亚《诗四首》,包括《公告》《威严》《一只狼》和《蠢而恶》4首诗,刊于11月14日《华侨日报·文艺》。

1949年(44岁)

2月,所译西班牙作家费囊德思(José Diaz Fernández)小说《农民最初的胜利》刊于2月6日《华侨日报》副刊《文艺》。

3月,所译西班牙诗人洛尔迦诗作《圣女欧拉利亚的殉道》刊于3月6日《华侨日报》副刊《文艺》第97期。

6月,所译法国诗人P.爱吕亚的《一篇要算的账》刊于6月1日《诗号角》第6期。

1955年

所译西班牙诗人洛尔迦诗作《村庄》《海水谣》《西班牙宪警谣》《三河小谣》《安达路西亚水手的夜曲》《海螺》刊于《译文(北京)》。

1956 年

6 月,施蛰存编辑的《洛尔迦诗抄》由北京作家出版社初版。

中華譯學館·中华翻译家代表性译文库

许　钧　郭国良 / 总主编

第一辑	第二辑